西南政法大学新闻传播学系列丛书

网络匿名
表达权研究

张治中 —— 著

知识产权出版社
全国百佳图书出版单位
—北京—

图书在版编目（CIP）数据

网络匿名表达权研究/张治中著. —北京：知识产权出版社，2020.7
（西南政法大学新闻传播学系列丛书）
ISBN 978-7-5130-6978-6

Ⅰ. ①网… Ⅱ. ①张… Ⅲ. ①互联网络—舆论—研究 Ⅳ. ①G219

中国版本图书馆 CIP 数据核字（2020）第 094279 号

内容提要

本书探讨在现有网络实名制下实现网络匿名的可能性，并对网络实名制与网络匿名制的关系进行了分析，认为网络实名制与匿名制并非水火不容的矛盾双方，而是相互兼容的一体两面，网络匿名表达权问题本质上是对网络表达者个人身份信息的保护问题。网络匿名制的实现不能沙地起高楼，它需要坚实的法律基础。网络匿名表达权仅是一项应然的权利，将其变为一项实然的权利需要国家的制度供给。

责任编辑：栾晓航　　　　　　责任校对：谷　洋
封面设计：博华创意·张冀　　　责任印制：刘译文

网络匿名表达权研究

张治中　著

出版发行：**知识产权出版社**有限责任公司	网　　址：http://www.ipph.cn
社　　址：北京市海淀区气象路 50 号院	邮　　编：100081
责编电话：010-82000860 转 8382	责编邮箱：luanxiaohang@cnipr.com
发行电话：010-82000860 转 8101/8102	发行传真：010-82000893/82005070/82000270
印　　刷：三河市国英印务有限公司	经　　销：各大网上书店、新华书店及相关专业书店
开　　本：720mm×1000mm　1/16	印　　张：16.5
版　　次：2020 年 7 月第 1 版	印　　次：2020 年 7 月第 1 次印刷
字　　数：260 千字	定　　价：75.00 元

ISBN 978-7-5130-6978-6

Contents 目录

目录 Contents

第一章

绪　论

第一章
绪 论

第一节 研究背景与问题

一、研究背景

1998 年 5 月，时任联合国秘书长科菲·安南在联合国新闻委员会上提出，在加强传统的文字和声像传播手段的同时，应利用最先进的第四媒体——互联网。自此，"第四媒体"的概念正式被使用。但随着互联网的飞速发展，用"媒体"一词来描述互联网就好像将小孩衣服穿在大人身上一样，非常不合身。互联网早已是一个超越"媒体"的存在，它是一个世界——虚拟世界，它是一个有别于现实世界、超越于现实世界的存在，同时也是现实世界的一个虚拟体现。人们通过符号化的自身在虚拟世界生存、生活、生产，与现实世界共存共融。截至 2018 年 6 月 30 日，仅中国网民规模就已达 8.02 亿，[1] 他们在网络世界里阅读、写作、直播、游戏、社交、婚恋、理财、购物、订餐、约车，将现实世界中的衣食住行都搬到了网络虚拟世界，在那里获取自身对于物质生活和精神生活的满足。

人们在虚拟世界里的活动看起来纷繁复杂，但大体可以归为两类：物质活动和精神活动。本书所涉及的领域基本上限于精神方面，更确切地说，是限于互联

---

[1] CNNIC. 中国互联网络发展状况统计报告［EB/OL］.（2018-08-20）［2019-01-25］. http://www.cnnic.net.cn/hlwfzyj/hlwxzbg/hlwtjbg/201808/P020180820630889299840.pdf.

网上的精神交往。"精神交往"是一个马克思主义传播思想名词，由中国新闻传播学者陈力丹从马克思、恩格斯的著作中提炼出来，并于 1993 年出版了《精神交往论》。其实早在 1985 年，陈力丹就将马克思、恩格斯的"精神交往"概念与当时美国的"传播"概念进行了对比，并认为"信息的传播是直接或间接的人机精神交往""随着人类征服和驾驭自然的能力的扩大，才出现语言、文字、书籍、报刊、电报、广播、电视和电脑"。❶ 人们在虚拟世界的精神交往同样拥有丰富的形式：即时通信、新闻跟帖、论坛、博客、微博、微信、视频弹幕、网络直播以及各种自媒体公众号。

网络精神交往的实现仰赖网络参与主体在网络空间的表达行为，这种表达既可以是点对点的通信行为，也可以是点对面的传播行为，后者是本书的主要研究对象。在互联网发展的前期，由于各国对互联网的管理比较滞后，环境较为宽松，网络表达异常繁荣，甚至出现了"众声喧哗"的现象，这有赖于互联网的几大特征：空间的广延、时间的即刻、形式的交互、主体的匿名。随着时间的发展，互联网度过了蛮荒阶段，各国政府开始对互联网进行监管，监管的动因源自网络空间的无序，而无序的根源在于"网上活动的'无标识'状态。实验证明，身份和标识会给人一种无形的约束，迫使人们接受这样那样的制度规范的限制，使个人表现得礼貌、规范和文明，而在无标识状态下，人们会暴露出更多的随意性甚至不良欲望"。❷ 于是，网络监管的捷径就是改变网上活动"无标识"状态，网络实名制应运而生。

网络实名制（Real Name System On The Internet）是一种要求网民必须通过身份验证才能发布信息或意见的制度安排。网络服务提供者通过技术手段给用户设置了门槛，用户只有"在输入个人身份证号码等信息并得到验证后，才能在网上发帖和发布各种影像资料"。❸ 本质上，网络实名制是对网络参与主体的准入限制。在实际操作中，各网站实行的是网络注册登录制，如中国著名的门户网

---

❶ 陈力丹. 传播学几个理论问题的探讨 [J]. 国际新闻界，1985（1）：6.

❷ 蔡文之. 自律与法治的结合和统一——论网络空间的监管原则 [J]. 社会科学，2004（1）：74.

❸ 李拯宇，干玉兰. 韩国主要门户网站开始实行网络实名制 [J]. 青年记者，2007（13）：63.

站——新浪网，就在其《新浪网络服务使用协议》中规定："您在使用新浪提供的网络服务时可能需要注册一个账号，当您注册成功后，您有权使用您设置或确认的邮箱、手机号码、新浪微博、博客账户名称及您设置的密码登录。"

在中国，网络实名的提法最早见于清华大学李希光教授的相关论述。2002年4月29日，清华大学李希光教授在接受广州电视台《都市在线》栏目采访时表示网络与传统媒体一样"应该提倡用真名，不用笔名发表文章"，他认为网络具有匿名性，并且比传统媒体传播更快，若对他人进行人身攻击，其危害性更大，有时是无法弥补的。因而他建议立法机构"禁止任何人匿名在网上发表东西""利用假名发表东西是对公众的不负责"❶。但当时大多数网民，甚至专家学者都竭力欢呼网络匿名所带来的言论自由，当李希光教授的言论在2003年被网友贴在网上后，引起了网民的激烈争论，绝大多数网民对网络实名制持反对态度，认为网络实名制将会剥夺人们的表达权。有人认为，"根本上说，我们需要防止匿名的黑暗面而不是将匿名整个定为非法。宽松的网络环境能够给我们以自由，虽然常常得为此付出一定的代价，但我们必须认识到，在这种环境中我们会生活得更好。"❷ 在美国也有匿名与实名的争论，自由主义者支持匿名，认为"社会可以从不受约束的匿名论坛了解更多关于自身的信息，包括了解更多关于人类许多最黑暗、反社会，甚至令人厌恶的方面"。社会责任论者支持实名，认为"压制那些匿名的言论会及时削弱潜在的敌意"。特别是许多知名记者强烈反对网络论坛的匿名表达，一些人公开将匿名评论等同于"粗鲁无礼（incivility）"，要求完全禁止匿名评论，比如普利策奖获得者小伦纳德·皮特（Leonard Pitts Jr.）和康妮·斯葛丝（Connie Schultz）以及像《美国新闻评论》（*American Journalism Review*）编辑雷姆·里德（Rem Rieder）这样的行业观察家。一些媒体已经实施了匿名评论的禁令，如《圣地亚哥之声》（*Voice of San Diego*）和《布法罗新闻》（*Buffalo News*）。❸

---

❶ 赵凌. 揭开事实的真相：李希光事件始末调查［EB/OL］.（2003-06-06）［2019-08-13］. https://tech. sina. com. cn/me/2003-06-06/0007195125. shtml.

❷ 胡泳. 人人都知道你是一条狗［J］. 读书，2006（1）：125.

❸ Bill Reader. Free Press vs. Free Speech? The Rhetoric of "Civility" in Regard to Anonymous Online Comments［J］. Journalism & Mass Communication Quarterly, 2012, 89（3）：507, 496.

在中国关于网络实名制的早期争论中，反对的声音占了上风，但网络实名制还是逐渐进入了网民的生活。2006 年 10 月，信息产业部提出博客实名制，中国互联网协会主持推进，当时有一些博客服务提供商顺应形势推出了实名制注册的博客网站。2010 年 3 月，时任工信部部长李毅中在接受媒体采访时再次重申网络实名制。4 月底，国务院新闻办公室主任王晨谈到我国要在重点新闻网站和主要商业网站推行论坛版主实名制，取消新闻跟帖的匿名发言功能。2011 年 12 月，北京市人民政府新闻办公室、北京市公安局、北京市通信管理局、北京市互联网信息办公室联合公布了《北京市微博客发展管理若干规定》，并自公布之日起施行，网络实名制开始从理论争论阶段发展到了实践准备阶段。目前，我国网络实名制持续推进。2015 年，国家互联网信息办公室发布《互联网用户账号名称管理规定》，其中第 5 条规定："互联网信息服务提供者应当按照'后台实名、前台自愿'的原则，要求互联网信息服务使用者通过真实身份信息认证后注册账号。"2017 年，国家互联网信息办公室发布《互联网用户公众账号信息服务管理规定》，其中第 6 条规定："互联网用户公众账号信息服务提供者应当按照'后台实名、前台自愿'的原则，对使用者进行基于组织机构代码、身份证件号码、移动电话号码等真实身份信息认证。使用者不提供真实身份信息的，不得为其提供信息发布服务。"

网络实名制的推行对于治理网络匿名导致的网络无序甚至网络犯罪起到了一定的作用，但正如"泼脏水倒掉孩子"一样，网络实名制在治理匿名导致的问题时，也带来了个人信息的泄露、舆论监督的弱化、公共领域的再封建化等一系列问题。互联网匿名时代的表达自由与繁荣也一并被削弱。"部分人对实行网络实名制持反对态度，他们也许并非是钟爱那种不受限制的自由，而是担心公民的个人权利因为网络实名制的实行而更容易被侵犯。"❶

二、研究问题

在网络社会崛起、网络实名制持续推进的背景下，本书提出了想要探究的几

---

❶ 皮勇，胡庆海. 论网络实名制不应"独行"[J]. 信息网络安全，2006 (5)：23.

个问题。

问题一：网络实名制规范网络表达的效果如何？在解决网络匿名导致的负面效应时，有没有带来新的问题？

问题二：网络空间的实名与匿名是非此即彼的吗？网络参与主体对匿名表达的需求是否有其合理性与法律依据？

问题三：网络空间中的匿名表达是否应该保护或者规制？如何在网络空间中建构兼顾实名与匿名的合理制度？

第二节　研究思路和意义

一、研究思路

本书从网络实名制实践切入，探讨网络实名制推进过程中遇到的问题与困难。以解决这些问题为导向，探究网络实名制的负面效应与网络匿名表达的需求动因。在此基础上，本书研究了网络匿名表达权的权利依据、法律保障、实现方式、权利边界等问题，并提出在中国现行网络实名制实践的基础上，构建兼顾网络匿名表达权与网络实名制的合理制度。

二、研究意义

（一）理论意义

第一，以表达权、监督权、姓名权、隐私权、个人信息权等为基础，探索网络匿名表达的权利依据，扩大了上述相关权利的运用范围。目前学者们关于表达权、监督权、姓名权、隐私权、个人信息权的研究已有不少，但从这些权利角度研究网络匿名表达的还比较少见。因此，这方面的研究一定程度上是对上述权利理论的拓展与深化。

第二，将表达权、匿名权结合起来，研究"网络匿名表达权"，夯实网络匿名表达问题的研究根基。目前，匿名表达权问题已有学者展开研究，但期刊论文较多，大部头的著作还比较少，研究的深度需要加强。本书拟在各类零散文献的基础上，继续深入研究，构建体系性较强的"网络匿名表达权"理论。

（二）现实意义

第一，研究网络匿名表达的权利依据与法律保障机制，有利于促进网络舆论市场的有序繁荣。网络匿名表达权的确立将为匿名表达提供充分的法律保障依据，在此基础上，构建实际可行的网络匿名表达实现方式，减少网络匿名表达的不确定性与风险，从而促进网络空间的充分表达以及网络舆论市场的有序运行与繁荣。

第二，研究网络匿名表达的边界及越界责任，有利于净化网络舆论生态。当网络匿名表达权与网络空间中的其他合法权益发生冲突，就需要对冲突双方进行协调，本书探索其他合法权益对匿名表达的各种限制，寻找网络匿名表达权的权利边界，从而为依法管控非理性的匿名表达提供理论支持，净化网络舆论生态环境。

第三节　研究综述

一、概念界定

（一）表达权相关概念

1. 表达、表达自由与表达权

《现代汉语词典》将表达界定为"表示（思想、感情）"。有学者通过拆字的方式对其进行了较为全面的解释，"'表'的基本意含有'外表、表面'，'达'的基本意是'通、到'。因而，'表达'最基本的内涵应该是指把内在的东西显示出来，让他人知悉；或者更抽象地说，表达是人类主体由内及外的主观外化的活动及其产物。"❶ 具体来说，表达是人类主体将思维所得的成果通过语言、语

---

❶ 宋慧献. 版权保护与表达自由 [M]. 北京：知识产权出版社，2011：24.

音、语调、表情、动作等示现方式或出版、广播电视等再现方式反映出来的一种行为，"就是人们将原来隐匿于内心的思想、观点等表现、显示、公开出来，为他人甚而社会所知悉、了解"。❶

现象学创始人胡塞尔将表达界定为："有含义的符号，通过含义它内在地与它所指称之物相关联。"❷ 在《逻辑研究》中，他对表达（expression）与表示（indication）做了区分，认为"在表示中符号与其所指的对象之间没有必然联系"，而"在表达中，符号所涉及的是意义，它们之间存在着必然的联系。在语言交流中，当一个说话者希望借助于语言符号表达某种东西时，他必须在意识活动中赋予语言符号以意义，并希望听者与其共享该意义"。❸ 胡塞尔认为，表达存在于交往中，也存在于孤独心灵中，"在交往作用中的表达是一般用语中的表达，它必须通过一定的符号（一般是语词）作为中介来'表达'出来意义……而在孤独心灵生活中，我们完全可以脱离符号，完全可以不需要一个语词来指向意义，而是可以直接意指到意义"。❹

人类的表达主要借助于语言，语言学家们在研究语言的过程中常常提及"表达"。索绪尔将语言看作"最复杂、最广泛的表达系统"。雅柯布森将人的言语交际区分为"表达"与"意义"两部分，认为"在言语交际中，发话人需要选择恰当的方式传达其意义，受话人需要通过对符号解码以获取信息"。❺ 日本语言学者时枝诚记在扬弃索绪尔语言学观点的基础上，提出了"语言是语言主体将其思想内容以音声和文字作为媒介加以表达和理解的过程"。❻

本书所称的表达是一种政治学、法学学科视阈中言论表达或意见表达。在表

❶ 甄树青. 论表达自由 [M]. 北京：社会科学文献出版社，2000：15.

❷ 王建辉. 胡塞尔现象学中的身体和表达——从《逻辑研究》到《观念Ⅱ》[J]. 安徽大学学报（哲学社会科学版），2016，40（6）：24.

❸ 王晓升. 论胡塞尔的表达概念 [J]. 福建论坛（文史哲版），1997（6）：45.

❹ 段超. 胡塞尔对"表达"与"含义"概念群的澄清及其意义 [J]. 广西大学学报（哲学社会科学版），2014，36（1）：50.

❺ 李静，王永祥. 表达的意义与意义的表达——雅柯布森的语符功能观 [J]. 俄罗斯文艺，2015（3）：134.

❻ 宛金章. 思想的表达过程和理解过程就是语言——对时枝诚记语言观的考察 [J]. 日语学习与研究，2007（2）：11.

达权语境中，"公民的意见表达是行使其权利的活动"，其基本形式包括早期的"等级会议"、近代的"议会"以及其他边缘性表达活动，如请愿、罢工、散发传单与小册子、出版报刊、结社等。❶ 在著作权语境中，表达，与思想相对应，是"作者的思想与情感得以表达的文字形式，即作者将思想见诸文字形式的方法。思想与表达二分法则用来表述法律对文学财产的保护范围。思想不受法律保护，因为它属于公有领域，同时也因为思想是难以确定的，只有形成了文字形式并且具有个人创造成分的表达才是受法律保护的财产"。❷

有学者直接将表达权表述为表达自由。如郭道晖认为，"表达权，更确切地说。是表达自由，主要是指言论自由（Freedom Of Speech），但它比'言论'的自由涵盖面更广"，一是"其表达形式不限于由语言、文字形成的言论，还包括象征性语言（Symbolic Speech），如形体动作、图像、绘画、雕像、音乐等艺术形象，企业组织、社会团体和社会活动的标志、礼仪（如宗教仪式、团体集会的仪式）以及某些表达内心意愿的行为等，都属于表达自由"；二是"它涵盖各项政治自由（言论自由、新闻自由、结社自由、出版自由、集会游行示威自由等）、科学研究和文艺创作的自由、对国家机关及其工作人员提出批评建议的权利，信息传播自由等等"。❸

表达自由有消极与积极之分。以赛亚·伯林在其《自由论》中将自由分为消极自由与积极自由两种，消极自由是"就没有人或人的群体干涉我的活动而言，我是自由的"，但对于群体而言，"那将是一个所有人可以没有限制地干涉所有人的状态；而这样一种'自然的'自由将导致身处其中的人连最低需要也无法获得满足的社会混乱；要么，弱者的自由将被强者所压制"。积极自由中的"积极"源于"个体成为他自己的主人的愿望。我希望我的生活与决定取决于我自己，而不是取决于随便哪种外在的强制力。我希望成为我自己的而不是他人的意志活动的工具。我希望成为一个主体，而不是一个客体；希望被理性、有意识

---

❶ 张康之，张乾友. 论意见表达体系的形成与演变 [J]. 社会科学战线，2009（10）：174-184.

❷ 谭玥. 思想与表达二分法的符号学分析 [J]. 江西师范大学学报（哲学社会科学版），2009，42（2）：107.

❸ 郭道晖. 论作为人权和公民权的表达权 [J]. 河北法学，2009，27（1）：54-55.

的目的推动，而不是被外在的、影响我的原因推动"。❶ 将自由的这种二分法运用到表达自由，我们可以说，消极表达自由是在表达过程中免于他人尤其是公权力干预的自由，积极表达自由是在表达过程中能够自主并有能力表达自我的自由。表达的能力仰赖于表达的途径与表达者的影响力，在传统媒体时代，大部分个人难以获得媒介接近权，缺乏表达的途径，即便拥有消极的表达自由，也基本上处于日常人际交流的表达状态，在公共领域几乎无法产生任何回响。在网络媒体时代，虽然大多数个人通过微博、微信等自媒体获得了媒介接近权，拥有了表达的途径，但由于个人影响力不同，表达者两极分化为"网络大 V"与普通网民，后者由于个人影响力缺乏，也只能落得在舆论洪流中被边缘化的境地。因此，积极的表达自由往往需要政府力量的介入，通过制度设计对表达者中的弱者予以加持，为其注入表达的力量。

当然，自由和权利是两个不同的概念，"自由是一种不为外力所拘束的状态，而权利是自由衍生出来的，受到制度的安排，才具有其正当性资格"。❷ 因此，表达权也不同于表达自由。

表达权是公民的一项权利。有学者从基本权利的角度出发，认为"表达权是指公民在法律规定的限度内，使用各种方式表明、显示或传播思想、情感、意见、观点、主张，而不受他人干涉、约束的权利"。❸ 有学者重点强调了表达权的实现途径，提出了表达渠道权，认为"表达渠道权是指公民或社会组织享有的，由法律规定、认可和保障的，为公开发表、传递自己的意见、主张、观点、情感等内容而使用各种媒介手段与方式，不受任何他人或组织非法干涉、限制或侵犯的权利"。❹ 有学者将表达权视为一种资格，认为"公民表达权是公民依法享有的，并由法律确认、保障乃至限制的，一种通过一定方式公开发表、传递思想、意见、主张、观点或表达自己利益诉求，而不受他人和社会组织非法干涉或

❶ ［英］以赛亚·柏林. 自由论（《自由四论》扩充版）［M］. 南京：译林出版社，2003：189，191，200.

❷ 樊斯瑶. 马克思自由观视角下网络表达权规制研究［D］. 陕西科技大学，2018：15.

❸ 汤啸天. 表达权的基本含义［N］. 文汇报，2008-03-24（010）.

❹ 李树忠. 表达渠道权与民主政治［J］. 中国法学，2003（5）：51.

侵犯，或要求他人或组织，特别是政府提供资源和支持的合法性和资格"。❶ 也有学者从民主运行过程角度，将表达权的外延表述为"不仅包括民主选举过程中的选举权这一公民政治意愿的表达，民主决策和民主管理过程中公民的言论、出版、集会、结社、游行、示威等表达自由权，还包括民主监督过程中的公民的批评权、建议权、控告权、检举权、申述权等监督公权力保障私权利不受侵害的监督权利"。❷

2. 网络表达与网络表达权

网络的出现，整合了此前所有的表达载体与方式，"将表达方式的门槛降至最低，赋予个人无与伦比的表达便宜，同时将表达场域扩至最大，赋予个人无以伦比的表达空间"。❸ 网络表达是现实表达在网络空间的延伸，指"个人在互联网空间里通过各种言语或非言语方式表示自己的感情、意愿和态度倾向等思想的网络行为"。❹

与传统表达相比，一方面，网络表达与传统表达并无本质的差别，表达主体没有变化，包括自然人与各类组织机构，表达内容没有差异，包括人的思想、感情、态度以及组织机构的宣传信息与立场观点。另一方面，网络表达在载体、符号方面实现了升级。在载体方面，网络表达实现了从传统的示现媒介（依赖于人的感官与器官，如口语、表情、动作、眼神等）、再现媒介（传播者依赖机器，如绘画、文字、印刷、摄影等）、非网络机器媒介（传受双方依赖机器，如广播、电影、电视等）❺ 到计算机网络平台、移动网络平台的升级；在符号方面，网络表达实现了对语言表达符号（语音、文字）、副语言表达符号（语调、音量、停顿等）、体态语言表达符号（表情、动作、眼神等）、象征性表达符号（"仪式和习惯、徽章和旗帜、服装和饮食、音乐和舞蹈、美术和建筑、手艺和

❶ 淦家辉，谢向阳. 公民表达权浅论 [J]. 燕山大学学报（哲学社会科学版），2008，9（4）：26.
❷ 虞崇胜，李海新. 公民表达权研究述评 [J]. 云南行政学院学报，2010，12（5）：13.
❸ 李立丰，高娜. "网络表达权"刑法规制之应然进路——以刑法第二百九十一条第二款之立法范式为批判视角 [J]. 苏州大学学报（哲学社会科学版），2016，37（6）：77.
❹ 王君玲. 网络表达研究 [D]. 武汉大学，2009：13.
❺ 郭庆光. 传播学教程（第二版）[M]. 北京：中国人民大学出版社，2011：33-34.

技能、住宅和庭园、城市和消费方式等"❶）的综合，基本恢复了再现媒介、非网络机器媒介失去的诸多表达细节。

网络表达权是在网络空间中行使的表达权。由于网络表达具有匿名、及时、互动、开放等特征，表达主体行使权利的能力大大增强。原先缺乏媒介接近权的个人表达者变身为自媒体，"普通网民就是网络媒体中媒体人的一部分，他们可以开设博客发表文章，自己成为自己的'出版社'（例如文学创作网站和电子书）；微博自媒体时代的到来给予每个普通网民成为'新闻工作者'的机会"。❷ 但无论怎么变，网络表达权本质上还是表达权，一方面，它是一项实然的公民基本权利。"属于宪法保障的公民基本权利的范畴，只是在媒介上使用互联网所产生的一种衍生权利。所以我们可以把网络表达权概括为：在法律法规的约束下，公民利用互联网自由表达或公开传递思想、意见、观点、信息等，而不受他人非法干涉、约束的权利。"❸ 另一方面，它还是一项应然的基本人权，是作为一个人天赋的，超越于任何实在的法律法规，并在道德层面要求宪法和法律确认和保障的权利。网络表达权作为公民基本权利和基本人权，政府有助其实现的义务，"一方面，要求政府在网民合理使用互联网时，以及网民能通过自律和利用互联网技术能够自行管理的情形下，网民享有免于政府干预和侵犯的权利，政府有不作为的义务；另一方面，要求政府为网民免受其他网民侵害和充分行使网络权利而提供设施、服务和法律支持等条件来保驾护航的积极作为义务。"❹

本书所研究的网络表达权外延有所收缩，主要侧重在互联网空间展开的言论权和出版权等，即通过各类网络媒体平台发布文字、图片、音频、视频及其综合形式的信息而不受非法干涉、约束、惩罚的权利，较少涉及选举权，集会、结社、游行、示威的权利以及批评、建议、控告、检举、申述等监督性权利。

---

❶ 郭庆光. 传播学教程（第二版）[M]. 北京：中国人民大学出版社，2011：43.
❷ 夏征宇. 论宪法视野下的网络表达自由 [D]. 华东师范大学，2013：15.
❸ 张洋，陈淑玲. 论网络表达权的保障与规制 [J]. 邢台学院学报，2018，33（3）：120.
❹ 李云. 信息时代网络表达权的保护与规制 [D]. 中南民族大学，2010：9.

(二) 匿名权相关概念

1. 匿名、匿名制与匿名权

匿名是对姓名的隐藏或伪装,《辞海》解释为"不署名或隐藏真姓名"。❶ 有学者认为,"匿名是一种不为他人所知的状态,包括使用假名(pseudo-name)来隐藏自己的真实身份"。❷ 匿名包括两层含义,"一是指行为主体的一种无标识状态,二是指无法识别行为主体的个人社会身份信息"❸ 前者表现为对姓名的隐匿,即不署名,后者表现为"使用他人姓名或使用假名、笔名、艺名等"。❹

在中国传统姓名文化中,除正式姓名外,还包括乳名、学名、字、号、艺名、笔名等。乳名、学名、字、号、艺名等是在人生各个不同的时期起到区分个体的作用,笔名则不同,它更多起到隐匿真名的作用。"在中国传统社会,人们发表'正经'文学作品时,一般署真实的'名''号',发表不入流的游戏之作时,则要署假名和匿名。"❺ 如《金瓶梅》的作者"兰陵笑笑生",就是一个假名。在民国时代,中国文人常用笔名发表作品,也有隐匿真名以免招惹是非的考虑,这时的笔名基本上等同于匿名。比如鲁迅、茅盾、巴金、老舍、冰心、丁玲这些在中国近代文学史上光彩照人的名字,实际上都是笔名。鲁迅是周树人在发表《狂人日记》时的笔名,也是他最出名的笔名,实际上,他还用过很多笔名,比如"当周树人用巴人的笔名发表小说时,很少有人知道教育部里那个管通俗教育的佥事就是《阿Q正传》的作者"。❻ "文人写作使用笔名的一个普遍原因也是为了隐藏自己的真实姓名。不少作家常以笔名闻名于世,而他们的真实姓名反而被人们遗忘了。"❼

匿名制是一种不要求署真名的制度,或者要求隐匿身份的制度。匿名制主要

---

❶ 夏征农,陈至立. 辞海(第六版)[M]. 上海:上海辞书出版社,2010:1161.

❷ Barbara M. Miller, Qian Xu, Brooke Barnett. Commenter anonymity affects reader perceptions [J]. Newspaper Research Journal, 2016, 37 (2):139.

❸ 樊星. 论网络匿名表达权 [D]. 西南交通大学,2015:7.

❹ 徐振增. 民主政治视野下的网络实名制——基于当前网络后台实名注册管理制度的再思考 [J]. 河北法学,2012,30 (9):167.

❺ 袁国兴. 隐身与遮蔽:"笔名"对发生期中国现代文学质地的影响 [J]. 文学评论,2009 (3):39.

❻ 袁国兴. 隐身与遮蔽:"笔名"对发生期中国现代文学质地的影响 [J]. 文学评论,2009 (3):38.

❼ 袁涤非. 网名与笔名及网名的规范化方向 [J]. 求索,2009 (1):187.

在投票、举报、评审、作证等领域实施，从而形成了匿名投票制、匿名举报制、匿名作证制、匿名评审制等。

匿名投票制又称秘密投票制（Secret Voting）或无记名投票制，即在选举或表决时，选举或表决人只圈选相关选项，而不在选票或表决票上签署个人姓名的制度安排。我国的匿名投票制是指"选民行使投票选举人民代表大会代表权利的时候不署自己的姓名，亲自书写选票并将选票投入密封票箱的一种投票方式"。❶ 匿名投票制可追溯至古希腊时期的"陶片放逐法"，即通过匿名投票放逐不受欢迎的人，投票的具体程序是"有权投票者按照部落次序依次进入阿哥拉的一座特别建造的封闭建筑物，将他们希望逐出城堡的人的姓名刻在陶器碎片上，进行投票，然后由大会组织人员负责计算陶片数量。如果投票总数超过 6000 片，便启动'放逐法'程序，计票人员依照陶片上的人名分别堆放，陶片数量最多的人将会被放逐"。❷ 在古罗马时期，公元前 139 年，"保民官通过《关于投票的伽比纽斯法》违背元老院的意志采用了秘密投票制。此时，投票的工具是一个封蜡的小书板。投票者在其上写上自己中意的候选人的名字。这样，投票人投了什么票，其恩主不知道"。❸ 古希腊、古罗马的秘密投票也有缺陷，由于需要写下被选人名字，因而可以从笔迹推断出投票人。1856 年，澳大利亚创造了一种新的无记名投票方式，被称为澳大利亚式投票制（Australian Ballot），即选票由政府制定，并由政府官吏发给选民；全部候选人的姓名都记在选票上，选票背后有特别记号并加盖图章；选举时选民在选举场所取选票，进入投票密室，只需在选票上对自己所要选的人姓名上作一符号，不必写自己的姓名，并将选票卷好，投入票箱。1872 年，英国"执政的自由党格莱斯顿内阁，通过国会把公开选举制废除，实行秘密投票制"。❹ 我国《全国人民代表大会和地方各级人民代表大会选举法》（1979 年 7 月 4 日颁布，迄今已 6 次修改）第 39 条也规定："全国和地方各级人民代表大会代表的选举，一律采用无记名投票的方法。选举时应当设有秘

---

❶ 高文玉. 我国选举权行使方式之完善——以无记名投票为例 [J]. 传承，2011 (22)：86.

❷ 韩伟. 古希腊雅典的"陶片放逐法" [N]. 人民政协报，2016-01-26 (012).

❸ 徐国栋. 罗马选举舞弊立法研究 [J]. 外国法制史研究，2014，17 (00)：126.

❹ 江宗植. 英国选举改革的历史回顾 [J]. 四川师范学院学报（哲学社会科学版），1995 (5)：51.

密写票处。"

匿名举报由来已久，但匿名举报制的确立却是比较晚近的事情。在漫长的封建社会，我国一直将匿名举报作为一种罪行。汉代规定"官府不能根据匿名文书的内容来捕系、审理被告发的人，即匿名文书指向的'被告'；否则，以'鞠狱故不直'之罪来处罚相关官员"。❶ 唐代的司法机关"一般不得受理匿名书状，亦不得依据匿名告诉所指陈的内容追究被告人责任。官吏若擅自受理匿名书状，应处以徒两年的刑罚"。❷ 一直到清代，法律依然明文规定了"投匿名书告人罪""清廷曾于嘉庆二十三年、道光九年、十二年、十八年四次申严律文规定，匿告案件'不准率行入奏'，匿名揭帖及'伪讬姓名书函'毋庸奏请查办，一律'照例销毁'。惟关系国家重大事务者闻奏，候旨密办"。❸ 实际上，匿名举报并不等同于诬告，"从逻辑上说，匿名信与诬告信的划分标准是不同的。匿名信的认定只须从举报材料形式上看是否署名，而诬告信的认定则须从内容上分析是否捏造犯罪事实，作虚伪告发、意图陷害他人，匿名举报有确实可靠的，反之署名的举报也有诬告他人的，因此问题的关键并不在于署名或者匿名，而在于举报的内容是否属实，有无意故捏造"。❹ 到了近现代，"我国引用西方先进法律体例，废除投匿名书告人罪，同时也废除检举反坐，采取无罪拒查的政策"。❺ 中华人民共和国成立以后，匿名举报得到承认。监察部 1991 年 12 月 24 日第 3 号监察部令发布《监察机关举报工作办法》，其中第 8 条规定："监察机关提倡署名举报，对署名举报和匿名举报都要认真对待，妥善处理。"中共中央纪律检查委员会1993 年 8 月 22 日印发的《中国共产党纪律检查机关控告申诉工作条例》第 24条规定："对匿名的检举材料，要具体分析，区别对待，慎重处理；没有具体事实的，可不予置理；反映情节轻微的一般问题的，可将问题摘抄给被检举人，责

---

❶ 赵凯. 汉代匿名文书犯罪诸问题再探讨 [J]. 河北学刊，2009，29（3）：83.
❷ 陈玺，何炳武. 唐代匿名告人现象的法律思考 [J]. 人文杂志，2008（3）：167.
❸ 陈玺. 清代惩治匿名告人立法的嬗变与省思——清代律典、附例、成案三者关系的个案考察 [J]. 求索，2009（1）：212.
❹ 王洪祥. 匿名举报若干问题初探 [J]. 中南政法学院学报，1989（4）：36.
❺ 高灿. 关于匿名检举规制的法律价值取向分析 [J]. 法制与社会，2011（34）：298.

成其作出检讨或说明；反映重要问题的，可先进行初步核实，再确定处理办法；内容反动的，可交公安部门处理。"

　　匿名作证制是通过隐藏证人真实身份进行作证的一种制度安排。2010 年，最高人民法院、最高人民检察院、公安部、国家安全部、司法部五部门共同出台《关于办理死刑案件审查判断证据若干问题的规定》，其中第 16 条规定："证人出庭作证，必要时，人民法院可以采取限制公开证人信息、限制询问、遮蔽容貌、改变声音等保护性措施。"2012 年 3 月，全国人民代表大会修改《刑事诉讼法》增加了保护证人的相关条款，将其增补为《刑事诉讼法》第 62 条，该条规定："对于危害国家安全犯罪、恐怖活动犯罪、黑社会性质的组织犯罪、毒品犯罪等案件，证人、鉴定人、被害人因在诉讼中作证，本人或者其近亲属的人身安全面临危险的，人民法院、人民检察院和公安机关应当采取以下一项或者多项保护措施：（一）不公开真实姓名、住址和工作单位等个人信息；（二）采取不暴露外貌、真实声音等出庭作证措施；（三）禁止特定的人员接触证人、鉴定人、被害人及其近亲属；（四）对人身和住宅采取专门性保护措施；（五）其他必要的保护措施。"本质上，匿名作证制是司法领域保障证人及其亲属人身安全的一项制度。

　　匿名评审制是"通行于国际学术期刊领域的一种审稿方式，期刊在收到投稿后将稿件隐去作者信息，交由相关专家审稿，专家对稿件提出意见时亦不公开姓名"，❶ 匿名评审分单向匿名和双向匿名，前者只对审稿专家进行匿名，后者对审稿专家和投稿作者均实行匿名。匿名评审制是旨在防止学术腐败的一项制度，其起源可以追溯到宋代，"在当时称为'糊名''誊录'，即在审阅前将举子试卷上的名字用封条糊住，避免因弟子门生请托而引起的人情舞弊"。❷

　　匿名权就是掩盖自己真实身份的权利。在政治领域，匿名权有助于人们在发表"异见"时进行自我保护；在司法领域，匿名权有助于保障证人及其亲属的人身安全；在学术领域，匿名权有助于防止学术腐败。本质上，匿名权并不局限

---

❶ 王静艳. 设计类学术期刊需要"匿名评审制"吗？［J］. 美术观察，2016（12）：23.

❷ 唐萍. 艺术期刊匿名评审之我见［J］. 美术观察，2016（12）：25.

于隐藏真实姓名的权利，而是隐藏个人真实身份的权利。而在政治、司法领域，隐藏个人真实身份的最终目的是保障表达者的人身安全，即保护表达者免遭报复。"在公共事务上公开发言的人通常怀着良好的反映民意的愿望，但他们有可能遭到拥有权力并且不公正地使用权力的人的报复。在一个真正公正的社会里，公众批评不一定非得匿名进行，但对那些冒着可能会受到强有力的打击危险的人来说，匿名仍然是一种有价值的保护手段。"❶

2. 网络匿名与网络匿名权

在现实社会，匿名表达的方式受到局限。示现的表达方式无法脱离人身器官，因而表达必须在场，匿名也就无从谈起。借助文字与媒体展开表达，虽然表达与人身分离，但由于媒体"把关人"的存在，匿名表达往往止于"把关"，难以出版。只有到了网络时代，匿名表达才由于技术进步、"把关人弱化"而得以充分实现。

匿名性是网络与生俱来的属性，"正如'匿名'这个名称暗示的，它是一种个人标识的缺乏状态，这种状态被建构进了许多以计算机为中介的传播形式中，被作为一个特征设计进了网站中。没有个人标识符的用户可以自由地张贴和交流信息，不用担心强势人物的报复"❷网络匿名性"主要表现为人们的身份在网络这一开放性平台中得到网络技术的掩护从而更深的隐匿在了计算机的背后，而网络中的匿名言论也就更难觅其主"❸这是因为，在互联网诞生的初期，排在第一位的是用较低的门槛将人们吸引进来以扩大规模，从而促进这项新生事物的发展，因此"没有设定对使用者身份进行有效鉴别的功能，现实世界中区别人们身份的识别标志在网络世界里被一个数字代码取代"❹网络服务提供商在非必要场合根本不会要求网民注册真实身份，而由于没有身份的羁绊，网民在网络空间更加真实、自然地表达自我，也确实推动了互联网的繁荣发展。但是，"无论

---

❶ 胡泳. 众声喧哗：网络时代的个人表达与公共讨论 [M]. 桂林：广西师范大学出版社，2008：278.

❷ Felipe G Massa. Guardians of the Internet：Building and Sustaining the Anonymous Online Community [J]. Organization Studies，2017，38（7）：984.

❸ 李云. 信息时代网络表达权的保护与规制 [D]. 中南民族大学，2010：10.

❹ 梁留阳. 网络表达自由宪法学研究 [D]. 郑州大学，2011：8.

网站和信息多么数字化，这些机器设备、注册公司、上网场所、包括网民，都是真实世界的真实存在"。❶

在网络空间，网民发表意见时的身份显示方式包括纯匿名、半匿名、纯实名等多种形式。纯匿名指网络用户"无需事先注册即可以匿名的方式发表言论，他们的身份识别标志为 IP 地址"；❷ 半匿名指后台实名、前台匿名，网民在发表言论之前需在后台进行真实身份注册，但在前台表达时使用昵称（假名）；纯实名指后台实名、前台也实名，网民在发表言论之前必须使用真实姓名与身份证号进行注册，同时，在发表意见时也需要亮明身份标识。网络匿名的常见形式是半匿名，即使用昵称进行表达，网民在不同的网络平台可以使用各种不同的昵称，每个昵称都代表一个虚拟身份，因而也很难与真实身份联系起来。在网络表达实践中，网络匿名更多指的是半匿名而非纯匿名，"相对于无标识，网络匿名更应视为是一种不可鉴别性，即无法准确得知网络中行为主体的个人信息，如：性别、年龄、宗教信仰、职业等"。❸ 有学者打破网络匿名与实名的二元逻辑，提出了网络匿名度的概念，认为"主体的网络身份，并不是只有非匿即实，非实即匿，两种状态。对于绝大部分网络应用中的用户，其身份也并不存在绝对的匿名，或者完全的实名。而所谓的匿名或实名，取决于将网络中的虚拟个体对应到其真实社会身份所需要付出的成本和代价。代价越高，则匿名程度越高；反之，则实名程度越高"。❹

网络匿名本质上是对网络空间中个人身份信息的隐藏，以达到网络虚拟身份无法具体指向某"自然人"的效果。从这个意义上说，网络匿名要保护的不仅仅是个人姓名信息，而是网络空间中具有辨识自然人身份功能的所有个人信息，包括姓名、性别、职业、职称、家庭住址、生日、照片、身份证号码，等等。当然，网络虚拟身份的不可识别性有利有弊，这也是学者们关注的主要领域。在自

❶ 李永刚. 我们的防火墙 [M]. 桂林：广西师范大学出版社，2009：127.

❷ 肖燕雄，陈志光. 匿名、假名与实名之别——以铜须事件为例解析网络论坛中的网民行为 [J]. 当代传播，2007（4）：48.

❸ 樊星. 论网络匿名表达权 [D]. 西南交通大学，2015：7.

❹ 陈曦. 网络社会匿名与实名问题研究 [D]. 北京邮电大学，2014：37.

由、充分表达自我的同时，匿名助长了网络空间的许多非法、失德、侵权、越轨等行为。有人认为，"网络的匿名性打消了表达者对被孤立的恐惧心理。而且，网络的发展拓展了人们的社会圈子，在某个网络论坛被视为另类或异端的观点，在另外的论坛也许会受到欢迎和追捧。人们不用担心因自己的观点不符合大众口味而被迫沉默。网络的匿名性使人们的表达更加自由，更接近'本我'"。❶ 也有人认为，"当个体处于匿名地位，即处于去个性化境地时，由于没有明确的个体标志，不必承担破坏规则的后果，就会产生责任分散的心理；同时，匿名也使人的群体遵从性降低；这两个因素会降低个体的社会约束力，使其容易越轨"。❷

网络匿名权就是在网络空间隐匿个人真实身份的权利，即"在网络活动中人们的真实姓名等有关个人身份性质的信息有不被任何组织和个人非法刺探、收集、使用、公布的权利，以及在上述非法行为发生时有权获得政府救济与法律保护的权利"。❸ 网络匿名权的范围涵盖所有网络活动，包括网络搜索、网络浏览、网络购物、网络游戏、网络阅读等，而下文要谈及的网络匿名表达权，其范围则要狭窄一些，只涵盖网络表达活动，如网络新闻跟帖评论、网络论坛发帖、网络微博博客写作、网络文学创作、网络直播等。

（三）网络匿名表达权的概念与本质

1. 匿名表达权与网络匿名表达权

匿名表达权是表达权与匿名权的公约数，是对两项权利的综合。从目标的角度看，它属于表达权，是公民的基本权利，是天赋人权，是一项宪法性的权利。马克思指出，"亚当给天国的生物命名时忘记给德国的报刊撰稿人起个名字，所以他们就（永远）是无名氏"。❹ 从手段的角度看，它属于匿名权，是一项要求隐藏个人身份信息的权利，是一项民事权利。在范围上，它小于表达权，与实名表达权相对应，要求在隐藏个人的身份信息的前提下行使表达权。同时，它也小

---

❶ 薛京. 论网络表达自由的限制与保障 [D]. 中国政法大学，2007：9.
❷ 王道勇. 匿名的狂欢与人性的显现——对 2006 年网络集群事件的分析 [J]. 青年研究，2007（3）：26.
❸ 曾白凌. 网络政治表达的法律规制 [D]. 中共中央党校，2009：86.
❹ 马克思，恩格斯. 马克思恩格斯全集（第一卷）[M]. 北京：人民出版社，1956：92.

于匿名权，与匿名评审权、匿名作证权并列，是众多匿名权利中的一种。

与匿名表达权相比，网络匿名表达权再次缩小了范围，从表达渠道方面给予了限定。即在互联网空间并隐藏个人身份信息的前提下行使的表达权。网络匿名表达权既是网络表达权的自然要求，也是网络匿名权的题中应有之义。与网络表达权相比，它不仅聚焦于能否表达的问题，还要聚焦于表达能否匿名的问题。与网络匿名权相比，它不是针对所有的网络行为，而是局限于网络表达行为。

简言之，网络匿名表达权是个人或机构在网络空间发表意见时选择不署名或者不署真名的权利。关于网络匿名表达权，学者们的观点分为两类：一类认为是绝对权利。如杨福忠认为："公民通过网络匿名或使用假名针对公共事务发表意见而不受非法干涉的权利，具有宪法权利的属性。它同其他基本权利一样，应该受到宪法保护。"❶ 汪景涛等人认为："公民通过网络以匿名或使用虚拟姓名方式对社会公共事件或事务发表意见、表达情绪而不受非法干涉的权利，是一项宪法性权利。"❷ 另一类认为是相对权利。如樊星认为："网络匿名表达权是在社会匿名的基础上衍生出来的一种权利。进行表达的主体不是绝对的隐匿，只是针对表达出的信息的受众是匿名的。如果该言论不当，有引起社会安全的危险乃至触犯刑法，有且只有公安机关、国家安全机关等公权力部门可以通过一系列技术手段找到言论的来源。"❸

2. 网络匿名表达权的本质

结合匿名表达与个人信息保护理论，网络匿名表达权的保障本质上是通过对网络表达者个人身份信息的严格保护，以实现表达者身份信息的不可识别性。网络空间的任何表达都会留下 IP 地址等痕迹，完全的不可识别是无法实现的。最理想的匿名状态是不向网络服务提供者登记身份信息，其次就是在登记身份信息的基础上对网络表达者身份信息实行严格的保护。网络匿名并不是绝对的，而是

---

❶ 杨福忠. 公民网络匿名表达权之宪法保护——兼论网络实名制的正当性［J］. 法商研究，2012，29（5）：34.

❷ 汪景涛，平淑丹. 关于我国公民网络匿名表达权宪法保护的几点思考［J］. 中州大学学报，2017，34（1）：68.

❸ 樊星. 论网络匿名表达权［D］. 西南交通大学，2015：7-8.

流动的，"承认网络匿名的流动性意味着不将其定义为绝对状态，而是定义为用户为保护自己的个人身份和隐私做出不同选择的一个广泛的行动空间"。❶

　　早期对身份信息登记注册的关注主要在信用领域。20 世纪 90 年代中期，我国曾经有过关于储蓄存款实名制的探讨。1994 年 11 月，《财金贸易》"刊中报"刊登一则短消息："根据中央和国务院的批示，税务部门将在近期采取一系列重大措施，加强个人所得税的征收管理，其中包括可能在银行实行储蓄实名制，即居民身份证与税号统一，以便于金融部门监控和税收部门有效地征收所得税。"❷此时，储蓄实名制尚未推行，但舆论准备已经开始。1995 年 3 月，《金融时报》的庭瑞发文《建立储蓄存款实名制度势在必行》，但很快就有人提出反驳，贺赣江在商榷文章中指出"建立凭身份证明存取制度不符合我国银行信用储蓄业务与国际惯例接轨要求"。❸ 但由于《储蓄存款管理条例》中仅凭存折、存单就可以存取的规定已暴露公款私存、偷税漏税等诸多问题，这一时期的舆论明显倾向于实行储蓄实名制。2000 年 3 月 20 日，国务院发布《个人存款账户实名制规定》，个人存款实名制开始推行，该《规定》第 6 条要求："个人在金融机构开立个人存款账户时，应当出示本人身份证件，使用实名。"

　　同一时期，中国接入国际互联网（1994 年 4 月），数字身份问题在网络安全、电子商务等领域得到关注。1997 年，有期刊开始发文介绍先进的电子认证技术，指出"一个用户的数字证书就是一个有公证效果的、将一个 RSA 公共密钥❹与所有者身份相联系的'数字身份证'——就像驾驶执照能将照片、姓名、出生日期进行有公证效果的关联那样。任何有网上安全性要求并有法律认证效力的用户，都应拥有自己的数字证书"。❺ 此后关于数字身份的文章大多集中在计

----

❶ Thais Sardá, Simone Natale, Nikos Sotirakopoulos, Mark Monaghan. Understanding online anonymity [J]. Media, Culture & Society, 2019, 41 (4): 562.

❷ 佚名. 个人所得税征管实行储蓄实名制有望 [J]. 财金贸易, 1994 (11): 33.

❸ 贺赣江. "建立储蓄存款实名制度"并不可行——与庭瑞先生商榷 [J]. 金融与经济, 1995 (10): 31.

❹ RSA 加密算法是一种非对称加密算法。在公开密钥加密和电子商业中 RSA 被广泛使用。RSA 是 1977 年由罗纳德·李维斯特（Ron Rivest）、阿迪·萨莫尔（Adi Shamir）和伦纳德·阿德曼（Leonard Adleman）一起提出的。

❺ 刘毓骅. 电子认证——掌管未来的数字钥匙 [J]. 中国计算机用户, 1997 (21): 10–11.

算机技术领域，关注重点是数字签名、数字证书、身份认证方案、数字身份管理系统等技术问题。

2006 年，汪文勇等人从身份验证角度谈及互联网的实名访问机制，开始将身份信息与网络实名/匿名问题结合起来研究，但文中谈的主要还是计算机的实名/匿名问题，认为"互联网主机大多是匿名的，身份无法得到有效验证，助长了用户行为的随意性"。❶ 同年，祝佳从伦理学角度研究网络空间的匿名/实名问题，但文中的"身份"更多是从社会学意义上来讲的，作者认为："在网络空间中，所有的感知都要通过信息的方式传达，信息可真可假，身份成为信息虚拟的产物，而不再是单一确定的。只要有足够的时间、精力，每个人都可以制造出多重身份。"❷ 晋晓兵也提到匿名性就是"网民可以凭借代号暂时隐匿部分或全部在真实世界的身份和特征，包括性别、年龄、学历、职业、社会地位乃至气质、人格、自我等等"，但并未深入研究匿名/实名问题与数字身份的关系。张欢等人较早从身份映射角度研究网络匿名/实名问题，认为"实名制是真实身份制而不是真实姓名制。姓名并不指向唯一自然人"，而"身份证号码具有唯一性，是社会身份的凭证，指向一个特定的自然人"，"网络实名制能够实施的前提是能够准确验证网民用来注册虚拟身份的社会身份是否与其自然身份之间存在真实的映射关系"。❸

如果将网络匿名/实名问题转化为虚拟身份与现实身份映射问题，那么，网络匿名表达权的保障问题也就可以转换成网络空间中表达者个人身份信息的保护问题。目前，关于个人信息保护的文献较为丰富，但专门研究网络个人身份信息保护的文献却比较少。早期研究者聚焦于信用卡、身份证等与卡证相关的个人身份信息保护问题。有学者在研究了刑法对信用卡信息的保护之后，认为"身份信息的保护必将从信用卡身份信息扩展到最基本的身份信息"。❹ 有学者介绍了我国的居民身份证制度，并指出"身份证明是与个人信息的展露联系在一起的，如果没有严格的

❶ 汪文勇，黄鹂声. 下一代互联网实名访问机制研究 [J]. 电子科技大学学报，2006（1）：81.

❷ 祝佳. 网络空间匿、实名问题的伦理反思 [D]. 华中科技大学，2006：7-8.

❸ 张欢，杨霖. 身份映射关系：网络实名制的法理基础 [J]. 山西高等学校社会科学学报，2009，21（4）：97.

❹ 林荫茂. 从信用卡犯罪看身份信息犯罪 [J]. 政治与法律，2008（9）：85.

个人信息保护法律制度，那么和身份证明同时发生的就必然是个人信息的暴露，进而个人的权益受到严重损害。……政府必须通过立法明确使用身份证证明身份的各社会主体的个人信息保护责任，包括身份证的规范使用方法、身份证中个人信息的收集使用的合目的性以及个人信息保密义务等"。❶ 同期，有学者关注到网络空间中的数字身份管理问题，认为数字身份管理应本着用户自愿原则，"在各类互联网应用中，有些业务并不需要严格的身份验证，如网络发帖、电子邮件，有些业务则需要严格的身份鉴别，如网上银行、在线医疗等。某一业务是否适用身份管理或适用何种程度的身份管理，应当取决于用户的意愿和业务的需要"。❷ 目前来看，这种基于"信息自决权"理论保护个人身份信息的想法完全无法实现，由于大数据技术的发展，各类行政机构和网络平台对个人身份信息的采集、识别、追溯更加频繁密集，而且完全是在"违背了身份主体知情同意权、忽视主体隐私安全、遮蔽身份主体遗忘与删除数据信息的自由处置权"❸ 的情况下进行的，由此可见，对于网络匿名表达权的保障还任重道远。

二、理论基础

（一）表达自由相关理论

1. 国外表达自由理论与实践综述

在学术实践中，"表达自由"经常与"言论自由"混用，但二者并不完全相同。在英文中，言论自由为 freedom of speech，表达自由为 freedom of expression，这显示了二者的区别。狭义而言，言论自由仅指口头表达自由，即"说的自由"，表达自由还包括通过文字、印刷来表达的自由，即"写的自由"。"在 17 和 18 世纪的英国，言论自由和出版自由即是'说的自由（liberty of speaking）'

---

❶ 王秀哲. 身份证明与个人信息保护——我国居民身份证法律规制问题研究 [J]. 河北法学，2010，28（5）：6.

❷ 王融. 数字身份管理：网络时代的身份证 [J]. 中国新通信，2011，13（14）：47.

❸ 董军，程昊. 大数据时代个人的数字身份及其伦理问题 [J]. 自然辩证法研究，2018，34（12）：77.

和'写的自由'（liberty/freedom of writing）之具体形态。"❶ 广义而言，言论包括了"说"和"写"，即通过语言或文字而展开，表达则更广泛，"不局限于语言文字，不作任何表示的沉默也是一种表达，形体动作、行为、艺术形象等也可以成为'表达'的形式"。❷

"表达自由"的思想源头可追溯至约翰·弥尔顿的《阿留帕几底卡：论出版自由》（Areopagitica：*For the Liberty of Unlicensed Printing*，以下简称《论出版自由》）。在英国资产阶级革命中，"各种限制出版的禁令被大革命冲垮后，由于出版的混乱无序和批评国会的言论急遽增多"，❸ 英国议会中的居支配地位的长老派于1643年6月重新恢复了出版检查制度，立法"禁止近来对宗教和政府名誉肆意毁谤的报纸、书本、小册子"，规定"无论什么出版物都要先接受严格的检查"。❹ 这意味着皇权时代实施出版审查的"星法院"虽然撤销了，但审查制度仍然存在。弥尔顿无视这一禁令，匿名出版了《离婚学说与纪律》小册子，既没有执照，也没有印出版机构的名字。1644年，他又一次违反禁令，署名后出了第2版。众议院大为震惊，将其交由出版委员会查处。为此，弥尔顿于1644年11月出版了《论出版自由》为自己辩护，表达了对出版检查制度的抵制。《论出版自由》是写给英国国会的一篇演说词，实际上弥尔顿并未演说，仅仅是写成了演说的形式，只是一本未经许可、没有登记的小册子。小册子直接针对国会制定的《出版管制法》，在小册子中，弥尔顿首先向控制议会的长老派介绍了"书籍出版许可令"的来龙去脉，然后指出"这种命令在任何古代的国家、政府或教会中都从未听到过""这是从最反基督的宗教会议和最专横的宗教法庭上发出的"。❺ 弥尔顿认为，意见的自由表达不应受到压制，因为这是探索"罪恶与虚伪"的重要手段，在观点的竞争过程中，

---

❶ 吴小坤. 自由的轨迹——近代英国表达自由思想的形成［M］. 桂林：广西师范大学出版社，2011：39.

❷ 何贵忠. 版权与表达自由：法理、制度与司法［M］. 北京：人民出版社，2011：39.

❸ 陈力丹. 世界新闻传播史［M］. 上海：上海交通大学出版社，2002：29.

❹［法］F. 基佐. 一六四〇年英国革命史［M］. 伍光建，译. 北京：商务印书馆，1985：238.

❺［英］弥尔顿. 论出版自由［M］. 吴之椿，译. 北京：商务印书馆，1958：11.

人的理性完全可以辨别真伪与善恶，而实行许可制和查禁制则是不信任真理的力量，对真理是一种伤害。在弥尔顿看来，出版自由是追求真理的手段，而压制出版自由就会造成对真理的垄断。在出版检查制度下，检查员就像漏斗一样过滤着一切意见和思想，没有他们的亲笔签署，任何作品也不能发行，这种制度"比一个海上的敌人阻塞我们的港口与河流更厉害，它阻挠了最有价值的商品——真理的输入"。❶

弥尔顿的思想在 19 世纪中期被英国哲学家、经济学家约翰·斯图亚特·密尔（John Stuart Mill）进一步发展完善。在 1859 年出版的《论自由》一书中，他论述了三大问题，第二章整章论述"论思想自由和讨论自由"。密尔反对任何形式的意见压制，认为压制的权力本身就不合法，迫使一个意见不能发表的行为是一种特殊罪恶，这种罪恶不仅是压制了一个意见，而且是剥夺了整个人类的权利。他论证道，假如整个人类持有两种不同的意见，一方只有一个人，而另一方是"全体人类减一"，这时无论哪一方压制另外一方都是不正当的。首先，我们永远也无法判定被压制的意见到底是真理还是谬误。一方面，压制者只是全体人类的一小部分，不能代替全体人类决定问题，压制者判定为谬误的意见，并不一定就是谬误。另一方面，每一个时代都有自己的判断标准，正如上一代人认定的真理已被我们否认一样，当代人认为正确的意见在后代那里说不定就是谬误。其次，如果对一个意见进行了压制，无非有两种情况：第一，被压制的意见是对的，这将导致真理无法战胜谬误。第二，被压制的意见是错的。这也会导致真理不彰，因为没有谬误的衬托，人们将无法对真理产生"更加清楚的认识和更加生动的印象"。❷ 密尔认为一个意见是否正确，判定的标准应该是这个意见在与其他意见的"竞斗"中"未被驳倒"，而不是先假定这个意见正确，然后"不许对它辩驳"。❸ 密尔强调意见的相互碰撞，他称之为"讨论"。在他看来，理性的意见之所以在人类历史中整体上占有优

---

❶ [英] 弥尔顿. 论出版自由 [M]. 吴之椿，译. 北京：商务印书馆，1958：38.
❷ [英] 约翰·密尔. 论自由 [M]. 程崇华，译. 北京：商务印书馆，1959：17.
❸ [英] 约翰·密尔. 论自由 [M]. 程崇华，译. 北京：商务印书馆，1959：20.

势，就是因为人能够改正错误，而改正错误则仰仗"讨论和经验""不是单靠经验。还必须有讨论，以指明怎样解释经验"。经过这一过程，"错的意见和行事会逐渐降服于事实和论证"。❶

根据弥尔顿和密尔的观点，达至真理需要两个条件：其一，观点的自由竞争，人们有权表达、接受各种观点，并根据自己的理性辨别真伪。其二，观点的自我修正。各种表达公开竞争并自我修正与完善，真理可以在这一过程中战胜谬误。这一思想在司法领域的实践引出了"思想市场"理论。

美国宪法第一修正案规定："国会不得制定关于下列事项的法律：确立宗教或禁止信仰自由；剥夺人们言论或出版自由；剥夺人民和平集会及向政府请愿的权利。"❷ 美国联邦最高法院的大法官们根据这一条款极大地拓宽了表达自由的空间，霍姆斯是其中最杰出的一位。"在其任期的 30 年间，霍姆斯多次（72次）发表与大多数法官不同的意见，他以其众多与当时多数保守派法官意见向左的新观点，赢得了'伟大的异议者'的称号。"❸ 1919 年，霍姆斯在对"艾布拉姆斯诉合众国案"一案的判决异议中提出了"观点的自由交换"。在该案中，艾布拉姆斯是一名犹太裔俄国女性，20 岁时移民到美国纽约。1917 年俄国革命后，她反对美国派遣远征军赴西伯利亚干涉俄国内政，于是与另外几名共产主义者印刷并散发了两份反对美国出兵的传单。"第一份印有'革命主义者'的传单公开指责美国向俄罗斯派遣军队。第二份以依地语（Yiddish）撰写的传单公开指责战争以及美国阻止俄罗斯革命的活动。"❹ 结果艾布拉姆斯等人被指控违反了1917 年的《反间谍法》（Espionage Act of 1917），被判 20 年监禁。艾布拉姆斯等人不服，向美国联邦最高法院指控《反间谍法》违宪。以克拉克（John Hessin Clarke）为首的多数法官维护《反间谍法》的效力，支持了原先的有罪判决。霍姆斯对此表示了异议，并发表了长篇的发对意见。在异议书中，霍姆斯认为被告

---

❶ ［英］约翰·密尔. 论自由 ［M］. 程崇华，译. 北京：商务印书馆，1959：21.
❷ 赵雪波，张健，金勇. 世界新闻法律辑录 ［M］. 北京：社会科学文献出版社，2010：48.
❸ 马聪. 霍姆斯现实主义法学思想研究 ［M］. 北京：人民出版社，2009：15.
❹ ［美］霍姆斯. 法律的生命在于经验——霍姆斯法学文集 ［M］. 明辉，译. 北京：清华大学出版社，2007：313.

发表传单是她的正当权利，"与美国政府有权公布美国《宪法》（而那些被告现在正求助于这一《宪法》，却只是徒劳）一样"。❶ 在异议书的最后，霍姆斯强调即便是那些我们厌恶的意见也应当允许其发表，人们必须始终警惕那些遏制意见表达的企图。也就是在这份异议书中，霍姆斯提出了"思想市场"的基本理念，即"达致至善的最好方法是观点的自由交换（by free trade in ideas），自由竞争市场上思想的力量是测试真理的最好方法"。❷ 霍姆斯把意见在市场上的自由交流当成一种实验过程，通过这种实验就可以实现他认为的最美好的理想，而美国宪法第一修正案成了这种实验过程得以实施的最后保障。"只有那些对直接威胁到国家生存的思想应当受到限制并且被排除在实验的过程外。"❸

霍姆斯所使用的表述是"观点的自由交换（free trade in ideas）"，并未明确提出"思想市场（marketplace of ideas）"一词，这一名词的最早提出是在 1953年的"合众国诉拉姆雷（United States v. Rumely）"一案中。拉姆雷销售政治性书籍，国会要求其提供书单，拉姆雷拒绝提供，双方展开了一场诉讼，最后美国联邦最高法院判定国会无权要求拉姆雷提供书单。大法官威廉姆·道格拉斯（William O. Douglas）在该案的协同意见中指出，拉姆雷"在某些方面与其他出版者不同，但这种差异非常小，与报纸、杂志、书籍等出版者一样，这位出版者也是在思想市场中寻求影响人们的思想"。❹ 道格拉斯使用了"market place of ideas"一语，但仍将"market"与"place"作为两个单词来使用。将"market"与"place"两词合二为一的是大法官小威廉·约瑟夫·布伦南（William Joseph Brennan, Jr.）。在 1965 年的"拉蒙特诉邮政局长（Lamont v. Postmaster General）"一案中，联邦政府根据有关法案要求邮政局长扣留来自外国的共产主义宣传邮

---

❶ ［美］霍姆斯. 法律的生命在于经验——霍姆斯法学文集［M］. 明辉，译. 北京：清华大学出版社，2007：318.

❷ Abrams v. United States, 250 U. S. 616（1919）［EB/OL］. ［2019-07-25］. https://supreme. justia. com/cases/federal/us/250/616/.

❸ ［美］爱德华·怀特. 奥利弗·温德尔·霍姆斯：法律与本我［M］. 孟纯才，陈琳，译. 北京：法律出版社，2009：545.

❹ United States v. Rumely, 345 U. S. 41（1953）［EB/OL］. ［2019-07-25］. https://supreme. justia. com/cases/federal/us/345/41/.

件，邮局扣留了这批邮件并向收件人发送了一张卡片，卡片中要求收件人 20 天内予以回复，若没有回复则假定其不想收到这类邮寄品。拉姆雷收到邮局通知后，将邮局告上了法庭。最后美国联邦最高法院认定政府所依据的相关法案违宪。布伦南大法官主笔的多数意见正式使用了 "marketplace of ideas" 一词，他认为，"如果有意愿的接受者不能自由接受和思考，那么观点的传播将无法实现。这将是一个只有卖家没有买家的贫瘠的思想市场"。❶

将 "追求真理" 作为表达自由的最终目标遭到了许多批评，其中最为釜底抽薪的是对其核心基础——真理——的质疑。什么是真理？有没有一个普遍的客观真理？在质疑声中，美国学者亚历山大·米克尔约翰基（Alexander Meiklejohn）于一些司法判例重构了表达自由理论，将表达自由的目标设定为建立 "自治政府"。这些判例的代表有 1931 年的 "斯特伯格诉加州案（Stromberg v. California）" 与 1945 年的 "托马斯诉科林斯案（Thomas v. Collins）"。

在 1931 年的 "斯特伯格诉加州案" 中，大法官查尔斯·休斯（Charles Evans Hughes）将表达自由的目标从追求真理引向了政治领域。在该案中，斯特伯格在公共场所展示红旗被指控违反加利福尼亚州刑法典，最高法院支持上述法典，判斯特伯格有罪。大法官休斯在判决书中指出，政府必须向民意负责，社会改革应通过合法的手段达成，为了实现这两个目的，国家宪政制度一项重要原则就是给予人们自由讨论政治的机会。

在 1945 年的 "托马斯诉科林斯案" 中，另一位大法官罗伯特·杰克逊（Robert Houghwout Jackson）则指出了表达自由对于民主制度的贡献。该案上诉人由于在工人集会上发表演说并号召工人加入其工会组织被控违反了得克萨斯州的法令，但最终该法令被美国联邦最高法院宣布违宪。杰克逊在协同意见中认为，当初制宪者之所以保障表达自由，是因为他们相信表达自由是保障代议民主制度实施的唯一手段。

基于上述判例，米克尔约翰认为，美国宪法的立法精神在于建立一个自治政

❶ Lamont v. Postmaster General, 381 U. S. 301（1965）［EB/OL］.［2019-07-25］. https://supreme. justia. com/cases/federal/us/381/301/.

府，在自治政府中，政府由人民选出，并接受人民的评论。在选举过程中，为了确保人民在投票时作出较为明智的选择，就必须保障信息与言论的自由流通，以满足人民需要的充分资讯。在选举之后，为了确保人民对政府的监督与讨论，也需要保障表达自由。1948 年，米克尔约翰在其著作《表达自由的法律限度》一书的结论部分指出："诸如希特勒的《我的奋斗》、列宁的《国家与革命》、马克思和恩格斯的《共产党宣言》等书籍可以在美国自由地印刷、自由地发售、自由地传播、自由地阅读、自由地讨论、自由地相信、自由地质疑。这一规定的目的并不是要满足哪些特定的人的'表达生活意义和价值'的需要。我们也不是要保护印刷者、传播者甚至作者的经济利益。它的目的是，美国公民只有充分、无畏地面对针对他们制度的一切辩护和一切批评，才适合于实行自治。公共讨论的自由是不可限制的，这是自治政府的基石。"❶

关于匿名表达自由，国外学者同样将其看作一项宪法权利。美国学者帕特里克·韦斯顿（*Patrick Weston*）认为："匿名表达权（*The right to publish and speak anonymously*）可以追溯到美国建国时期，当时一位评论员也曾指出'第一修正案通过的时期，政治匿名表达是众所周知的，并且被许多开国元勋使用。'"❷比尔·瑞德（*Bill Reader*）指出："关于诽谤罪，美国法律很少考虑意见是否匿名，而是关注意见本身。美国最高法院 1995 年的一项判例表明，在美国，匿名表达受到严格的宪法保护。1996 年的《传播内容端正法》（*Communication Decency Act*）也默许了匿名表达，但对于第三方在新媒体平台的匿名评论，该法给予新媒体平台以广泛的豁免权。"❸加布里埃尔·科尔曼（*Gabriella Coleman*）也通过引述 1995 年的"麦金太尔诉俄亥俄选举委员会案"判决指出："作者保持匿名的决定，与其他删减或增加出版物内容的决定一样，是受宪法第一修正案保护的

---

❶ ［美］亚历山大·米克尔约翰. 表达自由的法律限度［M］. 侯健，译. 贵阳：贵州人民出版社，2002：65.

❷ Patrick Weston. American Civil Liberties Union of Georgia v. Miller［J］. Berkeley Technology Law Journal, 1999, 14（1）：412.

❸ Bill Reader. Free Press vs. Free Speech? The Rhetoric of "Civility" in Regard to Anonymous Online Comments［J］. Journalism & Mass Communication Quarterly, 2012, 89（3）：497.

言论自由的一个方面。"❶

2. 国内表达自由理论研究综述

我国对于表达自由的引介是从批判西方"新闻自由"开始的。1949年，著名国际新闻评论家翻译家杨承芳在《世界知识》发表《论新闻与新闻自由》，认为美国的新闻自由只是名义上的，美国宪法虽然规定人民有言论、出版自由，报纸可以自由刊登新闻及批评报道，"但是实际的情形就大不相同。报纸握在少数人的手中，大多数人的意见不能在报纸上反应出来。有时报纸上所说的，恰恰完全与大多数人的意见相反，与事实不符"。❷1953年，汪向荣在《世界知识》介绍日本的言论与出版自由，同样持批判态度，认为"在美国和吉田反动政府的统治下，日本的所谓'言论、出版自由'并不是广大人民的'言论、出版自由'，而只是少数反动派扼杀、迫害言论、出版自由的自由而已"。❸改革开放前，我国对于言论或新闻自由的研究或引介，基本上采取了批判的态度。如1958年石罗编译的《"自由世界"的"新闻自由"》揭露了美国、英国、法国新闻自由的虚伪。同年，李宜华编译的同题文章，揭露了南越、南非、阿根廷对新闻自由的破坏。1959年，芒橄在《世界文学》发文批判西班牙佛朗哥政权压制言论自由。

学者对表达自由的相关研究在改革开放前后有一个转折，改革开放前的研究更多具有政治性，改革开放后的研究才有了学术性。1979年，《读书》第9期发表《言论自由》与《言者无罪》两篇文章，在《言论自由》中，张显扬等人在开篇就谈道："我国宪法规定，公民有言论自由。言论自由，这是人民群众一项基本的也是起码的民主权利。"❹在《言者无罪》中，于浩成列举了"文革"期间的一些案例，提出只要"言论不构成诽谤罪、诬陷罪和反革命罪，就坚决保

---

❶ Gabriella Coleman. How has the fight for anonymity and privacy advanced since Snowden's whistle-blowing?［J］. Media, Culture & Society, 2019, 41（4）: 567.

❷ 杨承芳. 论新闻与新闻自由［J］. 世界知识, 1949（5）: 23.

❸ 汪向荣. "出版和言论自由"在日本［J］. 世界知识, 1953（13）: 31.

❹ 张显扬, 王贵秀. 言论自由［J］. 读书, 1979（9）: 2.

护，不予治罪。这样做的结果可以换来一个极大的好处，即真正实现言论自由"。❶ 此后，关于言论、新闻、出版自由的研究逐年增多，文章立场也逐渐从批判转向借鉴。1987 年，李昌道对美国的言论自由进行了较为彻底的"平反"，详细介绍了美国言论自由的法律内涵，认为"综观美国二百多年来的历史，早期对言论自由的控制严一些，后期宽一些，战时严一些，平时宽一些。但不论何时，都有一定的法律尺度和范围。正当的行使言论自由权力，必然会受到保护；而蓄意违反'节制'原则的滥用自由者，亦应受到法律制裁。这才是一个法治社会所具有的常态和写照"。❷ 1988 年，李怀德在《现代法学》发表《论表达自由》一文，提出"表达自由"是"言论、出版、著作、新闻等自由的合称"，其内涵包括了了解讯息的自由、接受意见的自由、持有意见的自由、意见表达方式的自由、传播意见的自由等。❸

1998 年，莫纪宏出版译著《表达自由的法律界限》，开国内"表达自由"书籍出版之先河，该书聚焦于对挪威"羞示（Kjuus）案"的研究，杰克·埃里克·羞示是挪威奥斯陆的一个退休人员，也是政党"白色选举联盟（停止移民和帮助外国人回家）"的负责人。1995 年年初，他向报纸散发该联盟参与 1997 年大选的纲领，纲领的内容包括：被收养的其他种族的儿童必须绝育、有种族间联姻关系的外方人员必须绝育、如果种族间联姻关系的外方人员碰巧怀孕则必须流产。1996 年 3 月，奥斯陆国家检察署向奥斯陆城市法院提起指控，"理由是基于该纲领原则所表现的形式、词语和一般内容，意味着主要是另一种族以及来自于另一个外国文化的移民和被收养的儿童，因他们的种源而受到威胁或者是仇视或者是轻蔑"。❹ 奥斯陆城市法院于 1997 年 2 月对羞示作出有罪判决，羞示向挪威最高法院提起上诉，挪威最高法院于当年 11 月投票以 12∶5 驳回了羞示的上诉。从"羞示案"可以看出，如果一个政府无法有效控制犯罪言论及其极端消

---

❶ 于浩成. "言者无罪" [J]. 读书, 1979 (9)：14.
❷ 李昌道. 美国言论自由法律内涵及其尺度 [J]. 上海社会科学院学术季刊, 1987 (4)：89.
❸ 李怀德. 论表达自由 [J]. 现代法学, 1988 (6)：18.
❹ 莫纪宏. 表达自由的法律界限 [M]. 北京：中国人民大学公安大学出版社, 1998：1.

极后果，则该言论应当被限制。"种族歧视声明就属于由民主社会所不能有效控制的声明的一种。因此，当适用表达自由原则时，不应该给种族主义言论留下太大的空间。"❶ 2000 年，甄树青出版了综合性论述表达自由的专著《论表达自由》，从概念、权利属性、功能、实现、界线等方面对表达自由进行了全方位论述，被韩大元评价为："宪法学专题研究方面的重要研究成果，为基本权利理论的深入研究提供了有益的线索与丰富的立论依据。"❷

进入 21 世纪以来，关于表达自由的著作呈"井喷"之势。译著有亚历山大·米克尔约翰的《表达自由的法律限度》（2003 年）、欧文·M. 费斯的《言论自由的反讽》（2005 年）、小哈里·卡尔文的《美国的言论自由》（2009 年）、安东尼·刘易斯的《言论的边界：美国宪法第一修正案简史》（2010 年）等；综合性著作有陈欣新的《表达自由的法律保障》（2003 年）、邱小平的《表达自由：美国宪法第一修正案研究》（2005 年）、王锋的《表达自由及其界限》（2006 年）、王四新的《表达自由——原理与应用》（2008 年）、侯健的《表达自由的法理》（2008 年）、唐煜枫的《言论自由的刑罚限度》（2010 年）等；聚焦网络表达自由的有王四新的《网络空间的表达自由》（2007 年）、黄惟勤的《互联网上的表达自由：保护与规制》（2011 年）、邓晔的《论网络言论自由与政府规制》（2015 年）等；与其他学术领域交叉的著作有高中的《国家安全与表达自由比较研究》（2008 年）、邓瑜的《媒介融合与表达自由》（2011 年）、宋慧献的《版权保护与表达自由》（2011 年）、何贵忠的《版权与表达自由：法理、制度与司法》（2011 年）等；聚焦单个国家或地区的有李道刚的《德国语境中的思想表达自由与约束》（2009 年）、吴晓坤的《自由的轨迹：近代英国表达自由思想的形成》（2011 年）等。这类书籍对表达自由的研究基本上沿着约翰·弥尔顿的思路展开并延伸，对"表达自由"的界定差异不大。如甄树青在《论表达自由》一书中将表达自由界定为"公民在法律规定或认可的情况下，使用各种媒介或方式表明、显示或公开传递思想、意见、观点、

---

❶ 莫纪宏. 表达自由的法律界限 [M]. 北京：中国人民大学公安大学出版社，1998：114.
❷ 韩大元. 表达自由理论研究的重要创新——评《论表达自由》[J]. 法学家，2001（3）：128.

主张、情感、或信息、知识等内容而不受他人干涉、约束或惩罚的自主性状态"。❶
王四新在《表达自由：原理与应用》一书中给了一个类似的定义，并认为："在内
容上，表达自由包括公民在任何问题上均有形成和持有信仰和意见的自由，和通过
任何媒介交流思想、观念、意见和信息的自由；交流的形式不仅包括纯粹的言论
（Pure Speech），还包括绘画、歌舞和人类能够理解和接受的任何其他的交流
方式。"❷

（二）个人信息保护相关理论

1. 国外个人信息保护理论与实践综述

关于个人信息保护的理论与实践与网络的诞生与发展密切相关。互联网诞生
于 1969 年的美国，此后的 70 年代，网络科技的发展导致公民信息被大量收集、
储存，个人信息的安全性问题凸显。"在电脑的使用和操作过程中，个人信息经
常被电脑加以收集、处理和运用，个人信息主体的意思很容易被排除在外，信息
主体本人对于自己信息的收集和处理及完整、安全与否完全失去控制权。"❸ 在
这一背景下，西方各国开启了个人信息保护的立法与司法实践，同时也推动了该
领域的学术研究。

在个人信息保护的立法实践方面，德国走在世界前列。"德国黑森州于 1970
年率先制定了个人信息保护法，这也是世界上第一部个人信息保护的法律。随
后，有 16 个州相继通过了与个人信息保护相关的法律。而联邦层面的个人信息
保护法于 1977 年生效。"❹ 1982 年 2 月，德国议会通过《人口普查法》，该法规
定从 1983 年开始在联邦范围内全面登记住址、职业、教育经历等个人信息。出
于对个人信息滥用的担心，德国各界对《人口普查法》掀起广泛质疑，相关主
体向联邦宪法法院提起违宪审查诉求。"结合《基本法》第 1 条第 1 款'人性尊
严不受侵犯'和第 2 条第 1 款'人格发展之自由'，宪法法院将'信息自决'确

---

❶ 甄树青. 论表达自由 [M]. 北京：社会科学文献出版社，2000：19.
❷ 王四新. 表达自由——原理与应用 [M]. 北京：中国传媒大学出版社，2008：8.
❸ 张娟. 德国信息自决权与宪法人性尊严关系述评——德国个人信息保护的法律基础解读 [J]. 安
徽农业大学学报（社会科学版），2013，22（6）：47.
❹ 姚岳绒. 德国个人信息立法保护重在信息的控制权 [N]. 法制日报，2012-05-08（10）.

认为一般人格权项下的基本权利。"❶ 宪法法院认为，"在现代的信息处理技术下，每个人应当拥有这么一项基本权：原则上得自行决定是否向他人告知自己的个人信息，是否允许他人利用自己的信息。法秩序应当保证个人得以知晓何人、因何事、于何时、在何种情形下知晓自己的个人信息"。❷ 受此判决的影响，"德国对个人资料保护法进行了再一次修订并于 1990 年 12 月完成修正并公布"。❸ 在实践基础上，德国个人信息保护的理论学说也很丰富。蒋舸将其分为四类：一是"法典公法属性说"，该说支持对国家机关采集信息的行为进行规范，但"非国家机关的信息行为只是其经济活动的一部分，对公民不存在消极影响"，因而无须规范；二是"侧重非国家机关信息行为说"，该说与第一种学说相对，认为"个人信息保护法不仅必须将非国家机关的个人信息处理行为纳入调整范围，而且必须将其作为调整重点"；三是"统一调控说"，该说认为"公、私领域的信息行为应当受到统一调整。立法者的任务应当是抽象出个人信息保护法的原则，并将原则通过法条体现出来"；四是"分别立法说"，该派学者认为"应当为了避免一刀切式的统一立法对经济领域的过度干预，应当对公、私领域的信息行为分别进行立法"。❹

与德国从一般人格权角度保护个人信息不同，美国从隐私权角度展开对个人信息的保护。1890 年，学者萨缪尔·沃伦（Samuel D. Warren）和路易斯·布伦迪斯（Louis D. Brandeis）在《哈佛法律评论》上发表《论隐私权》（The Right to Privacy）一文，首次提出隐私权概念，并认为"一般而言，那些与个人私生活、习惯、行为以及个人关系相关，且与他谋求或担任的公职没有关系的事项在发表时应受到限制"。❺ 美国学界对隐私权的研究虽然比较早，但司法实践

---

❶ 李欣倩. 德国个人信息立法的历史分析及最新发展 [J]. 东方法学, 2016 (6): 118.

❷ 杨芳. 个人信息自决权理论及其检讨——兼论个人信息保护法之保护客体 [J]. 比较法研究, 2015 (6): 27.

❸ 柴晓宇. 德国个人信息保护立法的特色及对中国的启示 [J]. 人大研究, 2013 (3): 43.

❹ 蒋舸. 个人信息保护法立法模式的选择——以德国经验为视角 [J]. 法律科学（西北政法大学学报）, 2011, 29 (2): 113-120.

❺ Samuel D Warren, Louis D Brandeis. The Right to Privacy [J]. Harvard Law Review, 1890, 4 (5): 193-220.

的确认却比较晚，"在该文发表十二年后，纽约上诉法院在罗伯森诉罗彻斯特折叠盒生产公司（Roberson V. Rochester Folding Box Co.）一案中仍然拒绝承认对隐私的法律保护是纽约州普通法的组成部分"，好在"在该文发表仅十五年后，法官 Reid 在派维斯奇诉新英格兰生命保险公司（Pavesich V. New England Life Ins. Co.）一案中代表佐治亚州高等法院，宣布隐私权是佐治亚州法的一部分"，❶ 而一般性的宪法隐私权直到 1965 年才在最高法院审理格鲁斯沃德诉康涅狄格州（Griswold V. Connecticut）一案确定下来。1974 年，美国国会通过了《隐私权法》（The Privacy Act），该法"就政府机构对个人信息的采集、使用、公开和保密问题作出了详细规定，以此规范联邦政府处理个人信息的行为"。❷《隐私权法》法所遵循的立法原则为"信息正当使用规则（Code Of Fair Information Practice）"，美国健康、教育和福利部（Department of Health、Education & Welfare，DHEW）任命的部长咨询委员会于 1972 年完成《记录、计算机和公民权利》（*Record、Computers、and the Rights of Citizens*）并于 1973 年提交国会，国会在起草《隐私权法》时吸收了《记录、计算机和公民权利》中提出的"信息正当使用规则"，并对其进行了扩展，具体包括记录公开原则（行政机关不能保有秘密的个人信息记录）、个人取得原则（个人有权查看和复制）、个人参与原则（个人有权修改和修正）、收集限制原则（机关不可以收集任何它想收集的信息、也不可以采取任何它想用的方式进行收集）、使用限制原则（限制对个人信息的内部使用）、公开限制原则（限制对个人信息的对外公开）、信息管理原则（机关须建立行政的、技术的和物质的安全保障措施）、责任原则（机关承担相应的责任）。❸ 1977 年 2 月，美国联邦最高法院在"沃伦诉罗伊（Whalen v. Roe）"案中第一次明确宪法保障个人身份隐私不受侵犯。在该案中，纽约立法机构 1972 年制定的一项法规，规定"可能含有有害药物的处方要开具正式处方表，表的副本要求填写处方医师、配药医师的身份、药物和剂量的标识以及病人的姓名、地址和年龄，并存

---

❶ ［美］阿丽塔. L. 艾伦，理查德. C. 托克音顿. 美国隐私法：学说、判例与立法 ［M］. 冯建妹，等，译. 北京：中国民主法制出版社，2004：5.

❷ 周健. 美国《隐私权法》与公民个人信息保护 ［J］. 情报科学，2001（6）：608.

❸ 郑丽华. 美国隐私权法发展历程研究 ［D］. 南开大学，2005：4

档至国家卫生部门，记录在案，由计算机处理"。❶ 最高法院在审理后，认为纽约州的这项法规违宪，对其予以撤销。《隐私权法》之后，美国又在各个领域制定了一系列信息隐私法律，保障个人信息的安全。如 1974 年的《家庭教育权与隐私法》（Family Educational Right To Privacy Act）、1978 年的《财务隐私权法》（Right to Financial Act）、1988 年的《录像隐私保护法》（Video Privacy Protection Act）、2000 年的《儿童网上隐私保护法》（The Children's Online Privacy Protection Act）等，共同组成了美国个人信息保护的法律体系。

此外，瑞典、英国、日本等国家都对个人信息进行了立法保护。瑞典于 1973 年出台世界上第一部国家层面的个人数据保护法，并于 1992 年对其进行了修订。该法"要求公共部门和私有部门的档案保管者在没有取得当事人同意的情况下不得收集、发布、转移或使用个人档案的相关信息，且当事人对其个人错误或误导性的信息保有更正权"。❷ 英国于 1984 年推出首部《数据保护法》（Data Protection Act），并根据欧盟 1995 年通过的《个人数据保护指令》于 1998 年修订出台了新的《数据保护法》，目前，英国《数据保护法》"所保护的对象为可以被识别的与个人相关的数据。其一为自动化处理的数据以及为自动化处理而记录的数据；其二为人工记录的存档系统以及为了相关存档系统而记录的数据；另外，还包括通过公共途径可以获得的一些个人信息，如健康记录、教育记录等"。❸ 英国重视病人信息的保护，日本于 1988 年制定了针对行政机关的《行政机关保有的利用电脑处理的个人信息保护关系法》，2003 年 5 月通过《个人信息保护法案》并于 2005 年 4 月实施。该法对个人信息的界定是"与生存着的个人有关的信息中，姓名、出生日期等可以识别出特定个人的部分，包括可以比较容易地与其他信息相比照并可以借此识别出特定个人的信息"。❹

总而言之，各国关于信息保护的法律实践基本上依循德国的个人信息自决

---

❶ Whalen v. Roe, 429 U.S. 589（1977）［EB/OL］.［2019-01-30］. https://supreme. justia. com/cases/federal/us/429/589/.

❷ 闫静. 欧盟国家档案开放利用中隐私保护的立法特点及其借鉴［J］. 图书馆学研究，2016（5）：81.

❸ 姚岳绒. 别具一格的英国个人信息立法保护［N］. 法制日报，2012-05-01（003）.

❹ 梶田幸雄. 日本个人信息保护法概要［N］. 人民法院报，2018-06-29（008）.

权和美国的隐私权两条途径。在德国，施泰姆勒（Steinmüller）于 1971 年提出"个人信息自觉权"概念，他认为，"这项权利的内容是，人们有权自由决定周遭的世界在何种程度上获知自己的所思所想以及行动"。❶ 在美国，健康、教育和福利部部长咨询委员会于 1972 年提出了"信息正当使用规则"。不过，"尽管美国和德国对个人信息保护的方式不尽相同，但是也显现出保护的法律领域上一致的趋势：具有宪法上的基本权利和侵权法民事权利的双重属性"。❷ 两条路径对于个人信息的保护宗旨都在于阻断政府或其他人对个人信息的非法收集与使用，这里的个人信息显然包括了在网络空间中经常被泄露的个人身份信息。

当然，个人信息的保护也不是绝对的，而是相对的。比如从欧洲人权法院（European Court of Human Rights）的相关判例可以看出，"匿名性并不是源自必要性，而是源自比例原则"，法院为患者的信息提供的"典型"保护包括如下三点："一是保持文件的机密性，文件不应该被读入公开记录或以其他方式公开；二是任何信息的最低公开披露都源于文件规定；三是保护患者的匿名性，如果不是永久性的，那也应该是很长一段时间。"❸

2. 国内个人信息保护研究综述

我国对于个人信息保护的研究从美国隐私权路径开始。初期，与"个人信息"通用的学术用词还包括"个人资料""个人数据""个人资讯"等。20 世纪 80 年代，就有学者就关注到了个人资料的保护问题。1984 年 4 月，朱柏松在《法学丛刊》发表《个人资料保护之研究——近代隐私权概念之形成及发展》。同年 6 月，黄越钦在《政大法学评论》发表《资料保护法——奥地利 DSG 之研究》，将个人信息权称为"资讯隐私权"。1987 年，《环球法律评论》译介日本平川宗信的《私生活的概念与刑法对私生活的保护》一文，认为私生活包括个

---

❶ 杨芳. 个人信息自决权理论及其检讨——兼论个人信息保护法之保护客体 [J]. 比较法研究，2015（6）：23.

❷ 贺栩栩. 比较法上的个人数据信息自决权 [J]. 比较法研究，2013（2）：73.

❸ José Miola. Owning information-anonymity, confidentiality and human rights [J]. Clinical Ethics, 2008, 3（3）：119.

人信息，不过，文章使用的是"个人情报"一词，个人信息权也成了"个人情报保密权"，即"控制自己情报流转的权利"。❶ 20 世纪 90 年代早期，我国大陆学者在关于隐私权的研究中认为，个人隐私不仅包括了个人身体与私生活的秘密，还包括了个人信息。如关今华认为，隐私权的"外延是公民在各种私生活中客观存在的个人信息情报"。❷ 1994 年，王利明在《人格权法新论》一书中指出，"隐私有三种基本形态：个人私事、个人信息、个人领域"，个人信息是"一种无形的隐私。它指的是一切个人的信息，它包括一个人的身高、体重、病历、身体缺陷、健康状况、经历、财产状况、社会关系、家庭情况、婚恋状况、学习成绩、缺点、爱好、心理活动、未来计划、姓名、肖像、住居、家庭电话号码、政治倾向、宗教信仰等，其范围十分广泛。"❸ 同年，《法学家》杂志刊发台湾法学学者卢文祥论述"电脑隐私权"的论文，卢文祥将"个人信息"称之为"个人资讯"，将网络空间的"个人信息权"称之为"电脑隐私权"，他认为："电脑已使隐私权之面貌大大地改观""隐私的定义已由'私生活'变成'个人资讯'；而隐私权的定义也摆脱了传统'一人独处之权利'的消极态度，步上现代'掌握有关自己资讯流向之个人权利'的积极意义，亦即'关于自己资讯之知的权利'。简言之，电脑隐私权系指掌握自己资料（资讯）之权利。"❹ 1995 年，王利明指导的研究生王娟在其硕士学位论文《论隐私权》中详细论述了隐私权定义的四种学说，第一种即为"信息说"，该说认为"隐私权保护的主要是个人信息"，"个人信息属于个人隐私的范畴，这是人们公认的。在现代社会，由于通信、交通、计算机等新技术的发达，对个人隐私造成很大的威胁，最易遭受该类侵犯的首先是个人信息"。❺ 1996 年，张新宝从隐私权角度关注个人数据的法律

---

❶　[日] 平川宗信. 私生活的概念与刑法对私生活的保护 [J]. 毕英达，译. 环球法律评论，1987（4）：72.

❷　关今华. 试析隐私权及其实务处理 [J]. 中共福建省委党校学报，1992（2）：26.

❸　王利明. 人格权法新论 [M]. 长春：吉林人民出版社，1994：482.

❹　卢文祥. 海峡两岸对运用电脑衍生法律问题之初探——以电脑隐私权为主之论述 [J]. 法学家，1994（1）：80.

❺　该论文的节选版 1995 年以《隐私权基本问题初探》为题发表在《法学家》。参见：王娟. 隐私权基本问题初探 [J]. 法学家，1995（5）：57.

保护，并将个人数据界定为"涉及个人的已被识别和可被识别的任何资料"，"收集、储存、处理、传输和利用个人数据的各个阶段都可能涉及公民的隐私材料以及隐私权的保护问题"。❶

王利明不仅从隐私角度引出了个人信息，还较早从隐私权角度引出了个人信息控制权，他认为，隐私权包括个人信息控制权，即"权利主体对自己的个人信息的收集、储存、传播、修改所享有的决定权，未经权利主体的统一，他人不得擅自收集、储存、传播本人的个人信息，并对其进行修改；权利主体对他人收集、储存的有关自己的个人信息有审查、修改的权利；对已经传播出去，不正确的个人信息有更正的权利；对个人信息的传播方式、传播范围又决定的权利"。❷此后，许多学者都从"隐私权"角度论述"个人信息权"。2002 年，郑成思从信息安全与信用制度的角度研究个人信息保护立法问题，文章虽然谈到"个人应当有自行决定何时、何地、以何种方式与外界沟通个人信息的主动支配权"，❸ 但并未脱离"隐私权"角度，认为该项权利是隐私权观念拓展的结果。同年，田霞也从"隐私权"角度谈到"个人对其信息资料所享有的权利"，包括"知悉资料收集人的身份、收集目的、使用方式、资料转移的可能性、资料保管情况等的知情权，是否将个人资料提供给第三方、提供哪些资料、对资料如何使用的限制等情况的自主控制权，有权查阅、修改个人资料的权利以及资料被非法或不当使用时的赔偿请求权等等"。❹

学者们跳出"隐私权"窠臼论述"个人信息权"经历了一个过程。1997 年，新闻传播学者唐绪军撰文介绍德国出台的"多媒体法"，指出该法的诸多原则之一包括了"保护公民个人数据的原则"，并将该原则表述为"法律高度重视公民信息自决的权利，对个人数据予以严格保护。法律规定，服务提供者在经营过程中应尽可能少地收集使用者的个人数据，使用者有权知道他所提供的个人数据被

---

❶ 张新宝. 信息技术的发展与隐私权保护 [J]. 法制与社会发展, 1996 (5): 16, 17.

❷ 王利明. 人格权法新论 [M]. 长春: 吉林人民出版社, 1994: 486.

❸ 郑成思. 信用制度与个人信息保护立法 [J]. 人民司法, 2002 (3): 69.

❹ 田霞. 关于互联网上个人信息保护立法的思考 [J]. 中国矿业大学学报（社会科学版）, 2002 (4): 57.

用在了何处"。❶ 2003 年，法学学者齐爱民跳出"隐私权"范畴，认为"个人资料不同于个人隐私，对个人资料的保护也并不限于隐私利益。个人资料与个人隐私外延不同。一部分个人隐私表现为个人资料，还有一部分个人隐私以个人属性的方式存在，这部分个人隐私的保护与个人资料保护无关。一部分个人资料表现有个人隐私，还有一部分个人资料与个人隐私无关，如所有的公开个人资料和琐细个人资料，这部分个人资料的保护与隐私权无关"。❷ 此后，齐爱民在这一领域深入开拓，提出了"本人资料权""个人信息权"等概念。2013 年，王利明也开始区分隐私权与个人信息权，以个人信息权与隐私权界分为中心研究了个人信息保护问题，提出个人信息保护的中国路径，即"在我国未来的民法典中，应当将个人信息权单独规定，而非附属于隐私权之下。即应以私权保护为中心，将个人信息权作为一种具体的人格权加以保护，并制定个人信息保护法"。❸ 顺着这一思路，多数学人将"个人信息权"从"隐私权"中分离出来，将其作为一种独立的人格权进行研究。

第四节　研究内容及结构

本书从需求与供给的角度提出，匿名表达是互联网空间众多表达者的现实需求，且存在合理性，因而应该予以满足。本书首先研究了网络匿名表达的主、客观需求，发现这项需求有着广泛的社会基础与深度的心理基础。在此基础上，文章提出了匿名表达权，并从表达、匿名两个方面论述了匿名表达权的权利依据。除了权利依据，匿名表达权还与其他几种权利有着千丝万缕的联系，接下来，本书对匿名表达权与这几种权利的关系予以论述。既然网络匿名表达权是站得住脚的，那就应该为其提供保障，为此，本书又论述了网络匿名表达权的法律保障问

---

❶ 唐绪军. 破旧与立新并举　自由与义务并重——德国"多媒体法"评介 [J]. 新闻与传播研究，1997 (3)：57.

❷ 齐爱民. 论个人资料 [J]. 法学，2003 (8)：85.

❸ 王利明. 论个人信息权的法律保护——以个人信息权与隐私权的界分为中心 [J]. 现代法学，2013，35 (4)：62.

题。当然，正如自由伴随着责任，权利也伴随着限制，匿名表达权也有自己的边界，于是，本书又研究了匿名表达权的定界、边界及越界责任问题。最后，合理需求终应得到满足，文章从中国现实出发，研究了当下中国匿名表达权的制度供给现状，并提出了改进措施。

本书的整体结构分为八章。其中，第一章与第八章是"绪论"与"结论"，引出问题，并回答问题，起到前后呼应的作用。中间六章围绕具体问题进行分章论述，解决网络匿名表达权的需求、依据、关系、保障、边界、制度供给等六类问题。具体章节安排如下。

第一章"绪论"说明研究的背景、提出研究的问题、厘清研究的思路、阐释研究的意义，厘定表达权、匿名权等核心概念，介绍国内外在表达自由、个人信息保护等领域的理论基础与研究现状，并简要介绍全书的研究内容及整体架构。

第二章"网络匿名表达的需求"从需求—供给角度介绍网络匿名表达的主观需求与客观需求，从而与第七章的制度供给形成前后呼应关系。首先，网络用户有匿名表达的主观需求，一是主观上的表达需求，包括自我实现需求和情感宣泄需求；二是主观上的匿名需求，包括角色扮演需求、真实舆论需求和个体安全需求。其次，网络实名制负面效应引发客观需求，这些负面效应包括个人信息泄露、舆论监督弱化、宣泄渠道阻塞、自我审查泛滥等，由于实名制的这些弊端，人们开始怀念网络匿名表达，并提出了网络匿名表达的需求。

第三章"网络匿名表达权的权利依据"分别从表达、匿名两个角度切入，先论述表达的权利依据，再论述匿名的权利依据。在表达层面，本书从国际公约、宪法出发，探索作为人权和公民基本权利的表达权和监督权，以及这些权利对于公民表达自由的支持。在匿名层面，本书从民法、刑法出发，探索作为公民人格权的姓名权、隐私权和个人信息权，以及这些权利对于公民匿名的支持。

第四章"网络匿名表达权在其他权利中的实现"探讨的是几项与匿名表达权有密切关系，但又无法作为表达权权利依据的三项权利，这三项权利都有助于匿名表达权的实现。首先，著作权对表达权的实现有促进作用，著作权中的发表权等多项权利有助于表达权的实现，著作权中的署名权有助于匿名权的实现。其次，消息来源隐匿权对匿名表达权中匿名的实现有助力作用。再次，当匿名权被侵犯，表达者的个人身份信息已经泄露的情况下，被遗忘权有助于表达者实现再次匿名，或可表述为被遗忘权有助于表达者"再匿名权"的实现。三项权利都不是匿名表达权的权利依据，相反，匿名表达权可作为上述三项权利的权利依据。它们与表达权是完全不同的权利，但又与表达权有着密切的关系。

第五章"网络匿名表达权的法律保障"首先从宪法、行政法、刑法、民法这四大法律部门出发，分为宪法及宪法相关法保障、行政法保障、刑法保障、民法保障四节，然后在每一节详细探讨该法律部门对表达权、监督权、姓名权、隐私权、个人信息权、著作权等权利的保障。当然，探讨四个法律部门对上述权利的保障只是为了说明它们对网络匿名表达权的保障。但因为在我国法律法规体系中，并没有直接对"网络匿名表达权"进行保障的相关条款，故而只能通过探讨法律法规对其他几种权利的保障来推导它们对网络匿名表达权的保障。

第六章"网络匿名表达权的边界与越界责任"探讨法律法规所保护的其他法益对网络匿名表达权的限制，探讨主要通过以下三个方面进行：一是从网络匿名表达的几种负面效应出发，探讨为匿名表达权划定边界的需求；二是探讨为匿名表达权划定边界的几大法益，包括国家法益、社会法益和个人法益；三是探讨网络匿名表达权越界后应当承担的责任，包括刑事责任、民事责任和行政责任。

第七章"网络匿名表达权的制度供给"探讨了对网络表达主体实施的准入制度与身份信息保护制度。关于表达主体准入制度，首先从网络匿名制与网络实名制的关系入手，说明网络匿名制与网络实名制的对立统一性，然后回顾了中国推进网络实名制的点滴进展与曲折历程，并对当前中国实施的"后台实名、前台自愿制"予以详细解读，提出了实施网络匿名制的前置条件与改进措施。关于表达主体身份信息保护制度，主要探讨了四个方面，即数字身份管理制度、个人信息专管制度、消息来源隐匿制度和被遗忘权救济制度。

第八章 "结论" 部分探讨了全文的两个主要结论和两个研究局限。两个主要结论是：第一，匿名表达权问题本质上是个人身份信息保护问题；第二，网络匿名制与网络实名制本质上是同一制度的一体两面。两个研究局限是：第一，将匿名表达权的边界置换为表达权的边界；第二，将匿名表达权与网络匿名表达权混同论述。

第二章
网络匿名表达的需求

第二章
网络匿名表达的需求

第一节　表达主体匿名表达的主观需求

一、从表达角度来看

（一）自我实现的需求

在美国心理学家马斯洛（A. H. Maslow）的需求层次理论中，自我实现是人最高层级的需求，"即人类能把自我中的潜在东西变成现实东西的倾向，也就是把人的内部潜能作最大实现"，"马斯洛认为，除了生理需要、安全需要外，在自我实现前，还要具备说话自由，对人无伤害的自由行动，询问自由……"❶ 从马斯洛视角来看，说话自由是自我实现的前提，也就是说，人类之所以要表达，是为了自我实现。

美国学者埃默森（Thomas Emerson）将表达自由的价值分为四类："第一，个人的自我实现；第二，知识的进步和真理的发现；第三，社会所有成员的决策参与；第四，稳定与变革之间恰当平衡的保持。"❷ 我国台湾学者林子仪认为第四类价值是附加价值，因此将表达自由理论归结为三种：追求真理说、健全民主

---

❶ 张桃梅. 试评马斯洛的"自我实现"论［J］. 西北师大学报（社会科学版），1988（2）：97，98.

❷ 林子仪. 言论自由与新闻自由［M］. 台北：月旦出版社有限公司，1993：14-15.

程序说和自我价值实现说。前两种学说的代表人物是约翰·弥尔顿和亚历山大·米克尔约翰，他们的共同点是，都将表达自由作为实现某种目的的手段，或者是追求真理，或者是达到民主政治的自治。第三种学说超越前两种学说，认为表达自由是目的而非手段，它本身就有独立存在的价值，它的基本价值"乃在保障个人发展自我（self-development）、实现自我（self-realization）、完成自我（self-fulfillment）、亦即保障个人自主（autonomy）及自由（liberty）的自我表现（self-expression）"。❶

人不是完成其他目标的工具，人本身就是目的。"人是一种精神存在，作为这种精神存在最重要的表征，就是以各种他所喜欢和擅长的方式言说……能够自由自在地、不受限制地言说，是人生的一种追求，是一种令人向往的状态。"❷在这种状态之下，个人通过表达成就自我、实现自我，享受到自己作为一个有尊严的个人自由言说的快乐与满足。现实社会的自我表达受到各种各样的束缚，自我角色责任的要求、群体规范的约束、新闻媒体版面的限制与难以接近性、政治性的压抑都让一个人难以自主、真实地表达自我。

网络空间的匿名性将人从现实社会中隔离开来，营造了一个可以自主、真实表达的空间。在这个空间里，匿名性保障个人表达发出自己内心真实的声音，而不是迫不得已的"心口不一"，从而趋近于自由言说的状态。"人们都有着一个自我，我常说'倾听内在冲动的声音'，其含义就是要让自我显露出来。然而，我们绝大多数人……不是倾听自己的声音，而是倾听妈妈爸爸的声音，倾听权力机构的声音，倾听老人的、权威的或者传统的声音。"❸ 实名制在某种程度上是对这一自由言说状态的反动，在实名制状态下，匿名营造的虚拟性不复存在，虚拟社会变成了现实社会。自我角色、群体规范、政治压力、媒介接近权的缺失都让人"不能由着心性去言说，不能在可以达到很好的传播效果的地方传播，不能通过他所选择的大众传播媒介言说，或者人在言说的时候不得不过多地考虑自己的言论的后果，人的心灵就会因此而蒙上阴影，人的这种本真的存在方式就会大

---

❶ 林子仪. 言论自由与新闻自由 [M]. 台北：月旦出版社有限公司，1993：34-35.

❷ 王四新. 表达自由：原理与应用 [M]. 北京：中国传媒大学出版社，2008：27.

❸ [美] 马斯洛. 自我实现的人 [M] 徐金生，刘锋，等，译. 北京：生活·读书·新知三联书店，1987：116-117.

打折扣，人生也会失去很多的情趣和意义"。●

（二）情感宣泄的需求

宣泄是一种心理调整机制，通过释放郁结于心的负面情绪来寻求心理平衡。心理学意义上的"宣泄说"源自奥地利心理学家西格蒙德·弗洛伊德（Sigmund Freud）。弗洛伊德认为："人的某种本能会使他产生许多同现实生活相冲突的行为冲动，如果这些本能的冲动经常受到压抑便会引发心理紧张，最后导致精神障碍。人只有通过一定的方式满足这种本能的要求，才能减轻心理压力。因此，宣泄成为防治心理疾病的主要方法。"● 人们常常通过各种渠道宣泄情绪以达到心理健康，互联网渠道由于其匿名性、互动性的特质，可谓得天独厚。互联网空间是发泄情绪的天然良港，网民可以通过自由表达将内心淤积的负面情绪排泄一空，从而防止被堵塞的负面情绪积累，预防负面情绪爆发。

在互联网空间中，论坛、博客、微博、微信等平台为网民的自由表达提供了场所。在博客正盛的 2007 年，就有人指出，博客"可以充当人们情绪发泄的'排气孔'。当人们及时、适当地把不满情绪和不同意见在自己的博客上进行宣泄，就会防止矛盾和冲突的过度压抑和聚集，进而也防止了矛盾和冲突的总爆发，避免了社会秩序的混乱"。● 而此后兴起的微博、微信更是超越了博客，成为人们自由表达观点的市场，看似众声喧哗无序的意见市场，却带给人们意见表达、情绪发泄、社会求助的渠道和途径。人们之所以愿意并敢于在网络意见市场释放自我，其中一个关键因素便是网络的匿名性。有人认为，微博之所以能够传递大众的真切感受是因为"匿名发表的机制无疑为其提供了保障"；● 有人认为，青少年之所以"可以通过 QQ、聊天室、BLOG、论坛等方式尽情抒发他们心中的不满和郁闷"，也是因为"匿名性又使青少年的言语行为不会受到干扰和限制"。●

在网络匿名社交领域，近年来兴起的"树洞"类平台更是为情感宣泄提供

● 王四新. 表达自由：原理与应用［M］. 北京：中国传媒大学出版社，2008：27.
● 童兵. 简论新闻传媒的宣泄功能［J］. 新闻记者，2010（2）：4.
● 林俊荣. 博客的社会安全阀功能探析［J］. 中国青年研究，2007（3）：60.
● 宋鑫陶. 匿名的"微"力［J］. 商周刊，2012（4）：42.
● 刘莹. 网络的匿名性与青少年宣泄的新选择［J］. 牡丹江教育学院学报，2007（5）：106.

了场所。树洞本指树木的空心，由于童话故事《国王长着驴耳朵》中理发匠向树洞吐露了"国王长着驴耳朵"的秘密，现在也喻指吐露心声的地方。目前，许多主打匿名社交的网络应用使用了"树洞"的名称，"用户在树洞中能够摆脱传统媒介生态中受控和被把关的局面，实现自由的内容生产与传播，即树洞类UGC平台让用户有权利说自己想说的话，这就是一种解放式的狂欢。另一方面，从功能上来看，树洞以分享秘密和匿名表达为主旨。它为用户提供了一个倾诉和分享的机会，让用户在充满压力和顾忌的现实生活之外有空间说自己想说的话，这又是一种宣泄式的狂欢。……这种狂欢不仅是个人的解放，也发挥着积极的社会作用"。❶

在促进个体的心理和谐的同时，情感宣泄也促进了社会和谐。社会安全阀理论认为，社会在不断运动变化中总会积累这样那样的矛盾，如不及时化解，就会带来社会冲突，破坏社会稳定。"安全阀是锅炉上的一个装置，它的作用是当锅炉里的水温过高产生猛烈的蒸汽时，它可以使多余的蒸汽排泄出去，而不至于破坏整个装置。社会安全阀的作用也一样，只不过它排泄出去的不是多余的蒸汽，而是猛烈的敌对情绪，因此有助于社会结构的维持。"❷ 童兵认为，新闻传媒就能很好地充当社会的安全阀，让"不同阶层、不同集团、不同人群，可以借助传媒表达自己的看法，提出自己的主张，同时又在这种表达与叙述的过程中，让这些阶层、集团和人群发发牢骚，吐吐怨气"。❸ 互联网作为"第四传媒"，其社会安全阀功能更为突出，当前人们选择的最佳宣泄渠道正是互联网空间，杨嵘均将这种选择的原因归结为四个方面：可行性高、风险性低、现实成本低、实际效果好，"社会主体大量的不能通过传统社会媒介进行宣泄的情绪都可以通过虚拟网络进行，这极大地拓宽了社会主体政治情绪宣泄的媒介渠道"。❹ 可行性高在于网络渠道的便捷性，风险性低则在于网络表达的匿名性。

---

❶ 蒋晓丽，杨珊. 虚拟社会安全阀：树洞类UGC平台的宣泄功能研究 [J]. 新闻界，2017 (6)：56-57.

❷ 李俊. 社会安全阀理论与信访制度 [J]. 广西社会科学，2002 (4)：220.

❸ 童兵. 突发公共事件的信息公开与传媒的宣泄功能 [J]. 南京社会科学，2009 (8)：41.

❹ 杨嵘均. 网络空间公民政治情绪宣泄的刺激因素与政治功能 [J]. 学术月刊，2015，47 (3)：120.

二、从匿名角度来看

(一) 个体安全的需求

个体安全需求一般出自政治表达领域的舆论监督，舆论监督需要真实的舆论，而许多情况下，匿名才能保障真实舆论的生产。匿名性之所以能冲破"沉默的螺旋理论"，让人们敢于表达、善于表达，是因为匿名为表达者带来了安全感。马斯洛在《动机与人格》一书中将人类动机区分为五种：生理需要、安全需要、归属和爱的需要、自尊需要、自我实现需要。其中安全需要包括了"安全、稳定、依赖、免受恐吓、焦躁和混乱的折磨，对体制、秩序、法律、界限的需要；对于保护者实力的要求，等等"一整套需要。❶

除了舆论监督，政治领域中最为常见的匿名表达形式还有匿名投票和匿名举报，前者保障投票者不受外界干扰表达真实意志，后者保障举报者免遭被举报者的打击报复。在舆论监督、投票和举报等实践过程中，匿名者之所以不敢署名，是因为"现在社会监督体系还不完备，官官相护、打击报复和穿小鞋的现象还时有发生，使举报人权利得不到应有的保护，举报人怕举报的问题没有解决而举报材料却落到被举报人的手中，受到打击报复"。❷ 在网络空间中，匿名性为政治参与者提供了免受打击报复的安全屏障，在激发了网民表达热情的同时，也促进了政治文明的发展。"匿名能使少数者、反对者有足够的时间、空间、渠道和勇气来畅所欲言""最大程度地减少政治表达者的政治担心和顾虑，敢于政治表达事实的真相，敢于不畏强权，对各种社会不良现象表达自己真实的政治观点和政治意见"。❸ 国外也有研究指出，在政治压力较大的情况下，匿名的政治需要会增加，"因为人们需要采取额外的措施来保护自己的在线身份，否则会受到严重的影响"。❹

---

❶ [美] A. H. 马斯洛. 动机与人格 [M]. 徐金生，程朝翔，译. 北京：华夏出版社，1987：40-53.
❷ 张凌云. 匿名举报制度刍议 [J]. 法制博览 (中旬刊)，2012 (5)：165.
❸ 曾白凌. 网络政治表达的法律规制 [D]. 中共中央党校，2009：83，84.
❹ Eric Jardine. Tor, what is it good for? Political repression and the use of online anonymity-granting technologies [J]. New Media & Society, 2018, 20 (2)：451.

2016 年 4 月 19 日，习近平总书记在"网络安全和信息化工作座谈会"上的讲话就明确指出："网民大多数是普通群众，来自四面八方，各自经历不同，观点和想法肯定是五花八门的，不能要求他们对所有问题都看得那么准、说得那么对。"❶ 这表明党和政府对网络空间舆论生态多样性的需求。从某种意义上看，舆论生态系统是一个反馈系统。"舆论监督反馈控制功能的缺失会造成政府系统的失序，导致整个社会大系统自我调整能力不足，社会系统的可预测性降低、不确定性增加。"❷ 作为反馈机制的舆论监督，无论发出的是正面的声音，还是负面的声音，都首先要保障是真实的声音。正面声音有利于营造风清气正的舆论生态，负面声音激浊扬清、针砭时弊，作用于政治决策，都有利于社会稳定。但如果不是真实的声音，就不能营造一个真实的舆论环境，供政治决策参考之用。

真实舆论的生产需要宽松而安全的舆论环境，如果没有宽松和安全的舆论环境，"民意只能被认作是伪民意。即使它是真民意，你也无从知道它是不是真民意"，"标准不在于民众选择的那一刻是不是真诚，而在于他们在形成意见时讨论是否自由、观念可否多元、信息是否充分"。❸ 目前，我们的舆论生态环境基本是宽松的，但也并非毫无瑕疵，一些党政官员并无接受舆论监督的雅量。2016 年 2 月 19 日，习近平总书记在"党的新闻舆论工作座谈会上"的讲话指出："有些地方和部门遇到敏感复杂事件，习惯于采取'捂盖子'的做法，有的还通过宣传部门'灭火'。这种观念和做法在信息社会无异于掩耳盗铃。对舆论监督要有承受力，不能怕自己的'形象''利益'受到损害而限制媒体采访报道。"习近平总书记在这里主要谈的是媒体的批评报道问题，但也可以推及网络表达问题，他口中的"有些地方和部门"有时候会为了自己的"形象""利益"限制媒体采访报道，同样也会限制网络空间的真实表达，而这种限制无疑会在一定程度上阻断党中央听到民众的真实声音，不利于党中央做出正确决策。

更有甚者，网络表达有时还会招致的打击报复，中国式的"跨省追捕"就

❶ 习近平. 在网络安全和信息化工作座谈会上的讲话 [EB/OL]. （2016-04-25）[2019-02-02]. http://www.xinhuanet.com//politics/2016-04/25/c_1118731175.htm.

❷ 张治中. 论舆论监督的反馈控制功能 [J]. 当代传播，2010（2）：24.

❸ 刘瑜. 民意与伪民意 [J]. 记者观察（上半月），2011（3）：34.

是典型。跨省追捕是一个具有中国特色的词汇，主要是指一些地方政府利用手中的权力对自己行政管辖区域之外的网络表达主体进行抓捕的行为。从 2008 年起，中国发生多起"跨省追捕"事件，如 2008 年 1 月 1 日，《法人》杂志刊发了记者朱文娜《辽宁西丰：一场官商较量》的文章，文中涉及西丰县县委书记张志国的负面新闻，3 天后，西丰县警方进京要求拘传记者朱文娜。2008 年 5 月，河南灵宝市政府违法"租"用了大王镇农地 28 平方公里，约 3 万余名农民将失去土地，身在上海的青年王帅多次举报无果后于 2009 年 2 月 12 日网上发帖，3 月 6 日灵宝市网警跨省来到上海将其抓捕。2010 年 8 月 19 日，陕西渭南的七名便衣警察以查户口为名将《大迁徙》一书的作者谢朝平以涉嫌"非法经营"为名抓捕。2010 年 11 月 23 日，宁夏吴忠市公安局利通区分局将多次发帖举报大学同学马晶晶在公务员招考中舞弊的王鹏刑拘。2017 年 12 月 19 日，广东医生谭秦东在网上发表了《中国神酒"鸿茅药酒"，来自天堂的毒药》，被企业所在地的警方跨省追捕并羁押于当地看守所。

一个个案例说明权力的任性，打击报复的结果必然导致"寒蝉效应（Chilling Effect）"。寒蝉效应是指人们害怕因为表达行为遭到刑罚或面临高额赔偿，不敢发表言论，如同蝉在寒冷天气中噤声一般。寒蝉效应常常发生在新闻表达领域，如许多针对记者的诉讼明显是"对做了揭露性报道的记者的打击报复"，这导致"整个记者群体产生寒蝉效应，最终损害公共利益"。❶ 此前发生的多起"跨省追捕"事件，警方的出发点并非维护网络表达秩序，而是对记者或发帖人的打击报复，本该保护表达自由与个人安全的公权力，沦为了打击报复的工具。

为了个体的安全，人们只有选择噤声，或者匿名发言。匿名表达在一定程度上兼顾了表达与安全的双重需求，因而得到网民的推崇。但面对地方警察，网络匿名发言有时候也并不安全，因为警察还会通过 IP 地址追踪到当事人，因此匿名性对个人安全需求的满足，并不一定是要求不署名或署假名，而是要求国家对表达者个人身份信息的严格保护。"匿名性是政治表达自由的一个有机组成部分，

---

❶ 丁一. 记者为何越来越多被打被抓？[N]. 南方人物周刊，2010（3）：18.

是保障个人自我满足或自我实现中的不可或缺的手段。没有匿名权的政治表达自由，是不充分和不完整的政治表达自由，不是真正意义上的政治表达自由。"❶

（二）角色扮演的需求

"角色"一词的本义是指戏剧中的人物，"他们的演出包括朗诵、道白和照编剧的指导去做，而且要将戏剧性的印象变得有真实感"。❷ 美国社会学芝加哥学派在论述"自我"概念的形成时，提出了"角色扮演"的思想，乔治·赫伯特·米德在《心灵、自我与社会》一书中指出："正是通过扮演他人的这一角色使他能够返回自身并这样指导他自己的交流过程。"❸ 在芝加哥学派的基础上，美国社会学家欧文·戈夫曼将研究重点集中在人们日常交往领域，提出了"拟剧论（Dramaturgy）"。他将人们日常生活中的互动类比为戏剧表演，但日常生活中的社会角色与剧中角色不同，社会角色是"系于特定身份上的权利与责任的规定"，"一个社会角色总是包含一个或一个以上的剧中角色，这些不同角色的每一个角色，都可由表演者在一系列场合向各种同类观众或相同的观众呈现"。❹

网络空间中的表达与互动在某种意义上也是在扮演某种虚拟角色，但与社会角色相比，网络虚拟角色缺少了参与主体的诸多特征，性别、年龄、相貌、身份、社会地位等得以隐藏起来。在现实社会，人们的表达与互动基于一定的社会角色，遵循现实社会的行为规范。在网络社会，表达与互动并不要求"身体在场"，因此人们"将自己现实中的身份与背景在网络中隐匿起来"，通过注册 ID 获取虚拟身份，改头换面，扮演新的角色。❺ 网民之所以热衷于在网络中匿名，其中一个重要原因就是匿名带来的虚拟身份可以为参与主体塑造理想角色。其实，人们在现实互动过程中也常常塑造自我的角色，"个体会以一种完全筹划好

---

❶ 曾白凌. 网络政治表达的法律规制 [D]. 中共中央党校，2009：82.

❷ 倪天强. 社会学"角色理论"给我们的启示 [J]. 上海精神医学，1985（2）：66.

❸ [美] 乔治·H. 米德. 心灵自我与社会 [M]. 赵月瑟，译. 上海：上海译文出版社，1992：224.

❹ [美] 欧文·戈夫曼. 日常生活中的自我呈现 [M]. 黄爱华，冯钢，译. 杭州：浙江人民出版社，1989：15.

❺ 熊芳亮. 角色理论的新领域：网络角色分析 [J]. 中国青年研究，2003（12）：53.

的方式行动，以一种既定的方式表达自己，仅仅是为了给他人造成某种印象"。❶在网络空间中，塑造理想角色会更加无拘无束，尽可以大胆释放日常生活中被压抑的"本我"。"人们可以在网络空间中寻求虚拟婚姻、虚拟生活，人们可以在网络中虚拟地选择与另外一方相恋、相爱、结婚，演绎网络虚拟爱情婚姻故事。"❷

匿名的角色扮演，是在追求另一种意义上的安全——不被群体另眼看待的安全。在匿名的遮蔽之下，匿名表达者摆脱了现实社会角色的重重顾虑，与同样匿名的对方畅所欲言，全然释放自我。于是在网络空间，张锋变成了刀锋战士、王薇变成了 Vivian、李翠花变成了 Lily、赵铁柱变成了铁血宰相，这都是拜匿名所赐，如果完全实行了实名制，刀锋战士、Vivian、Lily 和铁血宰相这些"人设"分分钟被打回原形。也就是说，个人安全的需求不仅仅出于对国家权力的戒惧，还出于对家人与同辈的戒惧，比如在印度，"那些匿名写作博客和推特的女性和边缘化群体成员，他们使用笔名写作，就是出于对家人或社会规范的戒惧。……许多女性在博客和推特写作之所以选择匿名，就是为了避免与家人和同辈发生对抗"。❸

第二节　网络实名制负面效应引发的客观需求

一、韩国网络实名制及其经验教训

（一）韩国网络实名制的实施及范围扩大

在韩国推进网络实名制的过程中，有两个重要年份：一个是 2002 年，韩国政府开始推行网络实名制，当时是一种前台自愿、后台实名的制度，即在后台登

---

❶　[美] 欧文·戈夫曼. 日常生活中的自我呈现 [M]. 黄爱华，冯钢，译. 杭州：浙江人民出版社，1989：6.

❷　李飞，苏国红，张开炳. 网络角色：内涵、特征及其心理动因 [J]. 北华大学学报（社会科学版），2016，17（1）：39.

❸　Suhrith Parthasarathy. Naming names：India has promised to crack down on online trolls，but the right to anonymity is also threatened [J]. Index on Censorship，2016，45（3）：20.

记身份证和姓名，在前台使用昵称上网。另一个是 2005 年，韩国发生多起网络暴力事件，最为典型的是"狗屎女事件（Dog Poop Girl）"，为韩国网络实名制的推行奠定了民意基础。2005 年 6 月 5 日，韩国首尔地铁二号线，一名女孩牵的宠物狗在地铁车厢内排便，邻座老人要求女孩清理狗的排泄物，女孩拒不接受，还恶言相向，这一场面被人用手机拍下并上传至网络，该事件迅速激起公愤，网民发动"人肉搜索"，女孩的真实姓名、电话、住址、就读学校等个人信息，很快被公诸于众，她的父母也接到不少匿名电话，指责其家教不严，迫于压力，女孩公开道歉并被迫退学。退学后，她患上了精神疾病。网络暴力引发了韩国社会的大讨论，首尔大学心理学教授郭今菊（译音）认为，那些在网上发表恶毒言论的人期待别人的回应，"如果没有得到期待的回应，'他们会变得愤怒，由于身份隐蔽，他们还会做出更具攻击性的举动'"。❶ 此后，韩国推进网络实名制的进程加速。

"狗屎女"事件发生 3 个月后，2005 年 9 月，韩国信息通信部举行听证会，提出在大型门户网站推行有限实名制，用户在这些网站的留言板上发表回复时，有义务使用实名。10 月，韩国政府颁布了《促进信息化基本法》《信息通信基本保护法》等法规，在网络世界实施了监督、约束和处罚机制。2007 年 6 月 28 日，在民意基础和法律准备都完成的情况下，韩国政府推出《促进实用信息通信网络及信息保护关联法》修正案，规定要求日均页面浏览量在 30 万人次以上的门户网站，以及日均页面浏览量在 20 万人次以上的媒体网站，必须引入身份验证机制，共计 35 家。两大商业性门户网站 DAUM 和 NAVER 率先要求网民在输入个人身份证号码等信息并得到验证后，才能在网上发帖和发布各种影像资料。韩国的网络实名制实行得并不彻底，"为了保护发布信息者的隐私，发布者在通过各网站的身份验证后，可以用代号等替代自己的真实姓名发布信息"。❷ 这本质上是一种"后台实名、前台自愿"的有限实名制。

---

❶ 张伟. 韩国："网络暴力"滋生政府要推行实名制［N］. 中华新闻报，2006-03-15（C03）.
❷ 黄力颖. 韩国：上网发帖必须验真名网络实名制打击"心怀叵测的网民"匿名发帖［N］. 东方早报，2007-06-29（A18）.

网络实名制在韩国实施 1 年后，2008 年 10 月 2 日，韩国女明星崔真实在首尔私人寓所的浴室内，以绷带上吊自杀身亡。"崔真实自杀事件"导致韩国网络实名制实施范围的扩大。崔真实自杀与指向她的"高利贷网络谣言"直接相关，"高利贷谣言"起于 1 个月前，韩国明星安在焕自杀身亡后，韩国某证券公司的两名职员在网上散布消息，称是崔真实向安在焕发放高利贷，间接逼死了安在焕。这一谣言令原本便患有抑郁症的崔真实深受打击，最终走上自杀的道路。2009 年 6 月 16 日，首尔中央法院对散布谣言的两名证券公司职员作出审判，以损毁他人名誉等罪名，判处两人有期徒刑 10 个月，缓期 2 年执行，并从事社会服务 120 小时。这起事件最终被归咎于网络暴力，引发了一场声讨运动。不久，韩国政府通过一项修正案，宣布自 2009 年 4 月起，网络实名制的应用范围扩展至日均页面浏览量超过 10 万人次的网站，共计 153 家。

（二）韩国网络实名制的负面效应及废除

网络实名制的推行旨在矫正网络"意见市场"的负外部性，但作为一种规制，网络实名制本身也有可能产生新的负外部性，如个人信息的泄露。网络实名制目前在世界上只有一个先例，那就是韩国。但韩国实名制在推行近 10 年后，最终还是走向了失败。

韩国网络实名制实施之初，其负面效应便显现出来。其中最重要的一点便是个人资料的泄露。韩国在网络实名制实施之后，相关网站成为黑客攻击的对象，2008 年，eBay 韩国子网站被黑客攻击，3500 万名网民的个人信息被泄露。2011 年 7 月，韩国实名制社交网站"赛我网"和 NATE 网被攻击，3500 万用户的个人真实资料被泄露（韩国 2010 年总人口约为 5000 万），被泄露的资料极为详尽，包括姓名、生日、电话、住址、邮箱、密码和身份证号码。也就是说，95% 的韩国网民、70% 韩国人的身份资料外泄，这是一个巨大的数字。

网络实名制负面效应让韩国政府重新评估网络实名制存在的必要性。2011 年 8 月，韩国行政安全部提出分阶段废除网络实名制，但遭到了广播通信委员会的反对。网络实名制的存废被搁置。11 月下旬，韩国游戏运营商 Nexon 公司服务器被黑客入侵，导致 1300 万名用户的个人信息被泄露，此事促使广播通信委员会改变了立场。12月29日，该委员会向总统李明博提交了一份报告，报告要求"从2012年起，日均访问者超过1万名的网站全面限制收集和使用'居民登录证'（身份证）号码，2013年将其范围扩大到所有网站"。❶韩国走出了废除实名制的第一步，一场国家规模的"网络实名制"实验，面临失败的局面。

2010年年初，韩国民间团体向宪法裁判所提起诉讼，称网络实名制侵害用户的匿名表达自由、互联网言论自由以及隐私权。2012年8月23日，经八名法官一致同意，韩国宪法裁判所判决网络实名制违宪。判决称，网络实名的目的是公益性，但网络实名制实行后，网上的恶性言论和非法信息并未明显减少。同时，网络实名制使言论自由受到限制，个人信息通过网络泄露并被非法利用的风险增加。综合衡量，网络实名制的弊端远甚于公益性。宪法裁判所还指出，参考美、英、德等国的立法事例，其对网络的管理均基于民间自律，并未采用网络实名制。至于网络实名制"控制上传非法信息、在造成损失时能获知加害者"的立法目的，完全可以通过"IP追踪和刑事处罚、损害赔偿"等手段得以实现。判决当天，韩国广播通信委员会表示，将根据审判结果，对相关法律进行修改。至此，实施5年之久的网络实名制，在韩国正式退出了历史舞台。❷

二、网络实名制的负面效应

网络实名制的推行对于治理匿名导致的网络无序甚至网络犯罪起到了一定的作用，但正如"泼脏水倒掉孩子"一样，网络实名制在治理匿名导致的问题时，也带来了一系列问题：个人信息的泄露、舆论监督的弱化、公共领域的再封建化，互联网匿名时代的表达自由与繁荣也一并被削弱。很长一段时间，学者们对于网络实名制持截然不同的观点：赞成派认为，匿名表达导致负面效应，对网络空间造成污染，导致了谣言、诽谤、语言暴力等非法或不当言论的泛滥，网络实名制是规范上述言论的制度供给，应当推行。"部分人对实行网络实名制持反对

---

❶ 周至美. 韩国网络实名制破产记 [J]. 资治文摘：综合版，2012（2）：40.

❷ 大狗（赵廷）. 韩国网络实名制兴废始末 [EB/OL].（2012-12-30）[2017-05-30]. http://play.163.com/special/jianzheng_44/.

态度，他们也许并非是钟爱那种不受限制的自由，而是担心公民的个人权利因为网络实名制的实行而更容易被侵犯"；❶ 反对派认为，匿名表达给予网民"免于恐惧的自由"，网民唯有在匿名状态下才敢于表达真实观点、宣泄情绪，在纾解社会矛盾方面建有奇功，利大于弊，网络实名制不利于网民的言论表达，会导致公共领域的萎缩。目前，网络实名制持续推进，对于"营造一个风清气正的网络空间"起到了切实的效果，但反对派所指出的网络实名制负面效应也不应不察。

（一）个人信息泄露

在中国，网络实名制的负面效应也已不同程度地显现出来。从 2011 年 12 月开始，中国出现了多起网民的个人资料被泄露的事件，先是国内最大的程序员社区 CSDN 上 600 万用户资料被公开，接着天涯社区、人人网、开心网、7K7K、猫扑等多个社区和游戏网站的用户资料被泄露。个人信息也叫个人资料、个人数据。包括姓名、身份证号码、住址、通信联系方式、婚姻、职业、健康状况（病历）、财产状况（银行账户）、保险情况、特殊癖好等。"个人信息的本质特征应当是具有可识别性的个人身份和特征的信息。"❷ 陈欣新认为，"政府所控制的个人隐私或商事主体的商业秘密同样具有国家秘密的性质，政府负有不使其泄露的义务"。❸ 但即便政府不泄露个人隐私，个人隐私也存在被泄露的风险，因为在网络"意见市场"中，这种泄露的风险不仅来自内部，而且来自外部。既有可能被掌握网民个人资料的机构及其人员泄露，也有可能遭受黑客攻击导致泄漏。总之，具有一定事前审查性质的网络实名制具有弊端，其规制网络不良言论的能力有限，但泄露用户个人资料的风险却很大。"如果网站采取的信息保密措施不够好或者即使保密措施够好，但网民大部分趋于将个人重要账号的密码设得简单、易记。此种情况下极有可能导致用户大量的个人隐私、重要信息遭到泄露，造成严重后果。"❹

在我国，个人信息的泄露几成常态，普通公众经常会收到垃圾短信、骚扰电

❶ 皮勇，胡庆海. 论网络实名制不应"独行"［J］. 信息网络安全，2006（5）：23.
❷ 彭彩虹. 关于个人信息法律保护的几点思考［J］. 南方论刊，2005（10）：50.
❸ 陈欣新. 表达自由的法律保障［M］. 北京：中国社会科学出版社，2003：102.
❹ 王东玉. 关于网络匿名表达权的保护与规制的探究［J］. 法制与社会，2013（18）：171.

话、垃圾邮件，但很难找到维权途径。"这些问题大多是与实名制实施后个人信息的非法买卖、非法披露和非法收集有关。"● 比如，2017 年 5 月 16 日，最高人民检察院发布了六起侵犯公民个人信息的典型案件，六起典型案例从不同角度反映了个人信息被侵犯的情形，总体而言包括两大类：一是国家行政机关或金融、电信、交通、宾馆、快递等服务单位内部工作人员利用职务便利非法获取公民个人信息并出售获利。如 2014 年初至 2016 年 7 月，上海市疾病预防控制中心工作人员韩某利用工作便利，进入他人账户窃取该中心每月更新的全市新生婴儿信息（每月约 1 万余条），并出售给黄浦区疾病防控中心工作人员张某某，并从中获利。二是利用计算机技术侵入计算机系统批量非法获取网站用户个人信息并出售获利。如在 2015 年 6 月，张某某在登录浏览"魅力惠"购物网站时发现，通过修改该网站网购订单号可以查看到包含用户姓名、手机号、住址等内容的订单信息。为谋取利益，张某某委托他人针对上述网站漏洞编制批量扒取数据的恶意程序，在未经网站授权的情况下，进入该网站后台管理系统，从中非法获取客户订单信息 12503 条，并出售获利。

近年来，随着大数据技术的快速发展，各类互联网平台、手机 APP 对个人身份信息采集与使用更加频繁密集，对个人身份信息的识别与追溯更加轻易便利。而且由于技术保护不力，法律保障欠缺，大量公民个人信息往往被不法分子窃取、利用，甚至催生许多网络诈骗等关联犯罪，严重威胁公民人身安全、财产安全和社会管理秩序。"山东徐玉玉电信诈骗案"就是其中典型的一起。2016 年 8 月 19 日，山东临沂籍高考录取新生徐玉玉被他人以发放助学金的名义，实施电信诈骗骗走 9900 元。案发后，徐玉玉与父亲到公安机关报案，回家途中，徐玉玉伤心欲绝、郁结于心，最终导致心脏骤停而不幸离世。案件引起社会极大关注，7 名犯罪嫌疑人很快到案。经审查，2016 年 7 月初，陈文辉从杜天禹手中购买 5 万余条山东省 2016 年高考考生个人信息，雇用郑贤聪等人冒充教育局工作人员以发放助学金名义对高考录取学生实施电话诈骗。8 月 19 日，郑贤聪拨打

● 刘德良. 网络实名制的利与弊 [J]. 人民论坛, 2016 (4)：37.

徐玉玉电话，骗取其银行存款 9900 元，导致徐玉玉伤心致死。大量泄露公民个人信息的事例表明，我国个人信息保护现状堪忧，每个人都犹如在互联网空间里裸奔。在这种情况下，网络实名制引发的负面效应令人担忧。

（二）舆论监督弱化

网络时代释放的话语能量促进了舆论监督，而这种释放是以网络的虚拟性、匿名性为前提的。"网络匿名制度的最大好处就是可以扩大言路，加大各级权力机构干涉言论自由的难度，减少打击报复的可能性。正是这种因为匿名性带来的民主和平等，使得很多弱者在网络上找到了揭示社会问题、申诉自己的冤屈的可能性，也增加了有良知的知识分子表达正义之声的渠道。"❶ 虚拟性、匿名性免除了打击报复的后顾之忧，网民积极行使表达权，参与公共话题，甚至针对公权力部门进行质疑与批评，这促进了行政系统的优化、公共政策的改善。有学者认为，"新媒体在舆论监督方面扮演非常重要的角色，实名制会制约新媒体的舆论监督功能"。❷ 在网络实名制环境下，部分网民由于担心被打击报复而在公共问题上选择沉默，沉默并不代表问题的解决，反而造成对问题的掩盖，长远来看，这不利于公共政策的完善。

当然，打击报复也不一定全然来自公权力部门，一些大型公司也会运用其经济势力对表达者进行打击报复，迫使舆论沉默。"鸿茅药酒事件"即为其中典型一例。2017 年 12 月 19 日，广州医生谭秦东在"美篇"APP 发布题为《中国神酒"鸿茅药酒"，来自天堂的毒药》的文章，从心肌变化、血管老化、动脉粥样硬化等方面，说明鸿茅药酒对老年人会造成伤害，并称"中国神酒，只要每天一瓶，离天堂更近一点"。鸿茅药酒公司以谭秦东恶意抹黑造成自身140 万元经济损失为由报警。2018 年 1 月，内蒙古凉城县公安局从"美篇"所隶属的南京蓝鲸人网络科技有限公司，调取了谭秦东的注册 ID 号、手机号，并将谭秦东跨省抓捕，后经凉城县检察院批准，以"损害商品声誉罪"执行逮

---

❶ 陶东风. 我们是要众声喧哗还是要鸦雀无声：我为什么反对网络实名制？［EB/OL］.（2007-07-07）［2019-01-09］. http://www.aisixiang.com/data/15059.html.

❷ 匡文波. 网络实名制技术难实现制约新媒体舆论监督［EB/OL］.（2011-11-18）［2019-01-09］. http://media.people.com.cn/GB/40606/16305780.html.

捕。2018 年 5 月 17 日，鸿茅药酒事件被抓医生谭秦东发道歉声明。同时，鸿茅药酒公司发布声明说，接受谭秦东致歉并撤回报案及侵权诉讼。谭秦东在道歉中写道："我本人在写作上述文章时使用了'毒药'作为标题，主要是想用这种'抓眼球'的方式吸引读者，强调该药品的'禁忌症'，希望对特殊人群起到警示作用。我承认在标题用词上考虑不周，缺乏严谨性。如果因该文对鸿茅国药股份有限公司带来了影响，本人在此深表歉意，同时希望鸿茅国药股份有限公司予以谅解。"

"鸿茅药酒事件"以和解结束，看似结局圆满，但带给舆论监督的负面影响必将长久存在。有媒体评论认为，"舆论监督并不是要彻底否定鸿茅药酒的药品价值，而是要让鸿茅药酒回归药品定位，不再用虚假的保健品广告赚取利益。对此，主管部门和企业应该摒弃面对舆论监督的对立态度"。❶ 谭秦东发表网帖其实是在后台实名、前台匿名的情况下完成的，但公安机关还是调取了他的真实身份信息，使得前台匿名制对个人的保护形同虚设。因此，关键不在于实名与匿名，而在于对个人身份信息的严格保护，提高获取个人身份信息的门槛。

（三）宣泄渠道阻塞

社会安全阀是指社会为被压抑群体提供的宣泄出口。"一般而言，社会系统都会给人提供排泄敌对情绪和进攻性情绪的制度即安全阀制度，这有助于维护对立双方的关系，维护整个系统的稳定。"❷ 网络匿名表达是一个重要的社会安全阀机制，在匿名状态下，网民隐匿了身份与特定社会角色，无须考虑表达内容给自己带来的负面影响，由于现实生活中的身份、地位被抽离了，网民更加敢于真实地表达自己的情感与观点，这缓解了现实社会带给他们的种种压力。特别是当个人认知与群体认知不协调时，为避免群体带来的压力，在网络中匿名表达观点为他们提供了排气孔，有利于心理协调，进而有利于社会稳定。而网络实名制在某种程度上吓阻了网民的真实表达，负面情绪的宣泄与个体观点的

---

❶ 佚名. 舆论监督不是否定鸿茅药酒价值而是让其回归药品定位 [EB/OL].（2018-04-17）[2019-08-27]. https://baijiahao.baidu.com/s?id=1597951520736270026&wfr=spider&for=pc.

❷ 周长城，曹亚娟. 社会安全阀理论视野下的网络社会管理 [J]. 中共贵州省委党校学报，2013（6）：98.

表达受到抑制，轻则不利于网民个体身心健康，重则形成舆论暗流，一旦找到导火索，便会爆发出来，引发群体性事件。"互联网上有欺诈和犯罪，它可能是一个缺乏诚信的地方；同样因为互联网上有真话，它又是一个可以找回诚信的地方。如果连这一点虚拟世界中的言论自由都不能保留的话，社会将失去更多的排气安全阀门，不利于国家的稳定与和谐。消灭了不和谐声音，并不等于整个社会就和谐了。"❶

（四）自我审查泛滥

自我审查（Self-censorship）主要是指表达者在发表言论之前，对自己认为可能会涉嫌违规的内容提前进行审查，这种违规主要是违背政治正确的一些言论内容。网络实名制虽然没有要求在言论发表之前进行审查，但"实名"导致的身份可追踪性却有可能造成网民的自我审查，实际上也达到了事前审查的效果。在事后追惩的阴影下，考虑到"著作的出版会招来严厉的刑事惩罚的作者和出版商，怎么能够轻易出版有争议的作品呢？"❷

网络实名制本质上是在事后追惩制条件下为追踪表达者个人身份信息提供便利条件，这提高了自我审查的可能性。早期英美两国对出版物或言论表达采取事后追惩制，如英国女王伊丽莎白一世在 1586 年颁布的"星法院法令"和美国 1798 年通过的《惩治煽动法》都造成言论表达者的自我审查。网络实名制推行后，有可能造成网民在发表意见前进行自我审查，这种审查是为了避免事后追惩而进行的，审查内容主要是涉及政治的敏感词汇。

自我审查在某种意义上会造成对表达自由的压制，这种压制的目的在于阻止"错误的"言论在公共领域的表达，营造一个和谐的舆论环境，但结果却可能走向反面，营造出一个表面一派祥和、实则暗流汹涌的舆论环境。从个体层面看，自我审查会造成表达者内心的痛苦；从社会层面看，所谓和谐的舆论环境并非真实的舆论环境，而是扭曲的舆论环境。表达者自我审查之后，说着一些言不由衷

---

❶ 章立凡. 眼不见为净？——互联网"实名制"之我见 [EB/OL]. （2005-08-09）［2019-01-09］. http://www.aisixiang.com/data/8042.html.

❷ 王四新. 表达自由：原理与应用 [M]. 北京：中国传媒大学出版社，2008：160.

的话，"若一个人不能表达自己的意见或不得不放弃他所坚信的信念，内心必定是痛苦的，而当他恐惧受到惩罚而不得不表达他所反对乃至厌恶的意见时，他的人格便开始萎缩。因此言论不自由的时代必定是一个谎言流行、人格扭曲、道德堕落的时代"。❶

---

❶ 杨久华. 台湾政治转型过程中表达自由问题研究［M］. 北京：知识产权出版社，2012：51.

第三章
网络匿名表达权的权利依据

第三章
网络匿名表达权的权利依据

第一节 关于表达的相关权利依据

一、表达权

作为公民的一项基本权利，表达权得到多项国际规约与各国法律法规的支撑。从全球视野来看，表达权作为基本人权得到了相关国际公约的认可。《世界人权宣言》第 19 条规定："人人有权享有主张和发表意见的自由；此项权利包括持有主张而不受干涉的自由，和通过任何媒介和不论国界寻求、接受和传递消息和思想的自由。"❶ 联合国《公民权利和政治权利国际公约》第 19 条对《世界人权宣言》赋予的表达权进行了细化为三款："一、人人有权持有主张，不受干涉。二、人人有自由发表意见的权利；此项权利包括寻求、接受和传递各种消息和思想的自由，而不论国界，也不论口头的、书写的、印刷的、采取艺术形式的、或通过他所选择的任何其他媒介。三、本条第二款所规定的权利的行使带有特殊的义务和责任，因此得受某些限制，但这些限制只应由法律规定并为下列条件所必需：（甲）尊重他人的权利或名誉；（乙）保障国家安全或公共秩序，或

---

❶ 世界人权宣言 [EB/OL]. [2019-02-04]. http://www.un.org/zh/universal-declaration-human-rights/.

公共卫生或道德。"❶ 此外，一些国际性区域组织也通过制定相关公约对表达权予以认可。如《欧洲人权公约》第 10 条规定："人人享有表达自由的权利。此项权利应当包括持有主张的自由，以及在不受公共机构干预和不分国界的情况下，接受和传播信息和思想的自由。"当然，表达权也有其限制条件，如《欧洲人权公约》就规定：行使表达权"必须接受法律所规定的和民主社会所必需的程式、条件、限制或者是惩罚的约束。这些约束是基于对国家安全、领土完整或者公共安全的利益，为了防止混乱或者犯罪，保护健康或者道德，为了保护他人的名誉或者权利，为了防止秘密收到的情报的泄露，或者为了维护司法官员的权威与公正的因素的考虑"。

从国际视野来看，明确对匿名表达权给予确认与保护的是美国，美国最高法院以宪法修正案第 1 条为依据，通过判例创造了匿名表达权，代表性判例有两个：一是特雷诉加州案（Talley v. California），❷ 二是麦金太尔诉俄亥俄选举委员会案（McIntyre v. Ohio Elections Commission）。❸ "在这两个案件中，法院通过援引第一修正案先后否决了加利福尼亚州和俄亥俄州所颁布的两项禁止散发匿名传单的法令。"❹

在 1960 年的"特雷诉加州案"中，特雷散发了匿名传单，号召抵制一批商人，因为这些商人进货的生产商，从不向黑人、墨西哥人和东方人提供平等的就业机会。由于这一行为违反了洛杉矶市"不准散发任何未标明制作者及发放者姓名、住址的传单"的相关法令，特雷被控有罪。特雷不服，向联邦最高法院上诉，联邦最高法院支持了特雷。布莱克大法官发表的法庭意见认为："由于人们对于报复的担心可能会阻碍有关重要公共事务的平和讨论。洛杉矶市的这项宽泛

---

❶ 公民权利和政治权利国际公约［EB/OL］．［2019-02-04］．http://www.un.org/chinese/hr/issue/ccpr.htm.

❷ Talley v. California, 362 U.S. 60（1960）［EB/OL］．［2019-09-02］．https://supreme.justia.com/cases/federal/us/362/60/.

❸ McIntyre v. Ohio Elections Comm'n, 514 U.S. 334（1995）［EB/OL］．［2019-09-02］．https://supreme.justia.com/cases/federal/us/514/334/.

❹ 汪志刚．美国法上的"网络匿名发表言论权"述评［J］．北京航空航天大学学报（社会科学版），2006（2）：45.

的法令恰好具有此种缺陷，因此，我们认定其无效。"❶

在 1995 年的"麦金太尔夫人诉俄亥俄选举委员会案"中，麦金太尔夫人向参加一所公立学校会议的与会者散发了一份匿名材料，旨在抗议一项有关学校收费的提案。由于俄亥俄州有规定禁止在选举中发放影响投票的匿名材料，麦金太尔夫人被判罚款，该州法院也支持了这一判决，但最高法院推翻了这一判决。大法官史蒂文斯（Stevens）发表的法庭意见认为："无论出于何种动机，至少在文字范畴内，以匿名方式进入思想市场，其重要性要超过那些要求它公开身份方准进入的公共利益。"❷ 史蒂文斯通过"无记名投票"这一例子来说明匿名宣扬政治理念是一项传统。"依照我们的宪法，匿名编写小册子并非有害的欺诈性活动，相反地，它是宣扬思想、发表反对意见时的一种光荣传统。它是在多数人专制之下给予个人的一种防护措施。因此，它例证了《权利法案》，尤其是第一修正案的意图所在：在缺少宽容的社会里，保护不受欢迎的个人免遭报复，保护其思想免受压制。"❸

上述两案涉及的都是匿名材料的散发，与互联网还不搭边。首次对互联网匿名表达权给予确认的是 1997 年乔治亚州地方法院的一个判例"乔治亚州美国公民自由联盟诉米勒案（American Civil Liberties Union of Georgia v. Miller）"。在该案中，一些互联网用户对乔治亚州一项刑事法律提起诉讼，认为该法律禁止传播者使用假名进行网络传播是违宪的，他们要求对该法律实施禁令（preliminary injunction）。地方法院高级法官马文·赫尔曼·舒布（Marvin Herman Shoob）支持了互联网用户关于该法律实施了基于内容的限制（Content-Based Restrictions）的主张。他认为，如果不禁止该法律实施，互联网用户就会遭到无法弥补的伤害。经过艰难权衡，为了促进公共利

❶ ［美］唐纳德·M. 吉尔摩，杰罗姆·A. 巴龙，托德·F. 西蒙. 美国大众传播法：判例评析［M］. 梁宁，等，译. 北京：清华大学出版社，2002：39.
❷ ［美］唐纳德·M. 吉尔摩，杰罗姆·A. 巴龙，托德·F. 西蒙. 美国大众传播法：判例评析［M］. 梁宁，等，译. 北京：清华大学出版社，2002：40.
❸ ［美］唐纳德·M. 吉尔摩，杰罗姆·A. 巴龙，托德·F. 西蒙. 美国大众传播法：判例评析［M］. 梁宁，等，译. 北京：清华大学出版社，2002：41.

益，法院同意了互联网用户对该法律实施禁令的动议。❶

"世界上越来越多的国家正在对匿名表达权进行法律层面上的确认以及保护。瑞典是世界上少有的以法律明文规定的形式确定公民享有匿名权利的国家。瑞典的《出版自由法》还专门规定了'匿名的权利'"❷该法第 3 章规定："任何印刷品的作者都没有义务在印刷品上披露其姓名。任何印刷者、出版者，或者与印刷品的印刷、出版的有关人员，除根据法律规定有此义务外，不得违背作者的意愿以任何其他方式泄露作者的身份。"瑞典的立法代表了一种立法趋势，即"伴随现代社会发展与权利体系的发展，匿名权利在实现政治表达自由中正发挥着越来越重要的作用，匿名权利已经成为当今政治表达自由权利的有机组成部分"。❸

在法治建设过程中，我国非常重视表达权保障。虽然我国《宪法》没有匿名表达权相关规定，但《宪法》规范具有开放性，"尽管《宪法》第 35 条和第 41 条没有明文对公民在行使权利时是以实名身份还是以匿名身份做出限定，但我们仍然可以根据社会发展的需要把网络匿名表达权解释进宪法，赋予其新的内涵"。❹ 张文祥也认为："宪法言论自由条款保护的范围理应包括：公民匿名、化名或用假名在互联网上发表意见并排除政府或其他力量非法干涉。公民也可以实名发表意见，但实名应是公民自愿自主决定，而不是由政府强制实名。"❺ 2006年 10 月，中共十六届六中全会审议并通过《中共中央关于构建社会主义和谐社会若干重大问题的决定》，该《决定》第 4 部分第 1 条提出："依法保障公民的知情权、参与权、表达权、监督权"。2007 年 10 月，中共十七大报告在第 6 部分第 1 条再次强调"保障人民的知情权、参与权、表达权、监督权"。上述文件充分表明党和政府对保障公民"表达权"的重视。当然，我国公民依法享有表达自由的时间比上述时间点要早得多，早在 1949 年 9 月，中国人民政治协商会

❶ Patrick Weston. American Civil Liberties Union of Georgia v. Miller［J］. Berkeley Technology Law Journal, 1999, 14（1）: 403-418.

❷ 孙婉慜. 从马克思主义言论自由视角探究网络表达权［D］. 浙江理工大学，2015：14.

❸ 曾白凌. 网络政治表达的法律规制［D］. 中共中央党校，2009：82

❹ 杨福忠. 公民网络匿名表达权之宪法保护——兼论网络实名制的正当性［J］. 法商研究，2012，29（5）：33.

❺ 张文祥，李丹林. 网络实名制与匿名表达权［J］. 当代传播，2013（4）：76.

议第一届全体会议通过的《中国人民政治协商会议共同纲领》第 5 条就规定：
"中华人民共和国人民有思想、言论、集会、结社、通信、人身、居住、迁徙、
宗教信仰及示威游行的自由权。"1954 年颁布的中华人民共和国首部《宪法》也
在第 87 条明确规定："中华人民共和国公民有言论、出版、集会、结社、游行、
示威的自由。国家供给必需的物质上的便利，以保证公民享受这些自由。"现行
宪法为 1982 年修订，虽历经多次修订，但都有表达权相关条款，如第 35 条规定
"中华人民共和国公民有言论、出版、集会、结社、游行、示威的自由。"有学
者认为，我国宪法中的言论自由等权利属于自由权范畴，但"这一权利只有表明
于外部、传达于外部，才得以实现，因此这一实现权利的途径就构成了对于表达
权的需求。从这个角度来看，法律对表达自由的保护是极其必要的，没有表达自
由，那么人类言论自由的权利都将无法实现"。❶

实际上，匿名表达权内含在表达权之中，无论是否强调匿名，"表达自由"
中的"自由"一词就已充分说明，公民有选择匿名或者实名的权利。而互联网
提供了匿名的便利，将表达自由从免受非议和打击报复的消极自由提升为拥有表
达渠道和途径的积极自由。如非危害到其他公共利益或私人权益，政府不应剥夺
网络表达主体在网络空间匿名表达的权利。"表达的匿名性是互联网与生俱来的
特征，互联网创造的匿名表达方式，颠覆了传统实名表达对表达者的约束，使公
民可以在更自由、无须过多担心正当表达的追惩性后果的状态下进行言说。"❷

互联网时代，表达主体的准入门槛降低，表达空间的疆界延伸，表达媒介的
形式多样，公民对表达权的需求更加迫切。而网络表达权天然具有匿名属性，在
网络空间的传播过程中，"以数据或数据包承载的信息片段，根本无从辨识。与
此对应，网络表达主体，同样被符号化。这就是网络表达匿名性的发端"。❸ 同
时，在中国的网络空间，匿名表达因在某种程度上能给意见表达者提供保护，因
而受到公众的支持。"从本质上看，随着社会的发展，政治、经济、文化的蓬勃

---

❶ 王东玉. 关于网络匿名表达权的保护与规制的探究［J］. 法制与社会，2013（18）：170.

❷ 张文祥，李丹林. 网络实名制与匿名表达权［J］. 当代传播，2013（4）：76.

❸ 李立丰，高娜. "网络表达权"刑法规制之应然进路——以刑法第二百九十一条第二款之立法范
式为批判视角［J］. 苏州大学学报（哲学社会科学版），2016，37（6）：78.

发展趋势，人的权利体系也得到更大程度的发展，网络表达自由，特别是匿名表达权利的兴起更是情理之中的事。"❶

二、监督权

监督的内涵在历史发展过程中有所变迁，"最初是指自上而下的观察、督促。直到近代，西方自由、民主、宪政等观念被引进中国的政治生活中以后，监督的主体和内容发生了变化，监督的主体成了公众，监督的对象则是官员与权力"。❷《辞海》中对"监督权"的界定包括三类：一是社会主义国家的公民对国家机关和国家工作人员实行监督的权利。二是国家权力机关对其他国家机关的工作、上级国家机关对下级国家机关的工作、特定的国家机关对其他国家机关的特定工作实行监督的权力。三是国家权力机关的代表对国家行政机关、司法机关或公职人员提出质询的权利。❸ 其中，第一项、第三项为"权利"，第二项为"权力"，前者是宪法所赋公民权利的重要内容，后者是国家权力的组成部分。本书涉及的监督权主要指第一项，即公民对国家机关和国家工作人员实行监督的权利，即公民监督权，是用"权利"监督"权力"。有学者认为，公民监督权"作为宪法基本权利，处于国家法秩序的顶端……它要求公民发表公共言论，行使公民监督政府和官员的权利"。❹ 公民监督权的行使一方面要求公民积极表达，对被监督者提出批评或建议，"它可以监督所有的违法行为，可以就其知道的线索主动向有关国家机关反映，可以自由选择署名或匿名、书面或口头等方式进行监督"。❺ 另一方面也要求被监督者不得非法干涉，克服被监督恐惧症。

我国《宪法》第41条规定："中华人民共和国公民对于任何国家机关和国家工作人员，有提出批评和建议的权利；对于任何国家机关和国家工作人员的违法失职行为，有向有关国家机关提出申诉、控告或者检举的权利，但是不得捏造

❶ 孙婉慭. 从马克思主义言论自由视角探究网络表达权 [D]. 浙江理工大学，2015：13.
❷ 周甲禄. 舆论监督权论 [D]. 武汉大学，2004：21.
❸ 夏征农，陈至立. 辞海（第六版）[M]. 上海：上海辞书出版社，2010：1061.
❹ 王涛. 网络公共言论的法治内涵与合理规制 [J]. 法学，2014（9）：66.
❺ 章舜钦. 论公民监督权与构建和谐社会 [J]. 岭南学刊，2009（1）：39.

或者歪曲事实进行诬告陷害。对于公民的申诉、控告或者检举，有关国家机关必须查清事实，负责处理。任何人不得压制和打击报复。由于国家机关和国家工作人员侵犯公民权利而受到损失的人，有依照法律规定取得赔偿的权利。"有学者将《宪法》第41条规定的6项权利提炼为公民监督权，并认为："公民监督权体系由核心权利群和外围权利群构成。核心权利群包括批评权、建议权、申诉权、控告权、检举权和取得国家赔偿权等，外围权利群涵盖言论自由、出版自由、结社自由、集会游行示威自由、通信自由和文艺创作自由等宪法规定的基本权利。外围权利群既作为独立的宪法基本权利而存在，又是广义的公民监督权内容，更是公民监督权有效实现的最为重要的条件。"❶

与上述学者从宪法中推出"公民监督权"不同，也有学者从宪法中推出了舆论监督权。我国《宪法》第3条规定："全国人民代表大会和地方各级人民代表大会都由民主选举产生，对人民负责，受人民监督。"第27条规定："一切国家机关和国家工作人员必须依靠人民的支持，经常保持同人民的密切联系，倾听人民的意见和建议，接受人民的监督，努力为人民服务。"这两条与《宪法》第35条一起"间接规定了舆论监督权"，而《宪法》第41条则"虽然没有用舆论监督权的概念，但直接规定了舆论监督权的内容"。舆论监督权包括"收集、获取、了解各种信息和意见的自由""利用大众传播媒介公开报道事实、表达批评意见的自由"以及"传播信息和意见的自由"。❷

显然，我国《宪法》第41条所蕴含的监督权为公民的匿名表达权提供了权利依据，一方面，《宪法》第41条所规定的六项权利，全部与表达有关。批评权、建议权要仰赖于表达才能实现，批评、建议本来就是表达的一种形式，对批评权、建议权的保障本身也是对表达权的保障。"申诉权、控告权、检举权、取得国家赔偿权是一种明显具有刚性色彩的特殊表达自由"，也与表达密不可分。另一方面，《宪法》第41条规定："对于公民的申诉、控告或者检举，任何人不得压制和打击报复"，这明显是对监督主体的安全保障规定。基于这项规定，国

---

❶　王月明. 公民监督权体系及其价值实现 [J]. 华东政法大学学报，2010（3）：43
❷　周甲禄. 舆论监督权论 [D]. 武汉大学，2004：15，22-23.

家应为监督主体提供保护，"从法理上讲，这种保护应包括为检举者保密，赋予公民、传媒明确的检举权利和人身、财产权利被侵害后及时、经济和方便的救济途径"。❶ 保密就应该包括为监督主体提供"匿名表达"的途径，即为监督主体提供严格的个人身份信息保护，并对泄露个人身份信息的行为严厉打击。

实际上，我国司法部门对舆论监督的态度是比较积极开放的。2009 年 12 月 8 日，最高人民法院出台《关于人民法院接受新闻媒体舆论监督的若干规定》，该《规定》第 1 条规定："人民法院应当主动接受新闻媒体的舆论监督……"第 6 条规定："……对于新闻媒体反映的人民法院接受舆论监督方面的意见和建议，有关法院应当及时研究处理，改进工作。"司法部门自身都在寻求舆论监督，可见其对舆论监督权的默认。

要想监督权力，必须有监督的权利。自从 2006 年，中共十六届六中全会提出知情权、参与权、表达权、监督权等四种权利以来，中共十七大、十八大、十九大报告均强调要"保障人民知情权、参与权、表达权、监督权"。中共十八大以来，习近平总书记也多次强调舆论监督的重要性。2016 年 1 月 12 日，习近平在十八届中央纪律检查委员会第六次全体会议上讲话指出："要把党内监督同国家监察、群众监督结合起来，同法律监督、民主监督、审计监督、司法监督、舆论监督等协调起来，形成监督合力，推进国家治理体系和治理能力现代化"。❷ 同年 10 月 27 日，习近平总书记在中国十八届六中全会第二次会议上讲话中再次指出："党内监督在党和国家各种监督形式中是最根本的、第一位的，但如果不同有关国家机关监督、民主党派监督、群众监督、舆论监督等结合起来，就不能形成合力。"❸ 2017 年 10 月 18 日，习近平在中国共产党第十九次全国代表大会报告中指出，"要加强对权力运行的制约和监督，让人民监督权力，让权力在阳光下运行，把权力关进制度的笼子"。❹ 从这一系列表述中可以看出，监督是一

---

❶ 陈焱光. 公民监督权：学理、规范与实现路径 [J]. 中国宪法年刊，2009（00）：109.
❷ 习近平. 习近平谈治国理政（第二卷）[M]. 北京：外文出版社，2017：169.
❸ 习近平. 习近平谈治国理政（第二卷）[M]. 北京：外文出版社，2017：187.
❹ 十九大报告 [EB/OL]. (2018-03-13) [2019-02-03]. http://sh.people.com.cn/n2/2018/0313/c134768-31338145.html.

种自下而上的行为。在我国党和国家监督体系中，监督包括了党内监督、国家机关监督、民主监督、司法监督、群众监督、舆论监督等类型，但无论哪种监督类型，都需要通过表达形式来实现。有学者认为："只有当人民都关心党和政府的决策并有地方很方便地发表自己的意见时，党和政府的决策，才能迅速正确地得以实施，才能保证我们的工作失误最小。"❶ 这里的发表意见，从形式上来看是表达，从功能上来看是监督，监督仰赖表达而实现，对监督权的保障本质上就是对政治表达的保障，监督权因而可以作为政治表达的权利依据。

第二节　关于匿名的相关权利依据

一、姓名权

姓名是人类为区分个体，给每个个体特定的名称符号，是通过语言文字信息区别人群个体差异的标志。从文化传承角度看，中国人的姓名由姓氏与名字组成，姓氏在前，表明一个人的家族传承关系，一般随父姓或母姓；名字在后，是个体区别于其他人的符号，一般由父母或其他监护人在申报出生登记时决定。从操作化定义的角度来看，2007 年，我国公安部起草完成《姓名登记条例（初稿）》，该《条例（初稿）》由于内容存在争议未能正式颁布施行，但其中有些规定可资借鉴，该《条例》对"姓名"的定义是："经公民本人或者其监护人申请、户口登记机关依照本条例规定登记的公民的正式称谓。"

在法律上，公民享有姓名权。我国 1986 年 4 月 12 日通过的《民法通则》第 99 条规定："公民享有姓名权，有权决定、使用和依照规定改变自己的姓名，禁止他人干涉、盗用、假冒。"2017 年 3 月 15 日通过的《中华人民共和国民法总则》第 110 条规定："自然人享有生命权、身体权、健康权、姓名权、肖像权、名誉权、荣誉权、隐私权、婚姻自主权等权利。"在学术上，姓名权是指："民

---

❶ 赵振宇. 论公民表达权的实施与保障 [J]. 南京社会科学，2009（6）：50.

依法决定、使用和依照规定改变自己姓名的权利，并且在自己的姓名权受到侵害时，有权请求司法保护。"❶ 具体而言，姓名权主要包括决定权、使用权、变更权、禁止权四项权利。"决定权，即公民有权按照自己的意志选择和决定自己的姓名，任何人不得强迫他人接受某一姓名；使用权，即公民有权使用自己的姓名，除法律另有规定外，公民在民事活动中可以使用本名，也可以使用笔名，任何人无权干涉，不得强迫公民使用或不使用某一姓名；修改权，即公民有权按照自己的意愿依照规定改变自己的姓名；禁止权，公民的姓名权受法律保护，公民有权禁止他人使用自己姓名或盗用、假冒自己的姓名。"❷ 姓名和姓名权有三方面的意义：一是在日常生活意义上，姓名因能使某人区别于其他人而利于人们的交往；二是在私法意义上，姓名促进交易便利化，利于契约签订、过错责任承担和所有权行使；同时，姓名能够彰显人的尊严，具有积累名誉、信用的作用；三是在公法意义上，姓名"使国家对人的管理更容易和更方便。"❸

在我国司法实践中，最著名的姓名权案件是"齐玉苓诉陈晓琪案"。该案是中国大陆首次宪法司法化的法律判决，由于首次引用宪法法条进行判决，在中国大陆法学界造成极大反响。在该案中，被告陈晓琪冒用原告齐玉苓姓名，进入山东省济宁商业学校学习。枣庄市中级人民法院审理后认为，被告人陈晓琪在中考落选、升学无望的情况下，由其父、被告陈克政策划并为主实施冒用原告齐玉苓姓名上学的行为，其结果构成了对齐玉苓姓名的盗用和假冒，是侵害姓名权的一种特殊表现形式。一审认定了齐玉苓姓名权被侵犯，但否定了齐玉苓的受教育权。齐玉苓向山东省高级人民法院提起上诉。山东省高级人民法院审理后认定了若干事实，但由于存在着适用法律方面的疑难问题，报请最高人民法院进行解释。最高人民法院在 2001 年 6 月 28 日通过的复函中表示："当事人齐玉苓主张的受教育权，来源于我国宪法第 46 条第 1 款的规定。根据本案事实，陈晓琪等以侵犯姓名权的手段，侵犯了齐玉苓依据宪法规定所享有的受教育的基本权利，

---

❶ 潘华山. 公民姓名权的民法保护 [J]. 现代法学，1992（2）：41.
❷ 沈庆中，吴礼洪，齐晓琨. 简论姓名权法律制度的几个问题 [J]. 人民司法，1997（10）：16.
❸ 李永军. 论姓名权的性质与法律保护 [J]. 比较法研究，2012（1）：26.

并造成了具体的损害后果，应承担相应的民事责任。"

我国姓名权纠纷案件多为盗用、冒用姓名案件，看似与本书主题匿名权关联不大。但匿名权本质上属于姓名使用权，即公民自主决定不使用或使用姓名（包括笔名、艺名、化名、网名）的权利。"从法律概念的从属关系上看，匿名权是姓名权的属概念，姓名权是匿名权得以存在的前提和基础，这也意味着匿名权是在姓名权范畴内的有限度的使用。"❶ 在互联网空间的各类表达平台上，自然人只要不违法，就应当享有匿名（不使用真实姓名）的权利。"姓名权不仅有排除他人未经允许使用和非法侮辱及依自由合法使用的内容，其内涵还可逆向延伸至公民可合法不公示公开其姓名的自由，无论其原因理由为何，在不违法的前提下公民可自由选择不说明其真实姓名，而以姓名之外的符号出现在社会视野中，即所谓的匿名。"❷ 而有关机构或网络平台在推行网络实名制的过程中，应符合相关法律法规，不宜出台与较高位阶的法律法规相抵触的规范性文件。"在法律规定必需使用经有权机关登记的真实姓名的情况下，使用真实姓名既是自然人的权利亦是自然人义务。而在没有法律的明确规定的情况下，自然人则有权决定是否使用姓名，是否使用真实姓名，即有权决定实名或是匿名。因此，匿名和实名是姓名使用权的当然内容，匿名权和实名权皆是姓名权的权能。网络匿名制与网络实名制就是分别以匿名权与实名权为基础构建起来的一种网络行为制度。"❸

有时候，盗用、冒用他人姓名也能起到匿名的效果，但这种匿名并不是对自己的姓名决定权，而是对他人姓名权的侵犯。如"自1986年以来，襄樊日报连续发现了4起盗用、假冒他人姓名书写的稿件的事例，其中3篇得以发表，1篇被编辑识破"。该报将这类稿件定位为"这是一种特殊形式的违法匿名信稿，属于侵害他人姓名权的行为"。❹

---

❶ 侯静. 网络实名制的法律构建 [D]. 兰州大学，2010：7.
❷ 陈川. 网络实名制的侵权法律问题研究 [D]. 江西财经大学，2015：4.
❸ 马艳华. 网络实名制相关法律问题探析 [J]. 河北法学，2011，29（2）：196.
❹ 柴成生，陈明政. 杜绝违法匿名稿件 [J]. 新闻通讯，1987（6）：17.

二、隐私权

"隐"与"匿",字虽不同,意义却接近。在《辞海》中,"匿"的第一项解释为"隐藏、躲避","隐"的第一项解释为"隐蔽、隐藏",❶ 两字的解释几乎完全一样。因此,匿名即隐名,实为隐私信息的一种。关于匿名与隐私权的关系,阿丽塔·艾伦(Anita Allen)认为:"隐私权表示一个人的感觉和知觉对他人、他人的精神状态和有关他人信息的不易接近的程度。……隔离、独处、保密、机密和隐名是隐私权的形态。"❷ 网络匿名表达,需要隐匿的不仅仅是姓名,而是包括姓名在内的个人身份信息,来保障网络虚拟身份的不可识别性。从这个角度看,匿名就是对个人身份信息的保密,而对个人身份信息的保密在英美法系中就是通过对隐私权的保障来实现的。

隐私权保护的客体是隐私。"隐私,又称私人生活秘密或私生活秘密,是指私人生活安宁不受他人非法干扰,私人信息保密不受他人非法搜集、刺探和公开等。"❸ 随着隐私权的重要性越来越彰显,隐私权的地位逐渐提升至基本人权的高度。在全球层面上,《世界人权宣言》第 12 条规定:"任何人的私生活、家庭、住宅和通信不得任意干涉,他的荣誉和名誉不得加以攻击。人人有权享受法律保护,以免受这种干涉或攻击。"❹ 1966 年,联合国在《世界人权宣言》的基础上通过的《公民权利和政治权利国际公约》将上述条文照搬在第 17 条。此外,1950 年通过的《欧洲人权公约》、1969 年通过的《美洲人权公约》都有类似的隐私保护规定。在国家层面上,无论是有成文宪法的国家,还是没有成文宪法的国家,都注重对隐私权的保护。在美国,1965 年,联邦最高法院在审理"格鲁斯沃德诉康涅狄格州(Griswold v. Connecticut)案"时确立了"独立于第四和第五修正案之外的一般性的宪法隐私权"。❺ 在英国,"虽然没有直接在宪法或人

❶ 夏征农,陈至立. 辞海(第六版)[M]. 上海:上海辞书出版社,2010:1661,2739.
❷ 张莉. 论隐私权的法律保护[M]. 北京:中国法制出版社,2007:9.
❸ 张新宝. 隐私权的法律保护[M]. 北京:群众出版社,1997:16-17.
❹ 世界人权宣言[EB/OL]. [2019-02-04]. http://www.un.org/zh/universal-declaration-human-rights/.
❺ 屠振宇. 宪法隐私权研究——一项未列举基本权利的理论论证[M]. 北京:法律出版社,2008:15.

权法律中规定隐私权相关内容，但是‘家是一个人的城堡’的理念表明，住宅、通信秘密这些私人领域是国家绝对不能干涉的，这在英国的人权保护观念里是不言自明的"。❶ 我国在宪法层面对隐私权的保护主要体现在第 37 条至第 40 条，这 4 条分别规定中华人民共和国的公民"人身自由不受侵犯""人格尊严不受侵犯""住宅不受侵犯"以及"通信自由和通信秘密受法律的保护"。

关于隐私权的理论纷繁复杂，包括的独处权理论（个人独处不受干扰的权利）、信息控制理论（个人对有关自己资讯的控制权）、人格理论（保护个人自由与尊严）、亲密关系理论（保障私人亲密关系）、限制接触理论（排除接触个人的私人领域）等。❷ 总体而言，隐私权包括空间隐私权、生活秘密权、私生活安宁权等内容基本不存在争议，但个人信息权或个人资料权是否属于隐私权，不同的理论视野则得出不一样的结论。美国传统从隐私权角度来保障个人信息权，所以往往将个人信息权涵盖在隐私权之中，如"美国于 1974 年颁布的《隐私权法》就明确提出该法的立法目的是规定行政机关对个人信息收集、利用和传播时必须遵守的规则，以保证行政机关用'合法与正当'的方法和程序保持、使用和公开个人记录"。❸ 而我国学者则对隐私权和个人信息权进行了区分与辨析。如齐爱民认为："个人资料体现的人格利益无法用隐私全部囊括。依个人资料具体内容的不同，个人资料可体现各种各样的人格利益，即可体现隐私利益，也可体现姓名、肖像、名誉、人身自由等具体人格利益，还可体现以人格独立、人格自由和人格尊严为内容的一般人格利益。"❹ 王利明也认为，网络时代，"政府、各类商业机构都在大量收集和储存个人信息，因而对个人信息的保护越来越重要，在法律上形成个人信息资料权。这种权利确实与隐私权有非常密切的关系"，但"个人信息资料权不能被隐私权完全涵盖，应当作为一项独立的人格权来对待。❺

❶ 王秀哲. 人权及宪法规范中的隐私权 [J]. 河南省政法管理干部学院学报, 2011, 26 (Z1)：26-27.
❷ 张莉. 论隐私权的法律保护 [M]. 北京：中国法制出版社, 2007：1-10.
❸ 李延舜. 论宪法隐私权的类型及功能 [J]. 烟台大学学报（哲学社会科学版）, 2017, 30 (6)：37.
❹ 齐爱民. 个人资料保护法原理及其跨国流通法律问题研究 [M]. 武汉：武汉大学出版社, 2004：35.
❺ 王利明. 隐私权概念的再界定 [J]. 法学家, 2012 (1)：119.

实际上，隐私涵盖的内容并非一成不变的，而是一直随着人类社会的变迁而不断扩充。早期，隐私基本等同于阴私，主要指个人身体的私密部位以及闺房之事与两性关系等，近代逐渐扩展到私人空间、个人身份信息等。现代的人们则"不仅要求衣着服饰能够有效地保护身体和隐私，而且讲求服饰的质量、美观和文化蕴含；不仅将身体数据、身体部位、财产收入、年龄以及两性交往信息纳入个人隐私的保护，而且将住宅地址、电话号码、通信内容等也纳入隐私进行保护"。❶ 在隐私内容不断扩充的过程中，互联网成为一个重要的影响因子，互联网上的个人"越来越成为一堆信息，构成所谓的'信息人格'或'数据人格'，这是人类过去不曾有过的经历。……当一切活生生的个人异化为信息的时候，信息成为隐私的一部分也就不足为奇了"。❷

互联网上个人信息的保护问题凸显出来后，有学人从隐私权的角度出发，提出了"网络匿名隐私权"概念，认为"网络匿名隐私权，是指自然人在网络环境中借助互联网而享有的个人可识别信息不被非法知晓、个人在线隐私不被非法打扰以及私人网络空间不受非法侵入的权利，是大多数个体在网络空间中针对专制的一种自我保护"。❸ 从这一概念可以看出，虽然名为"网络匿名隐私权"，但要隐匿的可不仅仅是姓名，而是个人在网络空间中与身份、活动有关的一切个人可识别信息，包括姓名、年龄、住址、身份证号码、工作单位、健康状况、财产状况等诸多方面的个人资料。与传统隐私权强调"免受外界干扰"的消极性相比，网络隐私权更为积极，它强调对信息主体的赋权，所赋权利包括"同意权、知悉权、安全权、更正权和删除权这五项内容"。❹ 也有学者将这项权利称为"数据隐私权"，并认为传统隐私权所包含的空间隐私、信息隐私等都"可能被暴露在网络空间中。例如，个人的行踪不仅可以被大街上的各种监控设备记录下来，也可能在使用手机时被定位系统收集起来"。❺

---

❶ 张军. 宪法隐私权研究 [M]. 北京：中国社会科学出版社，2007：10.
❷ 杨开湘. 宪法隐私权导论 [M]. 北京：中国法制出版社，2010：15.
❸ 叶佳昌. 论网络匿名隐私权的法律保护 [D]. 华侨大学，2006：5.
❹ 蓝蓝. 论网络隐私权内容之构建 [J]. 科技与法律，2009 (5)：27.
❺ 曹磊. 网络空间的数据权研究 [J]. 国际观察，2013 (1)：57.

总之，隐私的"私"包括"姓名"在内，隐私权包括隐名权（匿名权），因而是匿名权的权利依据之一。无论将包括姓名在内的个人身份信息保护诉诸现有的隐私权还是将来的个人信息权，隐私权具有保护姓名等个人身份信息的权能则是毋庸置疑的。

三、个人信息权

个人信息权在前文已经提及，它是一项个人依法对自身信息进行支配、控制的权利。最初，美国的司法实践将该项权利归入隐私权一体保护，但它实际上"远远超出了隐私权的范畴"，因此"大陆法系的一些国家，……逐渐开始在判例学说中对隐私与个人信息二者之间的关系进行界分"。❶

齐爱民于 2004 年出版《个人资料保护法原理及其跨国流通法律问题研究》一书，全面介绍了个人信息保护的法律问题，他从一般人格权的角度出发，提出了"本人资料权"的概念。2005 年，齐爱民指导的研究生贾淼在其硕士学位论文中大篇幅研究了"个人信息权"，秉承齐爱民的思路，将个人信息权看作"新的精神性具体人格权"。同年，周毅从档案管理的角度研究"个人信息权"保护问题，也认为"个人信息权在性质上是属于人格权"。❷

同一时期，也有学者从其他权益角度展开对个人信息权的研究。张素华从商业运用角度提出"个人信息权"，但他认为"个人信息权不仅不能归入人格权，也不能够归入物权的范畴，个人信息权在权利属性上看，是一种独立的复合性权利，具有人格和财产的双重属性"。❸ 2007 年，洪海林在其博士学位论文中对个人信息权进行了全方位研究，在辨析了人格权、隐私权、一般人格权、信息自决权等理论之后，他将个人信息权的本质界定为财产权，认为"个人信息权利之本质为一种区别于传统人格权和所有权的独立的权利类型，其区别于人格权使得个人信息得脱离权利人人身而进入流通市场，其区别于所有权使得个人信息免于陷

❶ 王利明. 论个人信息权的法律保护——以个人信息权与隐私权的界分为中心 [J]. 现代法学，2013，35（4）：62，63.

❷ 周毅. 个人信息权保护及其对人事档案管理的启示 [J]. 档案管理，2005（6）：40.

❸ 张素华. 个人信息商业运用的法律保护 [J]. 苏州大学学报，2005（2）：37.

入可以彻底自由流通的与个人信息保护原理相悖的错误理论漩涡。另外，个人信息之保护也不完全等同于隐私权之保护，某些个人信息本不属于隐私信息，即使是那些属于隐私的个人信息也应当从私权的自由处分的原则出发允许权利人将其用于交易，这并不会影响到所谓的公共利益"。❶ 冉克平等人也认为，隐私涉及个人痛楚，一经公开就不再具有隐私的属性，而个人信息涉及身份，且具有一定的财产属性，"被公布后具有多次使用的可能"。❷

我国个人信息保护的立法实践比较滞后，目前关于个人信息的保护主要是通过民法、刑法、侵权责任法等法律法规来进行。2018 年 9 月 10 日，中国人大网公布《十三届全国人大常委会立法规划》《个人信息保护法》被列入"第一类项目：条件比较成熟、任期内拟提请审议的法律草案"，❸ 个人信息保护立法工作进入快车道。在此之前，对《个人信息保护法》研究与推进已有 10 年以上，并推出了两部建议稿：一是社会科学院法学研究所个人数据保护法研究课题组受国务院信息办委托起草的《中华人民共和国个人信息保护法（专家建议稿）》。该课题组 2003 年年初接受委托，周汉华研究员担任课题组负责人，经过近 2 年的工作完成了最终研究报告，并于 2006 年出版《中华人民共和国个人信息保护法（专家建议稿）及立法研究报告》。二是齐爱民教授起草的《中华人民共和国个人信息保护法示范法草案学者建议稿》。该稿是其国家社科基金西部项目"中国信息立法问题研究"的成果之一，于 2005 年在《河北法学》发表。两稿相较而言，前者"将个人信息权利定性为公法上的权利，导致该建议稿过于强调个人信息保护法的行政法手段"，"处处充满了行政的色彩，忽视了个人信息保护问题的主要矛盾也就是民事法律关系，仅抓住了信息处理活动中信息处理主体与信息主体的次要矛盾"；后者"立法稍显抽象，没有建议稿规定的具体，对于信息处

---

❶ 洪海林. 个人信息的民法保护研究［D］. 西南政法大学，2007：60-61.

❷ 冉克平，丁超俊. 隐私权与个人信息权的界分——以司法判决为中心的分析［J］. 天津法学，2016，32（3）：43.

❸ 中国人大网. 十三届全国人大常委会立法规划［EB/OL］.（2018-09-10）［2019-01-31］. http://www.npc.gov.cn/npc/xinwen/2018-09/10/content_2061041.htm.

理活动中的各种情形、介质、矛盾都没有建议稿规定的详细"。❶ 2017 年 3 月全国人大常委、财经委副主任委员吴晓灵，全国人大代表、中国人民银行营业管理部主任周学东以及 45 位全国人大代表向全国两会提交了《关于制定〈中华人民共和国个人信息保护法〉的议案》，建议尽快制定《中华人民共和国个人信息保护法》。议案同时将《中华人民共和国个人信息保护法（草案）》作为附件提交。该草案以齐爱民学者建议稿为基础，经过系统讨论和修改而形成。2019 年 1 月，该稿由齐爱民在《河北法学》发表，稿件提出"个人信息权"等概念，认为"自然人的个人信息权包括信息决定、信息保密、信息查询、信息更正、信息封锁、信息删除、信息可携、被遗忘，依法对自己的个人信息所享有的支配、控制并排除他人侵害的权利"。❷

在刑法领域，2009 年 2 月 28 日，十一届全国人民代表大会常务委员会第七次会议通过《刑法修正案（七）》，在《刑法》第 253 条后增加了"侵犯公民个人信息罪"相关条款。2017 年 5 月 9 日，最高人民法院与最高人民检察院联合召开新闻发布会，发布《最高人民法院、最高人民检察院关于办理侵犯公民个人信息刑事案件适用法律若干问题的解释》及相关典型案例。该《解释》将"公民个人信息"界定为"以电子或者其他方式记录的能够单独或者与其他信息结合识别特定自然人身份或者反映特定自然人活动情况的各种信息，包括姓名、身份证件号码、通信通讯联系方式、住址、账号密码、财产状况、行踪轨迹等"。❸具体到典型案例，其中的"个人信息"更多是从"财产权"视角出发的。由于该《解释》依据的是《刑法》和《刑事诉讼法》，公布的"邵保明等侵犯公民个人信息案"等典型案例均涉及非法查询、非法买卖公民个人信息牟利，构成"侵犯公民个人信息罪"。而且，典型案例涉及的公民个人信息基本都是公民的个人身份信息，在"邵保明等侵犯公民个人信息案"中，被告人邵保明等人非

---

❶ 刘倬豪. 我国未来个人信息保护法立法的完善——《个人信息保护法示范法草案学者建议稿》评述［J］. 法制博览，2016（20）：5，7.

❷ 齐爱民. 中华人民共和国个人信息保护法学者建议稿［J］. 河北法学，2019，37（1）：38.

❸ 最高人民法院最高人民检察院关于办理侵犯公民个人信息刑事案件适用法律若干问题的解释［EB/OL］.（2017-05-10）［2019-01-31］. http://www.court.gov.cn/zixun-xiangqing-43942.html.

法出售户籍信息、手机定位、住宿记录等个人信息；在"夏拂晓侵犯公民个人信息案"中，被告人夏拂晓买卖大量含有公民姓名、收货地址、手机号码等内容的网购订单信息。

个人信息权强调个人信息的双重属性，即身份性与财产性。在互联网空间，个人身份信息是"个人人身、行为状态的数据化表示，是个人自然痕迹和社会痕迹的记录"，❶ 通过一定的技术手段与合理分析，很快便可以指向现实生活中的真实个人。个人姓名信息是最重要的个人身份信息之一，指向现实生活中真实个人的时效更快、成本更低。同时，由于包括姓名在内的个人身份信息具有财产属性，能够通过个人信息数据库等形式为商家带来经济利益，这导致不法商家通过非法手段收集个人身份信息，给个人身份信息保护带来难度。因而，与泄露信息后的事后追惩相比，通过隐匿个人姓名的手段来保护个人身份信息是一种事前防范，它不仅是个人信息权的题中应有之义，而且是最为有效的手段。"匿名化可以在很大程度上将个人信息转化为数据，降低个人信息共享中的隐私风险"❷。

---

❶ 张新宝. 从隐私到个人信息：利益再衡量的理论与制度安排 [J]. 中国法学，2015（3）：45.
❷ 王利明. 数据共享与个人信息保护 [J]. 现代法学，2019，41（1）：56.

第四章
网络匿名表达权
在其他权利中的实现

第四章
网络匿名表达权在其他权利中的实现

第一节 匿名表达权在著作权中的实现

根据我国《著作权法》的解释，著作权即版权，但实际上二者还是有些差别。著作权的概念最初来自法国，当时称为作者权（author's right），是指创作者对其作品所享有的权利。"1791 年法国颁布《表演权法》，1793 年颁布《复制权法》，其后二者合并，组成《作者权法》，为作者（包括作家、作曲者和艺术家）提供兼具精神权利和经济权利的保护。"[1] 版权（copyright）的概念出自英美法系，"1710 年，英国议会通过《为鼓励学问而授予作者及购买者就其因印刷成册的图书在一定时期内的权利的法》。这是世界第一部版权法（尽管当时还没有版权即'copyright'概念），因当时国王为安娜，所以简称《安娜法》（Statute of Anne）。"[2] 后来，美国借鉴《安娜法》，于 1790 年颁布了《联邦版权法》。此后，随着著作权保护的国际化，以法国、德国为代表的著作权体系与以英国、美国为代表的版权体系再次融合、汇流，"1886 年 9 月 9 日，法国、英国、德国、意大利、西班牙、比利时、瑞士、利比里亚、海地、突尼斯等 10 个国家正式签署了《保护文学艺术作品伯尔尼公约》"，[3] 这是世界上第一个国际版权公约。

---

[1] 刘银良. 知识产权法 [M]. 北京：高等教育出版社，2010：237.
[2] 刘银良. 知识产权法 [M]. 北京：高等教育出版社，2010：236.
[3] 宋原放，李白坚，陈行铮. 中外出版史 [M]. 北京：北京师范大学出版社，1993：276.

1952 年，在联合国教科文组织主持下，《世界版权公约》在瑞士日内瓦缔结，并于 1955 年生效，1971 年该《公约》在法国巴黎修订。中国于 1992 年加入上述两公约。

中国的著作权制度借鉴法、德体系。清政府于 1910 年颁布《大清著作权律》，民国北洋政府于 1915 年、国民党政府于 1928 年也先后颁布过著作权法。中华人民共和国成立后，长期没有制定著作权法，但在《宪法》中有保护著作权的相关规定，也拟定过《保障出版物著作权暂行规定（草案）》。1990 年 9 月 7 日，七届全国人民代表大会常务委员会通过《著作权法》，该法第 51 条明确指出"本法所称的著作权与版权系同义语"，经 2001 年和 2010 年两次修正后，本条改为第 57 条，表述也简化为"本法所称的著作权即版权"。在行文中，本书使用著作权这一术语，但如直接引用的他人作品，则保留原文提法。

在我国《著作权法》中，著作权是一束权利的总称，包括发表权、署名权、修改权、保护作品完整权等人身权，复制权、发行权、出租权、展览权、表演权、放映权、广播权、信息网络传播权、摄制权、改编权、翻译权、汇编权等财产权，以及应当由著作权人享有的其他权利。这里的著作权是广义著作权，"不仅包括作品创作者所享有的著作权，也包括作品传播者所享有的权利即领接权"。❶

表达权与著作权关系密切，二者相辅相成又龃龉不断。有学者将二者的关系总结为"对立统一关系"，"这种对立统一关系在版权保护与表达自由之间就表现为，版权保护与表达自由之间既互相促进、互相依赖、相辅相成，又互相制约、互相限制、互相冲突，两种关系并存"。❷ 还有学者用"正相关性"和"负相关性"来描述这种关系，前者指"版权与表达自由之间在功能与作用上的共生、协调、相辅相成，表现为一致性、依赖性、互动性、补充性或促进性等"，后者指"版权与表达自由之间的对立性关系"。❸

从性质上看，表达权是一种来自宪法的基本权利，是一种人权，《世界人权

---

❶ 刘银良. 知识产权法［M］. 北京：高等教育出版社，2010：236.
❷ 何贵忠. 版权与表达自由：法理、制度与司法［M］. 北京：人民出版社，2011：104.
❸ 宋慧献. 版权保护与表达自由［M］. 北京：知识产权出版社，2011：201，239.

宣言》及多数国家的宪法都对这一权利有明确规定。而著作权虽然也有其宪法依据，但并不是一种基本权利，也不能归入人权之中。"版权主要是民事财产权，而表达自由则是公民权利和政治权利；前者注重物质利益，后者关注公民自由。表达自由是自然性质的、与人身密不可分的权利，而版权是后来权利，是行使言论自由等权利的必然产物。"❶ 简而言之，表达权是著作权的权利依据之一，同时在著作权中得以实现。而著作权在促进著作权人表达权实现的同时，也限制了他人表达权的实现。本章内容侧重论述表达权与著作权的相辅相成关系，即表达权对著作权的支撑性与著作权对表达权的促进性。

一、表达权在发表权及其他权利中的实现

表达权的实现依赖于表达，表达的形式有很多种，包括口头表达、书面写作、形体行为、艺术展现等。在现代传媒兴起以后，与出版有关的表达形式成为行使表达权的重要方式。实际上，表达自由理念就是伴随着出版事业而来的，表达自由理论的发轫——弥尔顿的《论出版自由》——打出的也是出版自由的旗号。我国《宪法》关于表达权的相关条款也并无"表达"字样，而是用了"言论、出版"等提法。出版自由是表达自由的重要分支，也是著作权法所保护的重要领域。在一定程度上，保护著作权就是在保护表达权，著作权中的"著作"二字，指的就是作者创作的作品，而作者创作作品本身就是表达。"'创作作品'（Work Of Authorship）一词指主要为表达性质的任何创作物。版权保护创作者的特定的表达方式，而不是思想或隐含的事实。要获得保护，作品不需要达到一定程度的文学或艺术水平。但是作品必须涉及一些表达行为。"❷

我国《著作权法》所罗列的著作权内容大多与作品的出版有关，包括了发表权、复制权、发行权以及广播权、信息网络传播权等，这些权利通过各自的权能促进了表达权的实现。《著作权法》将发表权界定为"决定作品是否公之于众

---

❶ 何贵忠. 版权与表达自由：法理、制度与司法 [M]. 北京：人民出版社，2011：109.
❷ [美] 约翰·D. 泽莱兹尼. 传播法：自由限制与现代媒介 [M]. 张金玺，赵刚，译. 北京：清华大学出版社，2007：282.

的权利"，在出版领域，发表权是表达权的临门一脚，没有发表，就没有表达，行使发表权是行使表达权的重要方式。在行使发表权的过程中，作者赋予思想以形式，将思想衍绎为作品，并自主决定是否将其公之于众。著作权中的发表权有三层意思：既保障作者公之于众的权利，也保障其不公之于众的权利；既保障作者对强迫其公之于众的拒绝权，也保障作者对强迫其不公之于众的拒绝权；既保障作者自身公之于众的权利，也保障作者禁止他人将自己的作品公之于众的权利。无疑，《著作权法》对发表权的保障促进了表达权的实现。

除发表权之外的其他权利，同样促进了表达权的实现。修改权、保护作品完整权保障表达的自主性，作者可以自主决定修改、授权他人修改或禁止他人篡改自己的作品。复制权、发行权、出租权是对表达过程中各环节的保障，实际上，复制、发行是出版的两个环节，而出租权是从发行权中分离出来一项权利，三权合称"复制发行权"，《著作权法》通过对表达过程各环节的单独保护，实现对表达的整体保护。展览权、表演权、放映权、广播权、信息网络传播权可以统称为"传播权"，是对不同表达渠道与形式的保障。摄制权、改编权、翻译权、汇编权赋予作者演绎其作品、授权他人演绎其作品以及制止他人未经授权演绎其作品的权利，四权统称"演绎权"，是对后续表达环节的保障。

比较而言，表达权是公民的基本权利，著作权是作者的民事权利；表达权是公权利，著作权是私权利；表达权是天赋的，著作权是法定的。表达权的位阶高于著作权，应予以优先保护。然而，在实践中，表达权却是一项缺乏操作性的空洞权利。在我国，表达权源自宪法，但"我国宪法还没有可诉性，司法不能也不愿以宪法为依据作出裁判，这使宪法权利停留在理论上，一旦遭到侵害，无法在宪法层面上救济"。❶ 在宪法无力保障的情况下，表达权通过著作权包含的各项权利得以实现。

二、匿名权在署名权中的实现

匿名表达权小于表达权，它不仅要求行使表达权，还要求隐藏个人身份信

---

❶ 何贵忠. 版权与表达自由：法理、制度与司法 ［M］. 北京：人民出版社，2011：291.

息。而个人身份信息的关键内容就是个人的真实姓名。隐藏真实姓名的权利在我国多部法律中都能找到权利依据。如《民法总则》第 110 条的姓名权和隐私权、第 111 条的个人信息保护条款以及《刑法》第 253 条之一的"侵犯公民个人信息罪"均能推导出匿名权。总结起来，就是从姓名权、隐私权、个人信息权三条路径推导匿名权。《著作权法》为我们提供了第四条路径，即从署名权路径推导匿名权。

我国《著作权法》第 10 条第 2 款规定，署名权即表明作者身份，在作品上署名的权利。在字面意思上，署名权与匿名权相对，前者是要亮明作者身份，后者是要隐藏作者身份。但在法律解释中，署名权包含了匿名权。有学者认为："署名权有正反两方面的权利。正权利即作者的积极权利，是指作者有权在自己的作品上署名以及决定如何署名的权利。署名可以是作者的真名，也可以是笔名或者假名，甚至不署名。反权利即作者的防御性权利，主要是指作者有禁止他人假冒自己的名字发表他人作品的权利。"❶ 在这里，匿名权是署名权中的两种情况：一是署笔名、假名的权利，二是不署名的权利。这两个权利与署名的权利一样都是署名权中的正权利，而与此对应的反权利是禁止他人冒名的权利。也有学者根据相关国际条约，将匿名权理解为对署名权的一种否定方式的行使，"WIPO出版的《伯尔尼公约指南》是这样解释署名权的：该作者可按意愿行使，他甚至可以否定的方式来行使，如以假名或者匿名发表其作品，以及在任何时候改变主意恢复其真名或者署名"。❷

与姓名权、隐私权、个人信息权三条途径相比，从署名权途径推导的匿名权有一定的局限性。姓名权、隐私权、个人信息权的权利主体是所有自然人，它们都可归入人格权范畴，而署名权的权利主体是作品的创作者，只能归入著作权范畴。姓名权、隐私权、个人信息权基于自然人而存在，它不可抛弃，与自然人的生命相始终；署名权基于作品而存在，它"可由权利人抛弃、转让，并可在作者

❶ 刘银良. 知识产权法 [M]. 北京：高等教育出版社，2010：266.
❷ 李雨峰. 精神权利研究：以署名权和保护作品完整权为主轴 [J]. 现代法学，2003，25（2）：108.

死后存在"。❶ 如我国国务院出台的《中华人民共和国著作权法实施条例》（2002年8月2日公布，2011年1月8日和2013年1月30日两次修订）第15条规定："作者死亡后，其著作权中的署名权、修改权和保护作品完整权由作者的继承人或者受遗赠人保护。著作权无人继承又无人受遗赠的，其署名权、修改权和保护作品完整权由著作权行政管理部门保护。"由于署名权基于作品而存在，由其推导出的匿名权也只能基于作品而存在。如此一来，发表作品之外的其他表达形式，便难以通过从署名权推导出的匿名权予以保护。而作品在《著作权法》中有明确的列举，仅包括如下9类："（一）文字作品；（二）口述作品；（三）音乐、戏剧、曲艺、舞蹈、杂技艺术作品；（四）美术、建筑作品；（五）摄影作品；（六）电影作品和以类似摄制电影的方法创作的作品；（七）工程设计图、产品设计图、地图、示意图等图形作品和模型作品；（八）计算机软件；（九）法律、行政法规规定的其他作品。"《中华人民共和国著作权法实施条例》第2条还专门对作品进行了界定，"著作权法所称作品，是指文学、艺术和科学领域内具有独创性并能以某种有形形式复制的智力成果。"如此一来，互联网空间大量存在的网络聊天、跟帖评论基本被排除在了作品之外，从署名权途径所展开的推导就缩小了匿名权的范围。

第二节　匿名权在消息来源隐匿权中的实现

消息来源隐匿权，是指："媒体及其工作人员为消息来源保密的权利，即未经消息来源同意，有责任替消息来源保密，不能把消息来源透露给第三人。"❷ 在法学研究领域，该项权利又被称为"记者拒证权"（the reporter's privilege），是指："在司法活动中，新闻记者拒绝作证提供消息来源的权利。"❸

---

❶ 温晓东. 论姓名权 [D]. 黑龙江大学，2007：12.
❷ 陈力丹，费杨生. 隐匿权·新闻真实·审判公正——从水门事件中的"深喉"说开去 [J]. 当代传播，2005（6）：31.
❸ 高一飞. 美国法上的记者拒证权 [J]. 国际新闻界，2010（2）：87.

消息来源隐匿权具有相对性，该项权利是否应该得到保障，学界有不同的观点。肯定的一方认为，消息来源隐匿权涉及采访者与被采访者之间的承诺与约定，采访者对被采访者履行承诺，有利于保障人与人之间的信任与忠诚，因为这些价值正是人类社会得以存在的基础。同时，消息来源隐匿权间接保障了舆论监督功能的实现，因为"强迫记者说出其职业所知悉的他人的秘密，势必会破坏记者与新闻提供的信赖关系，会使消息来源枯竭，从而无法发挥媒体监督的功能"。❶ 否定的一方认为，新闻记者不应该享有拒证的特权，特别是在新媒体时代，人人都是记者，如果人人以此为由不肯出庭作证，将不利于证据的获取、犯罪的追究与社会秩序的维护。同时，消息来源隐匿权还有可能助长虚假新闻的泛滥。如"《纽约时报》记者杰森·布莱尔造假事件"就是因为号称使用了匿名消息来源，而多年畅通无阻。"布莱尔多年在家中闭门造车，捏造消息来源，特别是匿名消息来源为掩护虚构故事或剽窃他人作品。如果编辑们其中有一个认真了解一下这些匿名消息来源的身份，在必要时核实一下，布莱尔的骗术或许并不难识破。"❷ 有学者通过研究得出，"匿名消息来源的使用会影响读者的信任感知（perceptions of credibility），对文章的可信度产生负面影响。"❸ 另有学者在一项关于匿名消息来源的中美比较研究中，也得出了同样的结论，即使用匿名消息来源对新闻可信度有负面影响。"不论是中国还是美国，匿名来源的使用会引起人们对新闻报道的准确性（accuracy）、公正性（fairness）、可靠性（trustworthiness）、可信度（believability）和整个新闻报道质量的怀疑。"❹

在新闻界，消息报道隐匿权被看作应予遵循的新闻职业道德。1972 年，美国《华盛顿邮报》"水门事件"相关报道导致尼克松总统引咎辞职，两名记者鲍勃·伍德沃德（Bob Woodward）和卡尔·伯恩斯坦（Carl Bernstein 为此获得了

---

❶ 简海燕. 媒体消息隐匿权初探 ［J］. 比较法研究，2008（5）：2.

❷ 佚名. 西方主流媒体在防范虚假新闻方面的教训 ［EB/OL］. （2011-02-22）［2019-08-24］. http://data. chinaxwcb. com/epaper/2011/2011-02-22/8169. html.

❸ Miglena Mantcheva Sternadori, Esther Thorson. Anonymous Sources Harm Credibility of All Stories ［J］. Newspaper Research Journal，2009，30（4）：63.

❹ Ivanka Pjesivac, Rachel Rui. Anonymous sources hurt credibility of news stories across cultures: A comparative experiment in America and China ［J］. International Communication Gazette，2014，76（8）：655.

1975 年的普利策新闻奖，报道中关键线索提供者被称为"深喉"，两名记者及《华盛顿邮报》一直为关键线人隐匿，直到 2005 年，91 岁的国联邦调查局前副局长马克·费尔特自己承认是当年水门事件中的"深喉"。

在司法实践上，美国联邦最高法院并不承认消息来源隐匿权。最早记载的案件是 1848 年的纽金特案。在该案中，美墨战争即将结束之际，《纽约先驱论坛报》的通讯员约翰·纽金特（John Nugent）提前获得了美国参议院与墨西哥秘密协商的一份停战协定，并发回编辑部。参议院要求纽金特交待消息来源，但遭到纽金特拒绝。最后，纽金特申请人身保护令失败，被以"藐视国会"罪逮捕入狱。❶ 也就是说，在早期，美国司法体系对消息来源隐匿权持否定态度。19 世纪末，随着形势的发展，有一些州逐渐出现了保护消息来源隐匿权的法律，如 1896 年，马里兰州通过了《保护秘密消息来源法》，由此该州"成为第一个给予新闻记者拒绝在司法审判中作证的有条件特许权的州"。❷ 不过，该权利在司法实践层面并未得到法院的全面认可。

在 1958 年的嘉兰诉托瑞案（Garland v. Torre）中，朱迪·嘉兰（Judy Garland）起诉哥伦比亚广播公司（CBS）对自己做了虚假和诽谤性的陈述，这些虚假陈述由玛丽·托瑞（Marie Torre）所写，在《纽约先驱论坛报》"今日电视广播（TV-Radio Today）"专栏发表，托瑞表示这些陈述来自哥伦比亚广播公司的"网络主管"，但拒绝透露"网络主管"的名字。地方法院在听证会后命令托瑞交待"网络主管"的名字，托瑞当庭拒绝，随即被判藐视法庭罪，地方法院否定了消息来源隐匿权。❸

在 1970 年的考德威尔诉美国案（Caldwell v. United States）中，《纽约时报》报道黑豹党和其他黑人武装组织的记者考德威尔根据秘密消息来源，发表了一系列报道，1970 年 2 月和 3 月，加利福尼亚州北部地区联邦大陪审团向考德威尔两

---

❶ 单波，汪振兴. 新闻隐匿权：未完成的理论表达及其思想困境 [J]. 现代传播（中国传媒大学学报），2015，37（12）：34.

❷ [美] 唐·R. 彭伯. 大众传媒法（第十三版）[M]. 张金玺，赵刚，译. 北京：中国人民大学出版社，2005：373.

❸ Garland v. Torre [EB/OL]. [2019-07-25]. https://www.leagle.com/decision/1958804259f2d5451678.

次发出传票，命令其到大陪审团面前出庭作证，并随身携带采访记录和录音带。考德威尔拒绝出庭，被法庭判决"藐视法庭罪"，考德威尔提出上诉，第9巡回上诉法院以陪审团强制执行证明的权力不得以可能损害《第一修正案》利益的方式行使为由，撤销了上述判决，支持了考德威尔。上诉法院在一定程度上肯定了消息来源隐匿权。

1972年的布兰兹伯格诉哈斯案（Branzburg v. Hayes）涉及多个案件，在一个案件中，《信使日报》（Courier-Journal）记者布兰兹伯格由于发表了制造毒品的相关报道，被杰斐逊县大陪审团传唤。他虽然出庭，但拒绝透露相关制毒人员。肯塔基州初审法院命令他必须指证，他提起上诉，被肯塔基州上诉法院予以驳回。在另一起案件中，布兰兹伯格的一篇报道详述了肯塔基州法兰克福使用毒品的情况，报道叙述了与几名未透露姓名的吸毒者的谈话，结果被富兰克林县大陪审团传唤，他提出撤销传票，结果被驳回。最终，该案被上诉至联邦最高法院，联邦最高法院9名大法官以5∶4的多数意见判定：美国宪法第一修正案并不能免除报社记者的义务，即所有公民都必须对大陪审团的传讯作出回应，并回答与刑事调查有关的问题。最高法院否定了消息来源隐匿权。❶

1991年，在"科恩诉考尔斯媒介公司案（Cohen v. Cowles Media Co.）"中，美国联邦最高法院又基于"禁止食言原则（Promissory Estoppel）"对消息来源隐匿权给予了一定程度的支持。❷ "禁止食言原则是一项古老的英美法原则，它旨在防止当某人不信守承诺——承诺本身不构成强制性合同，但他人信任该承诺时可能出现的不公平。"❸ 在该案中，1982年，丹·科恩（Dan Cohen）找到《明尼阿波利斯明星论坛报》和《圣保罗开拓者新闻电讯报》记者，表示可以提供参与竞选副州长的马琳·约翰逊（Marlene Johnson）一些未公开文件，前提是发

---

❶ Branzburg v. Hayes, 408 U. S. 665（1972）[EB/OL]. [2019-07-25]. https://supreme. justia. com/cases/federal/us/408/665/.

❷ Cohen v. Cowles Media Co., 501 U. S. 663（1991）[EB/OL]. [2019-07-25]. https://supreme. justia. com/cases/federal/us/501/663/.

❸ [美] 唐·R. 彭伯. 大众传媒法（第十三版）[M]. 张金玺, 赵刚, 译. 北京：中国人民大学出版社, 2005：358.

表时不能在报纸上署自己的名字，且要承诺不泄露自己的身份。"记者承诺为科恩保密，然后科恩提供了数份法院文件，显示该名候选人马琳·约翰逊 12 年前曾经因为在商店偷窃价值 6 美元的缝纫材料被定罪。"❶ 但两家报纸的主编在发表时却将科恩的姓名公布了，科恩因此被自己供职的公关公司解职了。于是他以违反合同为由提起诉讼，表示当记者承诺保密时，相当于双方签了契约。初审法院同意科恩的说法，判决两报赔偿科恩 20 万美元补偿性赔偿金和 50 万美元惩罚性赔偿金。此后，明尼苏达上诉法院裁定维持原判，但撤销了 50 万美元惩罚性赔偿金。明尼苏达最高法院认为保密承诺不是强制性合同，因而推翻了原判。原告于是又提出了"禁止食言原则"，明尼苏达最高法院也不予认可。科恩上诉到美国联邦最高法院，1991 年 6 月，最高法院以 5 : 4 的投票结果推翻了明尼苏达最高法院的判决，令其重审，一年后，明尼苏达最高法院判决两报赔偿科恩 20 万元赔偿金。美国最高法院支持了"禁止食言原则"，在一定程度上承认了消息来源隐匿权。但此后该类案件的结果并非一边倒地支持"禁止食言原则"，美国有些州并不承认这一原则。

网络博客是否像传统媒体的记者一样拥有"消息来源隐匿权"，这一问题在"苹果公司商业秘密案"（Apple v. Does）中被呈现出来。苹果公司于 2004 年 12 月向加州圣特拉拉县（Santa Clara County）地区法院提起诉讼，指控一些没有署名的个人（unnamed individuals）在几家博客网站泄露了有关苹果新产品的信息，这些网站包括"苹果圈内人（AppleInsider）"和"力网（PowerPage）"。苹果要求这些博客网站提供消息来源者的身份。2005 年 3 月，地区法院做出了有利于苹果公司的判决，称泄密的两家博客网站和他们的信息不受加州法律保护。两家网站认为自己应享有宪法第一修正案所保护的记者特权，即隐匿消息来源的权利，因而将此案上诉到了加利福尼亚州上诉法院，2006 年 5 月，加州上诉法院认为，根据加州记者盾牌条款（the California reporter's shield），任何试图不让出版者出版信息的传票都是不能强制执行的，另外，反对强制披露隐匿的消息来源是

---

❶ ［美］约翰·D. 泽莱兹尼. 传播法：自由限制与现代媒介［M］. 张金玺，赵刚，译. 北京：清华大学出版社，2007：272.

宪法的赋予新闻记者的一项附条件的特权，因而在该案中，苹果要求获得消息来源是被禁止的。最终，上诉法院"依据美国宪法第一修正案对新闻业一贯的保护原则，驳回苹果公司要求网站公开个人博客拥有着真实身份的诉求"。❶ 该判决生效后，苹果公司在规定的期限内没有上诉。这一判决表明，"消息来源隐匿权"在互联网空间同样适用。

与传统媒体时代的"消息来源隐匿权"相比，互联网空间的"消息来源隐匿权"与"匿名表达权"紧密联系在一起。传统媒体的消息来源隐匿方式为"深喉"，即表达者（消息源）与发表者（记者）分离，"消息来源隐匿权"属于媒体单位与记者，"匿名表达权"属于"深喉（消息来源）"，对"深喉"的保护，既实现了媒体及记者的"消息来源隐匿权"，也实现了"深喉"本人拥有的匿名表达权。互联网空间消息来源的隐匿方式为"匿名"，即表达者（消息源）与发表者统一，表达者自己匿名上场，发表消息或观点，在这种情况下，对匿名表达者的保护，实现的是网络媒体平台的"消息来源隐匿权"与消息来源本身的"匿名表达权"。不过总体而言，"消息来源隐匿权"是一项相对的权利，并不能的到完全的保障。"一方面，作为一项广义而抽象的权利，记者拒证权的意义和价值已得到基本认同，而另一方面，记者的拒证特权还不足以真正抗衡公权力，有时甚至脆弱得不堪一击。由于藐视法庭罪大多可根据简易程序即刻审判，一旦法官认为隐匿消息源不利于案件审判，或者法官认为自己的权威受到挑战，记者主张的拒证特权即可被剥夺。"❷

比较而言，"匿名表达权"与"消息来源隐匿权"是有一定联系的两种权利。首先，二者都体现了对表达自由的保护。从某种意义上说，消息来源隐匿权是匿名表达权的一种延伸。公民享有宪法赋予的匿名表达权，媒体及其工作人员为消息来源保密，是出于对匿名表达权的维护。其次，二者有着较大的差别。前者的权利主体是表达者本身，后者的权利主体是媒体平台及其从业人员。前者是

---

❶　常安. 博客时代的言论自由及其法律规制——以美国苹果公司商业秘密案为例 [J]. 西部法学评论，2009（6）：2.

❷　冯建华. 记者拒证权研究：价值模式与发展趋向 [J]. 新闻与传播研究，2016（4）：72.

对表达者的直接保护，后者是通过媒体平台对表达者的间接保护。前者是目的，后者可以作为前者的救济手段。

第三节 再匿名权在被遗忘权中的实现

从字面意思来讲，被遗忘权（Right to be Forgotten）是指被人遗忘的权利，该项权利的兴起与互联网有关。传统媒体时代，个人信息不会被全范围地永久保存。广播电视具有即时性特征，节目内容播出结束后，信息在受众层面也就随之湮灭，虽然有些信息会被传播者存档保存，但一般大众获取该信息的门槛很高，信息在大众意义上也就逐渐被遗忘了。纸质媒体传播的信息虽然不会在受众层面即时湮灭，但由于纸质媒体的累积性，对其进行保存需要较大的物理空间，个人保存能力有限，受众层面很难保存大量的纸质媒体，而传播者存档保存的纸质媒体同样面临获取门槛稿、成本大的问题。因此，传统媒体时代的信息传播几乎不存在"被遗忘"的问题。网络媒体时代，个人信息一经传播，便会被全网固化，信息的全网清除变得异常困难，甚至不可能。"数据一经上传，就可能迅速传播，并被他人复制保存。即使已经删除的信息数据，人们也能够通过各种方式使其最大化地得到恢复。"❶ 信息的全网保存使个人在某种意义上成为"透明人"，在互联网空间"被遗忘"成为信息社会人的迫切需求。

从互联网空间的个人信息保护角度看，"被遗忘权"常被等同于"删除权"，主要指"对互联网上的个人信息通过要求信息控制者以断开链接、删除信息源等方式，使其不能被他人轻易获取，从而间接达到被人遗忘的目的的权利"。❷ 关于这项权利的法律性质，有学者将其归入隐私权，"是隐私权在互联网时代延伸出来的一种新的权利类型"。❸ 有学者将其归入人格权，"是一项新

---

❶ 段卫利. 论被遗忘权的法律保护——兼谈被遗忘权在人格权谱系中的地位［J］. 学习与探索，2016（4）：75.

❷ 段卫利. 论被遗忘权的法律保护——兼谈被遗忘权在人格权谱系中的地位［J］. 学习与探索，2016（4）：75.

❸ 吴飞. 名词定义试拟：被遗忘权（Right to Be Forgotten）［J］. 新闻与传播研究，2014，21（7）：13.

兴人格权""有利于维护人的尊严"。❶ 还有学者从实用主义的角度出发，认为"在理论上，应当将被遗忘权作为个人信息权的内容，以为将来的人格权立法或者个人信息保护法的立法做好理论准备；在司法实务上，目前宜将被遗忘权作为隐私权的内容，依据现有法律，以保护隐私权的法律规定对其进行保护。"❷

在立法层面，欧盟 2012 年出台《统一数据保护条例——欧盟委员会 2012 年建议案》，拟对 1995 年出台的《个人数据保护令》进行了修订，该建议案第 17 条名为"被遗忘权和删除权"（Right to be Forgotten and to Erasure），❸ 提出了数据主体应享有"被遗忘权"。该建议案第 17 条第 1 款规定了数据主体有权要求数据控制者删除有关数据的 4 种情形：（1）当这些数据不再与数据收集和其他处理的目的有关时；（2）数据主体撤回数据处理的同意时，或者当同意的保留期限已满，而且处理数据没有其他合法依据；（3）数据主体反对处理其个人数据时；（4）数据处理与欧盟 2012 年建议案不符的其他情形。❹ 由于处于"建议"层面，该建议案并不具有法律效力。在司法实践层面，2014 年，欧盟法院在"谷歌诉冈萨雷斯被遗忘权案"中确立了"被遗忘权"。1998 年，西班牙一名叫马里奥·冈萨雷斯的律师申请破产，其物业被公开拍卖以抵债。为了使拍卖吸引更多投标人，西班牙《先锋报》刊登了拍卖声明，2008 年《先锋报》推出网络版后，当使用谷歌（Google）搜索冈萨雷斯的名字时，许多搜索结果都显示了该拍卖声明。冈萨雷斯希望《先锋报》与谷歌删除或隐藏该声明，在联系《先锋报》和谷歌西班牙公司未果后，他向西班牙数据保护局提出申诉，西班牙数据保护局部分支持了冈萨雷斯的诉求，即《先锋报》可以保留其内容，但谷歌公司需删除其搜索。谷歌西班牙公司随即将此案上诉至西班牙国家高等法院。随后，西班牙国家高等法院将该案移交至欧盟法院。欧盟

---

❶ 段卫利. 论被遗忘权的法律保护——兼谈被遗忘权在人格权谱系中的地位［J］. 学习与探索，2016（4）：75.

❷ 杨立新，韩煦. 被遗忘权的中国本土化及法律适用［J］. 法律适用，2015（2）：31.

❸ 于向花. 被遗忘权研究［D］. 吉林大学，2018：17.

❹ 伍艳. 论网络信息时代的"被遗忘权"——以欧盟个人数据保护改革为视角［J］. 图书馆理论与实践，2013（11）：5.

法院于 2014 年 5 月 13 日做出判决，判决认为"西班牙数据保护局有权在此案中要求 Google 删除和冈萨雷斯相关的个人信息链接"，❶ 从而确立了"被遗忘权"。

匿名权与"被遗忘权"有一定程度的交集，二者有着相似的本质，即个人信息保护。所不同的是，匿名权强调对个人信息的事前保护，被遗忘权强调的是对个人信息的事后保护。匿名权仅关注个人身份信息中的姓名信息，被遗忘权则关注个人信息的全部，其涵盖范围更为宽泛。如果仅从字面意义上来看，"被遗忘权"并不仅仅是"删除权"，还应包括"匿名权"在内。"匿名权"是"被遗忘权"的事前防范，"删除权"是"被遗忘权"的事后救济，是实现"被遗忘权"的手段之一。在匿名权的角度，侧重事后救济的"被遗忘权"也可称之为"再匿名权"，是"匿名权"被侵犯后通过事后救济重新恢复"匿名"的权利。

❶ 丁晓东. 被遗忘权的基本原理与场景化界定 [J]. 清华法学，2018，12（6）：96.

第五章
网络匿名表达权的法律保障

第五章
网络匿名表达权的法律保障

网络匿名是指网民在网络空间拥有虚拟身份，且这个虚拟身份与现实身份无法建立映射关系，虚拟身份即"一个或数个与现实生活中身份及相关的道德价值观完全不一致的身份"，而且"不同身份之间也可能是完全冲突的"。❶ 从身份映射的角度看，对网络匿名表达的保护本质上是阻断网络表达者虚拟身份与现实身份之间的映射关系，这种阻断可以通过技术手段、法律规范等多种途径来实现。

本章主要探究匿名表达权的法律保障，即通过法律体系来保障网络匿名表达权的实现。"我国的法律体系大体可以划分为宪法、民商法、行政法、经济法、社会法、刑法、程序法等部门。"❷ 不同的法律部门调整不同的法律关系、规范不同的权利义务。对网络匿名表达权的调整与规范主要由宪法、行政法、刑法、民法等部门来承担。各法律部门对于匿名表达权的保障并不相同，他们从各自的角度保障匿名表达权的某一方面。具体而言，宪法的某些条款从表达权、监督权视野保障匿名表达权的"表达"部分，另一些条款又从姓名权、隐私权或个人信息权角度保障匿名表达权的"匿名"部分。行政法、刑法、民法也与宪法基本类似，它们保障匿名表达权的条款有的非常明晰，有的则隐在字里行间，但总的来看，基本上是通过表达权、监督权、著作权来保障表达权中"表达"部分，

---

❶ 王道勇. 匿名的狂欢与人性的显现——对 2006 年网络集群事件的分析 [J]. 青年研究，2007（3）：26.

❷ 朱景文. 中国特色社会主义法律体系：结构、原则与制度阐释 [M]. 北京：中国人民大学出版社，2018：8.

再通过姓名权、隐私权、个人信息权、被遗忘权等来保障表达权中的"匿名"部分。当然，许多保障表达权的条款本身就包括了对匿名表达权的保障，许多保障匿名权的条款也包括了对匿名表达权的保障。本章将根据不同的法律部门、不同的权利视野来详细探讨网络匿名表达权的法律保障。

第一节 宪法及宪法相关法保障

宪法是国家的根本大法。从结构上看，宪法一般包括序言、正文两大部分。序言一般是叙述制宪宗旨、目的、经过、原则等内容的一段文字；正文又可细分为总纲、公民的基本权利和义务、国家机构等内容。如我国《宪法》就包括序言，总纲，公民的基本权利和义务，国家机构，国旗、国歌、国徽、首都五大部分。宪法对公民表达自由的保障，不仅包括消极保障，还应包括积极保障。"宪法提供给公民的基本权利不再局限于排除国家的不当侵扰，还意味着享受由国家负责保障的正当秩序。"❶ 也就是说，在匿名表达权领域，国家不仅不能剥夺公民匿名的权利，而且还应采取措施，促进匿名表达权的实现。

一、表达权视野的宪法保障

早在中华人民共和国首部《宪法》制定之前，1949 年 9 月出台、具有临时宪法性质的《中国人民政治协商会议共同纲领》就在第 5 条规定："中华人民共和国人民有思想、言论、出版、集会、结社、通讯、人身、居住、迁徙、宗教信仰及示威游行的自由权。" 1954 年 12 月 4 日，中华人民共和国出台的第一部《宪法》第 87 条规定："中华人民共和国公民有言论、出版、集会、结社、游行、示威的自由。国家供给必需的物质上的便利，以保证公民享受这些自由"。现行《宪法》与匿名表达权相关的内容主要在第 3 部分"公民的基本权利和义务"，其中第 35 条规定："中华人民共和国公民有言论、出版、集会、结社、游

---

❶ 蒋舸. 个人信息保护法立法模式的选择——以德国经验为视角 [J]. 法律科学（西北政法大学学报），2011，29（2）：115.

行、示威的自由。"本条虽未出现表达或表达权字眼，但通过列举的方式，指明了表达的六种形式，即言论、出版、集会、结社、游行、示威。宪法对上述六种表达形式的保障，总体而言就是对表达自由的保障。也就是说，"中国宪法虽然没有使用表达自由这一术语，但它同时包括了现代民主社会正常运行涉及的各项权利和自由，我们因此可以将这一组权利和自由称作表达自由权，将宪法第 35 条称作表达自由条款"。❶ 公民可通过上述六种形式展开自由表达，这里的"自由"蕴含了公民在表达过程中使用/不使用真实姓名的自由。

同时，我国《宪法》第 47 条规定："中华人民共和国公民有进行科学研究、文学艺术创作和其他文化活动的自由。国家对于从事教育、科学、技术、文学、艺术和其他文化事业的公民的有益于人民的创造性工作，给以鼓励和帮助。"本条可看作表达自由的延伸，公民的表达行为可区分为政治表达与非政治表达，如果说第 35 条是对公民政治表达的保障，则第 47 条是对公民非政治表达的保障。同样，在科研、文艺创作等表达领域，公民有选择实名或匿名的权利，这在我国的文艺创作实践中表现的尤为明显，特别是在网络文学创作领域，许多作者都通过笔名创作发表作品，如《斗罗大陆》的署名为"唐家三少"、《星辰变》的署名为"我吃西红柿"等，都不是作者的真实姓名。

除对表达自由的保障，我国宪法还规定了对通信自由与通信秘密的保护条款。我国《宪法》第 40 条规定："中华人民共和国公民的通信自由和通信秘密受法律的保护。除因国家安全或者追查刑事犯罪的需要，由公安机关或者检察机关依照法律规定的程序对通信进行检查外，任何组织或者个人不得以任何理由侵犯公民的通信自由和通信秘密。"通信自由与通信秘密与表达自由密切相关，从传播学视角来看，表达与通信都属于传播，通信本身就是在进行表达，而表达的广远则要借助于通信。表达是通信的目的，通信是表达的手段。因此，在一定程度上，对通信自由的保障也是对表达自由的保障，对通信秘密的保障还隐含着对匿名表达的支持。在互联网空间，公民的表达全部借助于通信，对通信自由与通

---

❶ 王四新. 表达自由：原理与应用［M］. 北京：中国传媒大学出版社，2008：61.

信秘密的保障更为必要，而且"公民在新兴通信方式中享有的自由和秘密或者说国家保护程度不得低于传统通信方式中所享受到的自由和秘密"。❶

为贯彻落实宪法相关条款，国家权力机关还制定了许多宪法相关法。"宪法相关法是与宪法相配套、直接保障宪法实施和国家政权运作等方面的法律规范。"❷ 在我国宪法相关法中，与表达权相关的是《中华人民共和国集会游行示威法》（1989年10月通过），该法第2条对集会、游行、示威进行了界定，集会"是指聚集于露天公共场所，发表意见、表达意愿的活动"；游行"是指在公共道路、露天公共场所列队行进、表达共同意愿的活动"；示威"是指在露天公共场所或者公共道路上以集会、游行、静坐等方式，表达要求、抗议或者支持、声援等共同意愿的活动"。从上述界定可知，集会、游行、示威是一种象征性言论，属于表达行为。该法第3条规定："公民行使集会、游行、示威的权利，各级人民政府应当依照本法规定，予以保障"，从本条可见，该法对象征性言论是予以保障的，其依据是宪法第35条。不过，该法第8条又规定"举行集会、游行、示威，必须有负责人"，且申请书中应当载明"人数"以及"负责人的姓名、职业、住址"等事项，这一规定实质上将匿名表达的自由缩减为实名表达的自由。由于"对公民此项基本权利限制过严"，因此该法出台以来，"各地几乎未见有依照法定程序举行集会游行示威活动的记录"。❸

二、监督权视野的宪法保障

我国《宪法》中与"监督权"相关的条文主要是第3条、第27条和第41条。《宪法》第3条规定，"全国人民代表大会和地方各级人民代表大会受人民监督，国家行政、监察、审判、检察机关受人民代表大会监督。"该条将监督权的主体分为两种：一是人民；二是人民代表大会。其中，人民代表大会对国家机

---

❶ 唐忠民. 公民通信自由和通信秘密保护的两个问题 [J]. 法学，2007（12）：15.

❷ 朱景文. 中国特色社会主义法律体系：结构、原则与制度阐释 [M]. 北京：中国人民大学出版社，2018：25.

❸ 唐忠民，王继春. 论公民基本权利限制的基本原则 [J]. 西南大学学报（人文社会科学版），2007（2）：106.

关的监督是代表人民行使的监督，最终的监督权还是归属于人民。人民行使监督权的形式有很多种，其中很重要的一种是舆论监督。而舆论监督一般是通过表达形成的，要充分保障监督权，就必须保障舆论监督权，否则监督权就不完整。而要保障舆论监督权，就必须保障表达权，否则就舆论监督就无法形成。同时，舆论又有真有假，舆论监督的舆论必须是真实舆论，否则舆论监督就失去了意义，即"若批评不自由，则赞美无意义"，而要保障真实舆论，就必须保障公民的匿名表达权，否则舆论空间就可能充斥虚假舆论。

《宪法》第 27 条进一步细化了人民对国家机关及其工作人员的监督权，要求"一切国家机关和国家工作人员……倾听人民的意见和建议，接受人民的监督"。该条"意见和建议"与"监督"表面上是并列关系，实际上是递进关系，"意见和建议"本身是表达的形式，在一定意义上又是监督的手段之一。该条既直接保障人民的监督权，又通过对意见和建议的保障，间接保障人民监督的手段。

《宪法》第 3 条与第 27 条是从"总纲"层面对人民监督权的保障，两条都是从被监督对象的角度出发，阐述了它们接受监督的义务，条文内容都直接点明了"监督"字样。相较而言，《宪法》第 41 条是从"公民的基本权利和义务"层面对监督权的保障进行了确认，因此该条的监督主体从"人民"变成了"公民"。该条没有出现"监督"二字，但实际上规定了监督权的具体内容，包括"批评和建议的权利""申诉、控告或者检举的权利""取得赔偿的权利"等。其中前五项权利都是特殊的表达形式，宪法对这五项权利的保障，既是对监督权的保障，也是对表达权的保障。由于该条没有规定公民行使上述权利必须实名，根据对公民私权领域"法无禁止即自由"原则，公民在实施批评、建议、申诉、控告、检举等权利时，可以自由选择匿名或实名。这可以看作宪法对匿名表达权的保障。同时，由于公民对公权力的监督易受当权者的打击报复，《宪法》第 41 条还明确规定，对于公民的申诉、控告或者检举，"任何人不得压制和打击报复"，体现了宪法对监督主体的保护精神。由于公民避免打击报复的重要途径之一就是匿名表达，从上述保护精神出发，可以推出宪法对匿名表达的保障意图。

宪法的相关法《人民法院组织法》《人民检察院组织法》均在第 11 条规定

"接受人民群众监督"，保障人民群众对自身的"监督权"。此外，2006 年 8 月 27 日，第十届全国人民代表大会常务委员会通过《中华人民共和国各级人民代表大会常务委员会监督法》，该法虽未涉及人民监督，但规定了对全国人民代表大会常务委员会和县级以上地方各级人民代表大会常务委员会监督职权的保障。上述这些对监督权的保障都有助于推进表达权的实现。

三、姓名权、隐私权或个人信息权视野的宪法保障

从姓名权的角度，个人拥有对其姓名的使用权，即自主决定使用真实姓名、非真实姓名或不使用姓名的权利。从隐私权的角度，姓名等个人可识别信息属于个人隐私，个人对其隐私拥有免受他人非法知晓的权利。从个人信息权的角度，个人依法对包括姓名在内的个人信息拥有支配、控制的权利，有学者认为，这一权利既不是隐私权、也不是一般人格权，而是独立的个人信息权。在匿名表达权中，匿名的本质并不仅仅是对"姓名"这一单个个人身份信息的保护，而是对所有个人身份信息的整体保护。匿名的目的也不是对个人真实姓名的隐藏，而是要切断网络空间个人身份信息与现实空间真实个体的映射关系，以消除个人在网络空间自由表达的后顾之忧。换言之，姓名权、隐私权、个人信息权视野中对匿名的保护都可归结为对个人身份信息保护。

我国《宪法》没有姓名权相关条款，与宪法挂钩的姓名权案件是前文所述的"齐玉苓诉陈晓琪案"，该案是一起冒用姓名案件，与本书要论述的"匿名表达权"关系不大。我国《宪法》也没有直接出现隐私权相关条文，但《宪法》第 37 条、第 39 条、第 40 条的内容与隐私权相关。《宪法》第 37 条规定："……禁止非法拘禁和以其他方法非法剥夺或者限制公民的人身自由，禁止非法搜查公民的身体。"《宪法》第 39 条规定："禁止非法搜查或者非法侵入公民的住宅。"这两条体现了宪法对公民隐私的保障，但"人身""住宅"等是隐私权中与个人信息无关的其他方面，与本书要论述的"匿名表达权"没有关系。《宪法》第 40 条规定，除公安、检察机关外，"任何组织或者个人不得以任何理由侵犯公民的通信自由和通信秘密"，如前文所述，通信是表达的一种形式，体现了宪法对表

达权的保障。同时，"通信秘密"可归入个人隐私的范畴，体现了宪法不仅对通信这种表达方式进行保障，还对通信中的个人隐私进行保障。

我国《宪法》也没有直接关于个人信息权的相关条款，但《宪法》第38条可被视为个人信息权的权利依据。《宪法》第38条规定："中华人民共和国公民的人格尊严不受侵犯。禁止用任何方法对公民进行侮辱、诽谤和诬告陷害。"本条的"人格尊严"可引出"人格权"，有学者将此条指明的"人格尊严"界定为"一般人格权"，而个人信息权则是一般人格权基础上发展出的具体人格权。"个人信息的收集、处理与利用，涉及个人人格尊严，个人信息所体现的利益应是个人人格利益部分，是一种独立、新型的人格利益，应该作为一种新型人格权益在法律上予以确认。"❶由于个人信息与人格尊严密不可分，宪法对"人格尊严"的保障，自然可引出对个人信息权的保障，而个人信息涵盖了包括姓名在内的个人身份信息。另外，在表达过程中选择匿名或实名应该由个人决定，这是属于个人的姓名使用权或个人信息自治权，该项权利如被非法剥夺，则造成对个人"人格尊严"的侵犯，因此即便是从宪法第38条本身，也可以推导出宪法对"匿名表达权"的保障。

四、著作权视野的宪法保障

由于表达权可通过著作权的相关权利来实现，因此我国《宪法》保护著作权的相关条款就可被看作是对表达权的间接保障。在我国《宪法》中，与著作权相关的条款较多，大体可以分为三类：第一类是关于表达权、人格权的条款，如《宪法》第35条规定了公民的言论、出版等表达自由，第38条规定了"公民的人格尊严不受侵犯"；第二类是关于财产权的条款，如《宪法》第13条规定"公民的合法的私有财产不受侵犯。国家依照法律规定保护公民的私有财产权和继承权"；第三类是关于"促进社会主义文化和科学事业的发展与繁荣"的条款，如《宪法》第19条规定国家要"提高全国人民的科学文化水平"，第20条

---

❶ 胡卫萍. 新型人格权的立法确认［J］. 法学论坛，2011，26（6）：20.

规定"国家发展自然科学和社会科学事业，普及科学和技术知识，奖励科学研究成果和技术发明创造"，第22条规定"国家发展为人民服务、为社会主义服务的文学艺术事业、新闻广播电视事业、出版发行事业、图书馆博物馆文化馆和其他文化事业，开展群众性的文化活动"，第24条规定国家要"加强社会主义精神文明的建设"，第47条规定国家要鼓励和帮助"从事教育、科学、技术、文学、艺术和其他文化事业的公民的有益于人民的创造性工作"。

上述条款与著作权的关系或亲或疏，但由于大多数宪法条款仅是一种原则性规定，因此可以将这些原则性规定作为著作权的权利依据。首先，《宪法》第35条关于表达自由和第38条关于人格尊严的条款，可看作是著作权中人身权——发表权、署名权、修改权与保护作品完整权——的权利依据；其次，《宪法》第13条关于财产权的条款，可以看作著作权中财产权——复制发行权、传播权、演绎权——的权利依据；最后，《宪法》第19条、20条、22条、24条和47条关于促进科学与文化繁荣的条款，可以看作整个著作权法的宪法依据。我国《著作权法》第1条就明确规定："为保护文学、艺术和科学作品作者的著作权，以及与著作权有关的权益，鼓励有益于社会主义精神文明、物质文明建设的作品的创作和传播，促进社会主义文化和科学事业的发展与繁荣，根据宪法制定本法。"从本条可知，《著作权法》是根据《宪法》制定的，虽然没有明说根据宪法的哪一条，但从"促进社会主义文化和科学事业的发展与繁荣"这一目的性表述可以推断，它所依据的正是《宪法》第19条、20条、22条、24条和47条等5个条款。从这个意义上说，我国《宪法》提出了科学、文化、艺术事业发展的目标，《著作权法》是实现这些目标的手段。"著作权法所激励产生的创造性作品提供了社会需要的主要社会、文化和经济利益。"❶ 进一步说，创造性作品正是表达的形式，在《宪法》的诸多条款为著作权的各个方面提供权利依据的同时，《著作权法》也就通过各项细化的权利为表达权的实现提供了保障。

---

❶ 冯晓青. 著作权法之激励理论研究——以经济学、社会福利理论与后现代主义为视角［J］. 法律科学. 西北政法学院学报，2006（6）：48.

第二节　行政法保障

行政法"调整的是行政机关与行政管理相对人之间因行政管理活动发生的关系，其重心在于控制和规范行政权、保护行政相对人的合法权益"。❶ 由于行政管理涉及的范围非常广泛，因此行政法体系也非常繁杂。目前，我国行政法体系分一般行政法和部门行政法两类，前者规范政府共同行政行为，包括《行政处罚法》《行政许可法》《行政复议法》等；后者规范特定行政部门的特殊行政行为，横向来看，包括国家安全、监察、司法、民政、教育、科技、文化、体育、新闻出版、娱乐等国家行政管理的方方面面，纵向来看，"除法律外，还包括更大量的行政法规、部门规章、地方性法规、自治条例和单行条例、地方政府规章。"❷ 与匿名表达权相关的行政法主要涉及国家安全、信息管理、新闻传播管理、个人身份管理等领域。

一、表达权视野的行政法保障

在表达权视野，我国行政法体系与表达权相关的法律法规较为庞杂，且多数是从规制的角度对表达权进行限制。在法律层面，我国还缺少保障表达权的相关行政法，如学界一直呼吁的《新闻法》就一直没有出台。"20 世纪 80 年代后期，国家开展制定《新闻法》的工作，当时在北京和上海一共形成了三件'中华人民共和国新闻法（征求意见稿）'文稿，但是后来搁置了。"❸ 目前与表达权保障有一定关联的行政法是九届全国人民代表大会常务委员会于 2000 年 12 月 28 日通过的《全国人民代表大会常务委员会关于维护互联网安全的决定》和十二届全国人民代表大会常务委员会于 2016 年 11 月 7 日通过的《中华人民共和国网络安全法》，前者侧重规制，旨在保障互联网的运行安全和信息安全，规定了追

---

❶ 朱景文. 中国特色社会主义法律体系：结构、原则与制度阐释 [M]. 北京：中国人民大学出版社，2018：48.

❷ 郑文辉. 中国法律和法律体系 [M]. 广州：中山大学出版社，2017：323.

❸ 魏永征. 传媒法的体系化——从《新闻传播法教程》第五版说起 [J]. 青年记者，2016 (22)：72.

究刑事责任的多项禁止性行为。后者同样侧重规制，但同时也指出了对信息自由的保障。如《网络安全法》第 12 条规定："国家保护公民、法人和其他组织依法使用网络的权利……保障网络信息依法有序自由流动。"本条"依法使用网络的权利"涵盖表达权，且网络空间的表达内容作为信息的一种，其有序自由流动受国家保障。

在行政法规层面，国务院于 1997 年 1 月 2 日发布的《出版管理条例》对公民通过大众传媒进行的表达有所保障。《出版管理条例》第 5 条规定："公民依法行使出版自由的权利，各级人民政府应当予以保障。"第 23 条又详细规定："公民可以依照本条例规定，在出版物上自由表达自己对国家事务、经济和文化事业、社会事务的见解和意愿，自由发表自己从事科学研究、文学艺术创作和其他文化活动的成果。"上述两条所点明的"出版"是宪法第 35 条保障的六种表达方式之一，其表达载体即出版物包括"报纸、期刊、图书、音像制品、电子出版物等"。《出版管理条例》保障的范围比较狭窄，因其作为单一领域的行政法规只针对"出版活动的管理"，并不涉及其他行政管理领域。此前，国务院还于1996 年 6 月 19 日通过了《电影管理条例》，其中第 49 条规定："国家保障电影创作自由，重视和培养电影事业人才，重视和加强电影理论研究，繁荣电影创作，提高电影质量。"这一条款中的"电影创作自由"可以看作对《宪法》第 47条的具体化，是对表达自由的具体保障。在新闻传播行政管理领域，国务院出台的行政法规还有《广播电视管理条例》（1997 年 8 月）、《互联网信息服务管理办法》（2000 年 9 月）、《印刷业管理条例》（2001 年 7 月）、《音像制品管理条例》（2001 年 12 月）等，上述四《条例》均为未出现"保障""自由"等字样，缺乏保障类条款，更强调管理与规制，分别在第 32 条、第 15 条、第 3 条和第 3 条列明了禁止性规定。

在部门规章层面，传统媒体与新媒体领域均出台了数量庞大的规章制度，比较重要有《报纸出版管理规定》（新闻出版总署，2005 年 9 月）、《期刊出版管理规定》（新闻出版总署，2005 年 9 月）、《互联网出版管理暂行规定》（新闻出版总署、信息产业部，2002 年 8 月）、《互联网新闻信息服务管理规定》（国家互联网信息办公室，2017 年 6 月）、《互联网视听节目服务管理规定》（国家广播电影电视总局、信息产业部，2008 年 1 月）、《互联网电子公告服务管理规定》（信息产业部，2000 年 10 月）等。上述七部规章均以管理与规制为主，目前有的规章已被修订，有的则已被废止。七部规章中的前面两部提及了对于表达权的"保护"，《报纸出版管理规定》《期刊出版管理规定》分别在第 5 条和第 6 条规定：报纸（或期刊）出版单位"合法的出版活动受法律保护。任何组织和个人不得非法干扰、阻止、破坏"。

行政法部门的法律法规对表达自由的保障比较原则化，大多用一两条内容声明，该法对表达权予以保障（或法律保护），但更多是对相关行政管理领域的详细管理规定，对表达权的限制远多于保障。

二、监督权视野的行政法保障

在监督权视野对表达权给予保障的行政法律法规很少，目前，与监督有关的法律法规大多是一些行业性监督法律法规，如《银行业监督管理法》《化妆品卫生监督条例》《通信建设工程质量监督条例》等，这些监督大多为行业内监管机构对分管领域自上而下的监督，体现的是监督的权力，与本书所探讨的监督的权利有诸多差异。体现自下而上监督的法律法规主要是《信访条例》，但它并没有"监督"的字样。

中华人民共和国的信访制度早在 1951 年就有了雏形，1951 年 6 月，政务院颁布《关于处理人民来信和接见人民工作的决定》，该《规定》要求"各级人民政府应该密切地联系人民群众，全心全意地为人民服务；并应鼓励人民群众监督自己的政府和工作人员。因此，各级人民政府对于人民的来信或要求见面谈话，均应热情接待，负责处理。"1957 年 11 月，国务院又颁布《关于加强处理人民来信和接待人民来访工作的指示》，该《指示》明确指出："在我们的国家里，人民群众通过向政府机关写信和要求见面接谈，提出各种要求，表示各种愿望，对各项工作提出意见，对一些工作人员提出批评，这是人民的一种民主权利，是人民监督政府工作的一种方法。"改革开放后，国家信访制度逐步建立，1982 年

4月，中共中央办公厅、国务院办公厅发布了《党政机关信访工作暂行条例（草案）》，该《条例（草案）》第2条规定："人民群众通过来信来访向各级党委和政府提出要求、建议、批评和揭发、控告、申诉，是宪法规定的民主权利，也是人民群众参与管理和监督国家各项工作、监督国家工作人员的一种方式。各级党委和政府要保障人民群众行使这项民主权利。"从本条可以看出，信访是一种监督方式，信访的权利是一种宪法性权利。

1995年10月，国务院通过《信访条例》，其中第2条将"信访"界定为"公民、法人和其他组织采用书信、电话、走访等形式，向各级人民政府、县级以上各级人民政府所属部门反映情况，提出意见、建议和要求，依法应当由有关行政机关处理的活动"。根据这一界定可知，信访的具体形式包括"书信、电话、走访"，其本质是表达行为，信访的目的是"反映情况，提出意见、建议和要求"，其本质是实施监督。2005年1月，国务院重新颁布的新版《信访条例》，新增了电子邮件、传真等新的信访形式，信访目的也增加了"投诉请求"一项。

《信访条例》的立法依据是《宪法》第41条，其内容是对宪法所赋予的批评、建议、申诉、控告、检举等权利的具体化。有学者据此提出"信访权"概念，认为："信访权是公民批评、建议、申诉、控告、检举的基本权利的表达形式，在法律上是存在的。"[1] 也有学者从表达自由角度界定信访权，认为："信访权是指公民、法人或其他组织依法享有的通过法定形式和途径，依照法定权限和程序向国家或政府有关部门表达意志的自由。"[2] 还有学者认为，信访权具有监督权和救济权双重属性，前者属于政治性权利，是信访权的原权，后者属于非政治性的权利，是信访权的派生权。[3][4][5] 从上述学者的论述可知，信访是通过表达进行的监督。《信访条例》第3条也确实点出了"信访"的监督性质，要求各级行政机关"做好信访工作，认真处理来信、接待来访，倾听人民群众的意见、建

---

[1] 周其明. 信访权的宪法学解读——兼论国家权力与公民权利的配置 [J]. 人大研究，2005（10）：26.

[2] 沈桥林，李洁. 论信访权的宪法地位 [J]. 江汉大学学报（社会科学版），2009，26（2）：42.

[3] 孙大雄. 论信访权的权利属性 [J]. 社会主义研究，2006（1）：82.

[4] 张立刚. "信访权"辨伪 [J]. 山东警察学院学报，2017，29（1）：29.

[5] 杨鸿雁，肖强. 信访权的复合属性 [J]. 天津法学，2018，34（4）：15，16.

议和要求，接受人民群众的监督，努力为人民服务"。由此可见，《信访条例》所保障的"信访权"本质上属于监督权。

尽管《信访条例》明文规定了人民群众通过信访进行监督的权利，但它并不支持匿名，其第 17 条规定："信访人提出投诉请求的，还应当载明信访人的姓名（名称）、住址和请求、事实、理由。有关机关对采用口头形式提出的投诉请求，应当记录信访人的姓名（名称）、住址和请求、事实、理由。"也就是说，《信访条例》保障人民实名表达的权利。当然，《信访条例》并未明言禁止匿名表达，只是在第 22 条指出，如果"信访人的姓名（名称）、住址不清"，有关行政机关无须按要求"当场书面答复"或"自收到信访事项之日起 15 日内书面告知信访人"，这在一定程度上限制了匿名信访。不过，总的来看，信访制度仍然是"中国公民参与政治、表达权益和实行监督的"有效途径，人民群众能够借此"对政府进行监督，也能够表达自身的利益诉求"。❶

三、姓名权、隐私权及个人信息权视野的行政法保障

我国法律法规对姓名权的保护主要从民法部门展开，行政法部门没有关于姓名权的相关规定，有些法律法规只是从个人身份管理角度提及了"姓名"等个人信息。比如，法律层面有《居民身份证法》、行政法规层面有《人口普查条例》等。《居民身份证法》第 3 条将"姓名"作为居民身份证登记项目，第 13 条规定"有关单位及其工作人员对履行职责或者提供服务过程中获得的居民身份证记载的公民个人信息，应当予以保密"，第 19 条规定了"泄露居民身份证记载的公民个人信息"应承担的法律责任，均体现了对姓名等个人身份信息的保障。《人口普查条例》第 12 条规定人口普查的内容包括"姓名"，且在第 4 条规定"人口普查对象提供的资料，应当依法予以保密"。

我国行政法部门有部分法律法规规定了对"个人隐私"的保护，这些法律法规虽然没有列明"个人隐私"涵盖的内容，但从上下文可知，这些"个人隐

---

❶ 张邈，尹飒英姿，周张瑜，等. 信访监督制度的中外对比［J］. 法制博览，2014（12）：239.

私"多数是包括"姓名"信息在内的。如广告法第 9 条第 6 款就规定，广告不得"泄露个人隐私"。《政府信息公开条例》第 15 条也规定，涉及个人隐私且会对第三方合法权益造成损害的政府信息，行政机关不得公开。2018 年国务院办公厅发布的《关于推进政务新媒体健康有序发展的意见》也明确指出，对于"个人隐私"等信息，"要加强管理，确保不泄露"。

如上所述，行政法体系对匿名表达权中"匿名"的保障虽然提及了"姓名""个人隐私"等字样，但实际上是将其作为"个人身份信息"来保护的。在行政法体系中，从"个人信息权"角度保障个人身份信息的条款很多，这些条款散布在《统计法》《网络安全法》《电子商务法》等法律、《电信条例》《人口普查条例》等行政法规以及《电信和互联网用户个人信息保护规定》等部门规章中。

在法律层面，《统计法》（六届全国人民代表大会常务委员会于 1983 年 12 月 8 日通过）第 9 条规定，"统计机构和统计人员对在统计工作中知悉的国家秘密、商业秘密和个人信息，应当予以保密。"第 25 条规定"统计调查中获得的能够识别或者推断单个统计调查对象身份的资料，任何单位和个人不得对外提供、泄露"，第 39 条规定了泄露者应承担的法律责任。2012 年 12 月 28 日，十一届全国人民代表大会常务委员会通过《关于加强网络信息保护的决定》，该决定第 1 条就开宗明义地指出："国家保护能够识别公民个人身份和涉及公民个人隐私的电子信息。"《网络安全法》（十二届全国人民代表大会常务委员会于 2016 年 11 月 7 日通过）对个人信息的保障非常详尽，第 4 章"网络信息安全"共 11 条，一半以上涉及对个人信息的保护，涉及个人信息保护的方方面面，如用户信息保护制度的建立健全、个人信息的收集使用、泄露篡改毁损个人信息的禁止与防范、个人信息的删除或更正、对非法出售或提供个人信息的禁止等。其中第 42 条规定："未经被收集者同意，不得向他人提供个人信息。但是，经过处理无法识别特定个人且不能复原的除外。"从此条可以看出，保护或保密个人身份信息的目的是切断互联网空间个人身份信息与现实空间真实个人的对应关系，以确保个人表达的安全。为起到安全保护的作用，网络运营者要么隐匿消息来源，未经同意不对外提供，要么将信息处理到无法识别特定个人的程度，达到"匿名"的效果。特别需要指出的是，该法"附则"第 76 条指明了"个人信息"这一术语的含义，即"以电子或者其他方式记录的能够单独或者与其他信息结合识别自然人个人身份的各种信息，包括但不限于自然人的姓名、出生日期、身份证件号码、个人生物识别信息、住址、电话号码等"。该条明确指出个人信息具有"识别个人身份"的作用，包括但不限于"姓名"等信息。也就是说，"匿名"不仅仅是如字面意思那样是"隐匿姓名"，而是要"隐匿"能够识别个人身份的所有个人信息。如果一个表达者在"隐匿姓名"后，依然能够被人通过其他信息识别身份，那么"匿名"也就失去了意义。《电子商务法》（十三届全国人民代表大会常务委员会于 2018 年 8 月 31 日通过）同样涉及对个人信息的保护，该法第 5 条规定了电子商务经营者应履行"个人信息保护等方面的义务"，该法当中的"个人信息"侧重的是"商品市场"中的个人信息，而非"思想市场"中的个人信息，因此基本不涉及表达自由。此外，属于经济法部门的《消费者权益保护法》在广义上也可被纳入行政法体系，该法于 1994 年修订后，"对消费者个人信息保护给予特别重视，作出 3 条规定，强调对消费者个人信息的保护，规定经营者对个人信息的保护义务，以及侵害消费者个人信息的侵权责任"。❶

在行政法规层面，《电信条例》（国务院于 2000 年 9 月 25 日公布）第 65 条呼应《宪法》第 40 条，规定"电信用户依法使用电信的自由和通信秘密受法律保护""任何组织或者个人不得以任何理由对电信内容进行检查"，体现了对电信领域特别是互联网领域对表达自由及表达内容的保障。

在部门规章层面，专门保护个人信息的是工业和信息化部 2013 年 6 月 28 日通过的《电信和互联网用户个人信息保护规定》，该《规定》第 4 条对"用户个人信息"的界定包括了"用户姓名、出生日期、身份证件号码、住址、电话号码、账号和密码等能够单独或者与其他信息结合识别用户的信息以及用户使用服务的时间、地点等信息"，如前文所述，该定义指明了个人信息识别身份的功能，对其进行保护能够切断个人信息与个人自身的映射关系。规定全篇分"总则"

---

❶　杨立新. 个人信息：法益抑或民事权利——对《民法总则》第 111 条规定的"个人信息"之解读 [J]. 法学论坛，2018，33（1）：35.

"信息收集和使用规范""安全保障措施""监督检查""法律责任"等部分，对个人信息的保护极为具体、详尽。"总则"部分的第 6 条要求电信业务经营者和互联网信息服务提供者对用户个人信息安全负责，"信息收集和使用规范"部分的第 10 条更进一步要求上述两主体对用户个人信息"严格保密，不得泄露、篡改或者毁损，不得出售或者非法向他人提供"。

四、著作权视野的行政法保障

如前所述，中华人民共和国成立后，长期没有制定著作权法，关于著作权相关权益的调整由各垂直管理部门根据一些规章制度、规范性文件来进行。因此，在各法律部门中，行政法规对著作权的保障是最早的，这也符合行政管理的特点。对于一些新兴行业的管理，一般都是先允许自由发展，然后根据发展实际情况进行规制。互联网管理的发展过程就是明证，著作权领域同样如此。1950 年 9 月 25 日，第一届全国出版会议通过了《关于改进和发展出版工作的决议》，该《决议》有两条提到著作权，第 12 条规定"为尊重著作家的权益，原则上应不采取卖绝著作权的办法"；第 17 条规定"出版业应尊重著作权及出版权，不得有翻版、抄袭、窜改等行为。"在没有著作权法的年代，该《决议》对著作权保护起到了积极作用。1953 年 11 月 12 日，针对"各地机关团体任意翻印各出版社所出的书籍"的情况，出版总署出台了《关于纠正任意翻印图书现象的规定》，该《规定》批评各地机关团体"任意翻印各出版社所出的书籍，侵害出版者及著作者版权"，要求"一切机关团体不得擅自自印出版社出版的书籍、图片，以重版权"，如各地机关团体确有需求，新华书店又不能及时供应，"可商请原出版单位同意后翻印"，原出版单位"有权向翻印者取得合理的版权报酬"。同时，国家出版总署也开始着手起草相关法规规章，1951 年，周建人领衔的《著作权出版权暂行条例》起草委员会，借鉴苏联 1928 年著作权法，起草了《保障出版物著作权暂行规定》。1954 年，出版总署合并到文化部，文化部出版局组建了新的起草小组继续此项工作，并于 1957 年 11 月向国务院法制局报送了《保障出版物著作权暂行规定（草案）》。该《规定（草案）》明确提出"为保障出版物著作权人的著作权，特制定本规定"，但"由于整风反右运动的开展，刚刚起步的著作权立法"，很快"便在反对'知识私有'和'资产阶级法权残余'的呼喊声中停止了"。❶

改革开放后，有关部门才又开始制定著作权法的努力，几经曲折，终于在1990 年 9 月出台了中华人民共和国第一部《著作权法》。此后，国家版权局经国务院批准于 1991 年 5 月发布了《中华人民共和国著作权法实施条例》，对《著作权法》的具体实施作了细化规定。该《条例》确定国家版权局是国务院著作权行政管理部门，其主要职责包括"贯彻著作权法律、法规，制定与著作权行政管理有关的办法""查处在全国有重大影响的著作权侵权案件"等。在第 6 章 "罚则"中，明确规定著作权行政管理部门对侵犯著作权的行为"可给予警告、责令停止制作和发行侵权复制品、没收非法所得、没收侵权复制品及制作设备和罚款的行政处罚"，同时还"可以责令侵害人赔偿受害人的损失"。2002 年，国务院颁布新的《中华人民共和国著作权法实施条例》，国家版权局 1991 年颁布的《中华人民共和国著作权法实施条例》被废止。此后，历经 2011、2013 两次修订，目前的《中华人民共和国著作权法实施条例》对侵犯著作权的处罚方式主要聚焦于罚款，对侵权且损害社会公益，"非法经营额 5 万元以上的，著作权行政管理部门可处非法经营额 1 倍以上 5 倍以下的罚款；没有非法经营额或者非法经营额 5 万元以下的，著作权行政管理部门根据情节轻重，可处 25 万元以下的罚款"。此外，在行政法规层面，国务院于还于 1991 年 5 月公布了《计算机软件保护条例》（2001 年制定新版，2011 和 2013 年两次修订）对计算机软件著作权人的权益予以保护，于 2004 年 12 月公布了《著作权集体管理条例》（2011 和2013 年两次修订）对著作权集体管理活动予以规范，于 2006 年 5 月公布了《信息网络传播权保护条例》（2013 年修订）对著作权人、表演者、录音录像制作者的信息网络传播权予以保护。

在部门规章层面，1997 年 1 月，国家版权局发布了《著作权行政处罚实施

❶ 沈仁干. 改革开放中的著作权立法 [J]. 编辑之友，2008，(6)：126.

办法》（2003 年 7 月、2009 年 5 月均重新颁布）对著作权行政管理部门的行政处罚行为予以规范，对公民、法人和其他组织的合法权益予以保护；2005 年 4 月，国家版权局与信息产业部联合发布了《互联网著作权行政保护办法》对信息网络传播权予以行政保护，对行政执法行为予以规范；2006 年 4 月，国家版权局编写了《著作权行政投诉指南》对著作权人及与著作权有关的权利人就侵权行为向行政机关进行投诉予以指导。在《著作权行政投诉指南》中，国家版权局专门辨析了中国著作权保护制度向权利人提供的司法保护和行政保护，并详细解释了侵权人应承担的三种不同的法律责任。"根据司法保护制度，经权利人提起民事诉讼，司法机关将依法追究侵权人的民事责任；在侵权行为涉嫌构成犯罪的情况下，经公诉人或者权利人提起刑事诉讼，司法机关将依法追究侵权人的刑事责任。……根据行政保护制度，在侵权行为损害公共利益的情况下，经权利人投诉或者知情人举报，或者经行政机关自行立案调查，行政机关依将法追究侵权人的行政责任。"

与民法、刑法相比，行政法领域涉及著作权保护的法规规章较多，对著作权的保护有自己的比较优势。一是行政法保护更主动，各类著作权行政管理部门组织能力强，信息来源多，提高了行政执法的查出效率；二是行政法保护效率更高，它"程序便捷，成本低，有利于快速有效解决网络著作权侵权纠纷"；三是行政法保护更加适中，它比民法严厉，但又没有刑法那么严苛，因而更加适中。❶ 诸多行政法律法规构成的制度体系很好地保障了著作权，同时也保障了表达权的实现。

第三节　刑法保障

刑法是规定犯罪、刑事责任与刑罚的法律，与其他法律部门相比，刑法保护的社会关系最广泛，强制性最严厉。其功能主要保护国家、社会、个人三类法

---

❶ 宗艳霞. 论网络著作权行政法保护的正当性与必要性 [J]. 电子知识产权，2017（8）：19-21.

益。刑法对表达权的保障主要体现在其"罪刑法定原则"，我国《刑法》第 3 条明确规定："法律明文规定为犯罪行为的，依照法律定罪处刑；法律没有明文规定为犯罪行为的，不得定罪处刑。"也就是说，"如果《刑法》没有进行明确规定，那么，即使网络言论具有极大的社会危害性，司法解释和审判实践都不能将该类行为入罪，否则就违反了罪刑法定原则"。❶ 根据罪刑法定原则，只有对某些表达型违法行为规定在刑法中，才有对其治罪的可能性。

一、表达权视野的刑法保障

我国《刑法》与表达行为相关的犯罪有许多种，如"煽动颠覆国家政权罪""宣扬恐怖主义、极端主义、煽动实施恐怖活动罪""侮辱罪""诽谤罪"等。但这些规定主要是对滥用表达自由的限制，虽然也体现了对犯罪之外的其他言论的保障，但毕竟关于言论犯罪的规定本身并非对表达权的直接保障。据此，唐煜枫等人认为，"在刑法中不仅没有对言论自由的专门保护规定，相反还规定了大量的以言论表达为基本行为方式的犯罪，成立犯罪的条件也较为宽松，对言论的刑罚惩罚有过度之嫌。"❷ 何鑫博等人也认为，"我国《刑法》规定了'侮辱罪''诽谤罪'作为对表达自由的限制，却未规定类似'侵犯表达权罪'或'妨害表达自由罪'的条款来救济被侵犯的表达权，更无对行政立法者错误立法、行政执法者随意执法导致公民言论自由丧失时，应该承担什么责任的规定"。❸

尽管如此，我国《刑法》还是有极少的犯罪可以适用于对表达自由的保护，如刑讯逼供罪、暴力取证罪。刑法第 247 条的"刑讯逼供罪"和"暴力取证罪"规定司法工作人员不得"实行刑讯逼供或者使用暴力逼取证人证言"，否则要被判处拘役、有期徒刑等刑罚。该条虽非对表达自由的全面保护，但保护了特殊情形下的某种表达自由，这样的保护非常稀缺。而且由于在审讯这一特定场景中，

---

❶ 李会彬. 网络言论的刑法规制范围——兼评两高《关于办理利用信息网络实施诽谤等刑事案件适用法律若干问题的解释》[J]. 法治研究，2014（3）：81.

❷ 唐煜枫，王明辉. 论言论自由的刑法保障——一个罪刑法定视野的关照 [J]. 甘肃政法学院学报，2010（2）：81.

❸ 何鑫博，施素琼. 表达权法律保护滞后问题研究 [J]. 法制与经济（中旬刊），2012，（5）：186.

自然不涉及匿名问题。另外，也有人将《刑法》对滥用表达自由的惩罚看作对表达自由的保障，并将其界定为"间接保障"。"直接保障和间接保障是刑法对表达自由进行保护的两种形式。直接保障是在刑法体系中设立专门的犯罪，用以惩罚侵犯表达自由行为的犯罪；间接保障是通过专门刑罚权的设置，对滥用表达自由的行为加以处罚。"❶ 本书将《刑法》对滥用表达自由的惩罚看作对表达自由的限制，并放在后文中加以探讨。

二、监督权视野的刑法保障

我国《刑法》涉及监督权的条款有两条，分别是第 243 条"诬告陷害罪"和第 255 条"报复陷害罪"。"诬告陷害罪"通过对"诬告"这一非法监督形式的惩罚来保障正常的公民监督，并特别排除了"不是有意诬陷，而是错告，或者检举失实"的情形，这样就表明，错告与检举失实的行为在某种程度上是受到保护的。"报复陷害罪"直接回应《宪法》第 41 条，保障批评、申诉、控告、检举等监督行为。《刑法》第 254 条规定"国家机关工作人员"不得"对控告人、申诉人、批评人、举报人实行报复陷害"，否则将"处二年以下有期徒刑或者拘役；情节严重的，处二年以上七年以下有期徒刑"。该条体现了对公民监督的直接保障，当然也是对此类言论表达的直接保障，不过这种保障的范围同样狭窄，不涉及表达自由的大部分情况。

三、姓名权、隐私权或个人信息权视野的刑法保障

目前，我国《刑法》中没有出现涉及"姓名"或"姓名权"的相关概念及罪名。关于"隐私"或"隐私权"，我国《刑法》虽未出现相关概念，却有部分条款包含着对"隐私"或"隐私权"的保护。如《刑法》第 245 条规定的"非法搜查罪、非法侵入住宅罪"，体现了对公民部分个人隐私的保障，但这些条款与表达行为无关。《刑法》中与表达行为有一定关联的条款是第 252 条规定的

---

❶ 于涛. 表达自由的刑法保障［J］. 法制博览，2015（14）：250.

"侵犯通信自由罪"，如前文所述，通信在一定程度上是一种表达行为，对通信自由的保障体现了对表达自由的部分保障。而且，该条列明的犯罪行为包括"隐匿、毁弃或者非法开拆他人信件"，"非法开拆"的表述体现了对信件中个人隐私的保护。

我国《刑法》于 1979 年 7 月 1 日由第五届全国人民代表大会第二次会议通过，现行《刑法》于 1997 年 3 月 14 日由第八届全国人民代表大会第五次会议修订。此后历经 10 次修正，形成 10 个"刑法修正案"。最初《刑法》并无保护"个人信息"的相关规定，直到 2009 年 2 月 28 日第十一届全国人民代表大会常务委员会第七次会议通过的《刑法修正案（七）》才增加了相关条款。根据《刑法修正案（七）》第 7 条规定，在刑法第 253 条后增加一条，作为第 253 条之一。增加的条款形成了两项罪名，即"出售、非法提供公民个人信息罪"和"非法获取公民个人信息罪"，前一罪名的侧重点在"出售、非法提供"，禁止"国家机关或者金融、电信、交通、教育、医疗等单位的工作人员，违反国家规定，将本单位在履行职责或者提供服务过程中获得的公民个人信息，出售或者非法提供给他人"，情节严重的将被判刑。后一罪名的侧重点在"非法获取"，禁止任何人或单位"窃取或者以其他方法非法获取上述信息"，情节严重的同样要被判刑。2015 年 8 月 29 日，十二届全国人民代表大会常务委员会通过的《刑法修正案（九）》对上述条款进行了修改，罪名也变为"侵犯公民个人信息罪"。变更后，该罪的犯罪主体扩大，无论是否"国家机关或者金融、电信、交通、教育、医疗等单位的工作人员"，只要"违反国家有关规定，向他人出售或者提供"，均被入罪，且在量刑上也进行了"严重""特别严重"的区分。如果是"在履行职责或者提供服务过程中获得"，则要罪加一等，"从重处罚"。除"侵犯公民个人信息罪"外，我国刑法中还有一些条款可在一定程度上保障个人信息，如《刑法》第 177 条规定的"窃取、收买、非法提供信用卡信息罪"、《刑法》第 286 条之一规定的"拒不履行信息网络安全管理义务罪"等。

2017 年 5 月，最高人民法院、最高人民检察院于公布《关于办理侵犯公民个人信息刑事案件适用法律若干问题的解释》将《刑法》第 253 条之一规定中的"公民个人信息"界定为"以电子或者其他方式记录的能够单独或者与其他信息结合识别特定自然人身份或者反映特定自然人活动情况的各种信息，包括姓名、身份证件号码、通信通讯联系方式、住址、账号密码、财产状况、行踪轨迹等"。该解释指明了"姓名"这一具体的身份信息，突出了公民个人信息的身份识别特征，即"相关信息与特定个体具有一定的专属性或关联性，而经由相关信息符号能够直接或间接将信息主体身份识别出来"。❶"侵犯公民个人信息罪"有多种表现形式，在互联网时代，对"个人身份信息"的泄露是最为常见的形式之一。一方面，刑法相关罪名的设置与量刑力度的加大，可对泄露、非法提供个人身份信息的犯罪形成较大程度的震慑，从而有力地保障"匿名表达"。另一方面，该《解释》第 3 条还规定"经过处理无法识别特定个人且不能复原的除外"，这也是对匿名化的一种鼓励。对泄露个人身份信息的严惩与对匿名化处理的脱罪从两个方面共同形成了对网络匿名表达权的保障。

四、著作权视野的刑法保障

在 1991 年《著作权法》出台之前，我国《刑法》并没有保护著作权的相关条款。《著作权法》出台后，解决了侵犯著作权的大部分违法问题，但也存在对严重违法行为的漏洞。有些侵犯著作权的违法行为实际上已经达到犯罪的程度，但却没有法律进行调整。为解决这一问题，1994 年 7 月 5 日，八届全国人大常委会通过了《关于惩治侵犯著作权的犯罪的决定》，填补了刑法保障著作权的空白。该《决定》开宗明义地指出是针对刑法作出的补充规定，旨在"惩治侵犯著作权和与著作权有关的权益的犯罪"。《决定》将一些严重侵犯著作权的行为列为犯罪，包括"以营利为目的"且"违法所得数额较大或者有其他严重情节的"四种行为：一是未经著作权人许可，复制发行其作品；二是出版他人享有专有出版权的图书；三是未经录音录像制作者许可，复制发行其制作的录音录像；四是制作、出售假冒他人署名的美术作品。此外，如果明知是上述犯罪行为获得

---

❶ 张勇. 个人信息去识别化的刑法应对 [J]. 国家检察官学院学报, 2018, 26 (4): 94.

的侵权复制品还以营利为目的进行销售的，同样是犯罪行为。

1997 年 3 月 14 日，八届全国人民代表大会第五次会议修订《刑法》，将《关于惩治侵犯著作权的犯罪的决定》的内容补充进来，形成了"侵犯著作权罪"和"销售侵权复制品罪"。当前《刑法》第 217 条、第 218 条依旧是这两条罪名。"侵犯著作权罪"的主体是年满 16 周岁、具有刑事能力的自然人（著作权人除外）与单位。客体是他人享有的著作权和国家的著作权管理秩序。主观方面，本罪要以营利为目的，因而只能是故意行为。客观方面，本罪的前提是违反著作权法，实施了上述四种行为之一，且违法所得数额较大或有其他严重情节。本罪的四种行为有三组关键动词：复制发行、出版、制作与出售。很明显复制、发行与出版都属表达行为，刑法对未经许可的复制、发行与出版他人版权图书的犯罪行为予以严惩，体现了对著作权人利益的保障。另外，美术作品也是一种艺术表达形式，制作、出售假冒他人署名的美术作品也属违法的表达行为，对其予以严惩，同样是对著作权人利益的保障。本罪本质上是以限制违法表达的方式达到保障合法表达的目的，间接保障了著作权人的表达权。另一项罪名"销售侵权复制品罪"虽然本身不是违法的表达行为，但由于明知是侵权复制品还予以销售，助长了上述四种违法表达行为嚣张气焰，对该罪予以严惩，也能够起到保障合法表达的效果。

目前，我国《刑法》对著作权的保障还是沿袭了 1994 年《关于惩治侵犯著作权的犯罪的决定》中的两条条款，1997 年《刑法》补充两款罪名时，"侵犯著作权罪"内容与《决定》几乎一样，"销售侵权复制品罪"将违法所得数额较大、巨大两种情形合并为违法所得数额巨大一种，刑事判罚规定也将二年以下有期徒刑或拘役、二至五年有期徒刑合并为三年以下有期徒刑或拘役。20 多年后的今天，《刑法》已经多次修订修正，但这两款内容一直没再更新，已经严重滞后。目前《刑法》在著作权保护方面的局限主要有如下几点：一是与现有《著作权法》脱节；二是注重对财产权保护，忽视对人身权的保护；三是罪名太少，许多严重违法行为无法定罪；四是构成要件不科学，"以营利为目的"让许多严重违法逃脱打击，"那些不具有营利目的而是为了贪图名誉或者具有其他复杂动

机的严重侵犯著作权的行为就不能受刑罚追究"。❶

第四节　民法保障

民法有形式民法和实质民法之分，形式民法是指以民法命名的民事立法；实质民法是指所有调整平等主体之间财产关系和人身关系的民事法律的总称，包括调整物权、债权、人格权、知识产权、婚姻、家庭、收养、继承等方面的法律规范。本书所说的民法指实质民法，主要包括《民法总则》《民法通则》《侵权责任法》《著作权法》等具体法律法规。

一、表达权、监督权视野的民法保障

表达权、监督权等并不在民法部门的调整范围。我国民法没有对表达权的直接保障条款。《民法》第 2 章"民事法律行为"有关于"意思表示"的相关规定，这里的"意思表示"尽管从广义上也是一种表达行为，但与本书所研究的"表达权"完全是两码事。从间接保障即限制的角度，民法中的诸多人格权利都对表达权构成限制，如"姓名权""名誉权""隐私权"等，但限制不是本章要解决的内容，对于限制的讨论将在第六章展开。同样，我国民法也没有保障公民监督权的相关条款，尽管民法中出现了"监督"字样，但相关规定是"营利法人监督机构"，与公民监督权无关，因此也不在本书的讨论范围之内。

二、姓名权、隐私权及个人信息权视野的民法保障

如前文所述，我国民法明确规定了对姓名权、隐私权的保障。2017 年 3 月 15 日十二届全国人民代表大会通过的《中华人民共和国民法总则》第 110 条规定的"人格权"包括"姓名权"和"隐私权"在内。姓名权包括命名权、变更权、使用权等多项权利，与本书相关的是姓名使用权，包括使用笔名、艺名、网

---

❶ 邱瑛琪. 著作权刑法保护的几个问题 [J]. 郑州大学学报（哲学社会科学版），2002, 35 (4)：55.

名的权利。任何组织和个人都不应强制他人使用或不使用某一姓名。匿名权可理解为不使用真名的权利，民法对姓名权的保障包含了对匿名权的保障，即保障他人不使用自己的姓名或使用笔名、艺名、化名、网名的行为。也有学者认为，匿名权不应当由姓名权加以保障，而应当由隐私权加以保障。"对于'匿名的自由''隐身的自由'，虽然也是存在于姓名之上的正当利益，却不需要由姓名权来保护，因为民法中已经单设'隐私权'对此类隐姓埋名利益加以调整。这时，姓名是与年龄、住址、职业等身份信息同质的隐私信息，并作为隐私信息受隐私权规定保护。"❶

　　确实，《民法总则》在第 110 条规定的"人格权"中同样列举了"隐私权"，体现了对隐私权的保护。不过，"匿名的权利"是否应通过"隐私权"加以保护，则另当别论。在我国，保护个人隐私的立法比较滞后，早期的司法实践中，由于法律中并未"隐私权"概念，我国对于隐私权的保护一般通过保护"名誉权"的方式进行。2001 年 2 月 26 日，最高人民法院审判委员会通过《最高人民法院关于确定民事侵权精神损害赔偿责任若干问题的解释》，该解释规定："违反社会公共利益、社会公德侵害他人隐私"（第 1 条）和"非法披露、利用死者隐私，或者以违反社会公共利益、社会公德的其他方式侵害死者隐私"（第 3 条第 2 款），受害人均可向人民法院起诉请求赔偿精神损害。但该解释并未将"隐私"上升到和姓名权、肖像权、名誉权等人格权相同的法律地位。2009 年 12 月 26 日，十一届全国人民代表大会常务委员会通过《侵权责任法》，该法第 2 条对需承担侵权责任的"民事权益"进行了列举，其中包括了"姓名权"和"隐私权"，"隐私权"正式成为一项公民权利。彼时，由于民事法律体系中缺乏个人信息保护的相关条款，个人信息被归入隐私权进行保护。如 2003 年中国社会科学院法学研究所梁慧星主持的《中国民法典草案建议稿附理由》和 2004 年中国人民大学法学院王利明主持的《中国民法典草案建议稿及说明》中均将个人信息纳入隐私。不过，前者"没有专门条文涉及对个人信息的保护"，但其"对自

---

❶　刘文杰. 民法上的姓名权［J］. 法学研究，2010，32（6）：69.

然人隐私的保护也必然涵盖对部分个人信息的保护。"后者"没有使用'个人信息'的概念，而是使用'个人资料'的表述"，但"没有将个人资料作为一种独立的权利或者利益加以单独保护，而是将'个人资料'纳入'隐私'项下进行保护，有关个人资料保护的条文均列于'隐私权'一节项下"。❶

如前文所述，是否将个人信息归入隐私权在我国学界有不同的观点，有学者认为应归入隐私权，有学者认为应创立个人信息权。在 2005 年齐爱民拟定的《中华人民共和国个人信息保护法示范法草案学者建议稿》和 2006 年周汉华拟定的《中华人民共和国个人信息保护法（专家建议稿）及立法研究报告》中，二人"扬弃传统的隐私权模式，明确信息主体享有'个人信息权利'"。❷ 但 2009 年修正的《民法通则》和出台的《侵权责任法》，均未将个人信息保护条款纳入其中。不过，此时对于个人信息保护的研究并不局限于民法领域，刑法领域的推动导致 2009 年《刑法修正案（七）》增加了保护个人信息的相关条款。而民法领域直到 2017 年才获得突破。《民法总则》第 111 条规定："自然人的个人信息受法律保护。任何组织和个人需要获取他人个人信息的，应当依法取得并确保信息安全，不得非法收集、使用、加工、传输他人个人信息，不得非法买卖、提供或者公开他人个人信息。"对此，王利明认为："个人信息权是个人在现代社会所享有的一项基本民事权利，《民法总则》第 111 条明确提到了个人信息受法律保护，这是我国首次在民事基本法中规定个人信息的法律保护问题。"❸《民法总则》对个人信息保护单列一条，使个人信息保护彻底脱离了隐私权保护模式。至此，匿名权所涵盖的匿名的自由（或隐身的自由）完全可通过"个人信息权"加以调整。有学者将通过姓名权、隐私权等其他人身和财产权益来保护个人信息的做法称为"间接保护模式"，而将个人信息作为独立的法益或权利来保护的做法称为"直接保护模式"（分为法益保护模式和权利保护模式）。在"间接保护模式中，个人信息保护所依托的人身权益既可能是姓名权，也可能是名誉权、荣

---

❶ 张新宝.《民法总则》个人信息保护条文研究 [J]. 中外法学, 2019, 31（1）: 56, 57.
❷ 张新宝.《民法总则》个人信息保护条文研究 [J]. 中外法学, 2019, 31（1）: 59.
❸ 王利明. 民法人格权编（草案室内稿）的亮点及改进思路 [J]. 中国政法大学学报, 2018（4）: 121.

誉权、肖像权或隐私权，个人信息保护的权利基础处于变动和游移的状态，在具体个案中势必陷入纠结境地。而在权利保护模式中，个人信息权是个人信息保护明确的权利基础，凭借这种确定和具体的民事权利，信息主体能够支配和决定其个人信息的利用和呈现方式，有效地防止他人的非法侵害"。❶ 民法部门对个人身份信息的保障促进了匿名表达权中"匿名"的实现。

三、著作权视野的民法保障

我国民法领域对著作权的保障起自 1986 年 4 月 12 日六届全国人民代表大会通过的《民法通则》。当时《民法通则》在第 5 章"民事权利"部分设置了"知识产权"一节，该节设置了 4 项知识产权，其中第 1 项就是第 94 条著作权，本条规定"公民、法人享有著作权（版权），依法有署名、发表、出版、获得报酬等权利。"《民法通则》中的著作权仅列明四项权利，但"等"字也为其留下了扩展的空间。其中，前 3 项署名、发表、出版均与表达行为有关，属于著作权的人身权部分，第 4 项获得报酬权属于著作权的财产权部分。对于侵犯知识产权的民事责任，根据《民法通则》第 118 条规定，侵犯著作权需承担"停止侵害、消除影响、赔偿损失"的民事责任。这是中华人民共和国对著作权最早的保护措施。2009 年《民法通则》修订时，并未对这两条予以更新。2017 年出台的《民法总则》没有出现"著作权"字样，只是在第 123 条笼统规定"民事主体依法享有知识产权"，并详列了知识产权的八类客体，第一类客体"作品"体现了《民法总则》对著作权的保障。

早期的《民法通则》和现今的《民法总则》对著作权的保护都稍显笼统，这主要是因为从 20 世纪 90 年代开始，民法领域对著作权的保障已由 1990 年颁布的《著作权法》来主要承担。加上 1991 年颁布的《著作权法实施条例》和 1994 年的《关于惩治侵犯著作权的犯罪的决定》，说明至迟到 20 世纪 90 年代中期，我国已建立起完善的著作权法律保护体系。在这个体系中，《著作权法》承

---

❶　王成. 个人信息民法保护的模式选择［J］. 中国社会科学，2019（6）：142.

担的份量最重。此外，2009 年出台的《侵权责任法》第 2 条也将著作权列在了其所保护的"民事权益"当中。

我国现行的《著作权法》是 2010 年 2 月 26 日第十一届全国人民代表大会常务委员会第二次修正后颁布的，共计 6 章 61 条，从著作权的保护客体、权利主体、具体内容、保护期限、权利限制、使用及转让、法律责任及执法措施等方面对著作权提供全面保护。它所保护的客体包括文学、艺术和自然科学、社会科学、工程技术等类型。权利主体是作者或其他享有著作权的公民、法人或者其他组织。权利的具体内容详细列为 14 项，包括发表、署名等 4 项精神权利，以及复制发行、传播演绎等 10 项经济权利。在法律责任一章，详细规定了应承担民事责任、行政责任的侵权行为，并明确指出"构成犯罪的，依法追究刑事责任"。可以说，《著作权法》从方方面面保障了著作权所涵盖的 14 项具体权利的实现，也通过保障这些权利，正面保障了著作权人表达权的实现。

另外，不得不提的是，著作权一方面保障促进著作权人表达权的实现，另一方面也对著作权人以外的其他人的表达权形成了限制。为避免限制过度，《著作权法》为保障他人表达权留下了诸多空间。一是规定了著作权的保护期，除了署名、修改及保护作品完整权的保护期不受限制外，其他 11 项权利的保护期都是有限的。公民的作品，保护期是"作者终生及其死亡后五十年"；法人或其他组织的作品"保护期为五十年，截止于作品首次发表后第五十年的 12 月 31 日"。二是规定了 12 种可以不经著作权人许可，也不向其支付报酬的合理使用行为，具体包括："（一）为个人学习、研究或欣赏而使用；（二）为介绍、评论作品或说明某一问题而引用；（三）为报道时事新闻而使用；（四）为传播时事性文章而使用；（五）为传播公开讲话而使用；（六）为教学科研而使用；（七）为执行公务而使用；（八）为馆藏而使用；（九）为免费表演而使用；（十）为设置或陈列室外公共艺术作品而使用；（十一）为翻译成少数民族文字而使用；（十二）为改成盲文而使用。当然，使用要指明作者姓名及作品名称，并且在有些情况下，作者有权利'声明不许刊登、播放'。"三是著作权法规定了四种法定许可，可以不经著作权人许可而使用。如第 23 条规定了义务教育的法定许可，

即 "为实施九年制义务教育和国家教育规划而编写出版教科书，除作者事先声明不许使用的外，可以不经著作权人许可，在教科书中汇编已经发表的作品片段或者短小的文字作品、音乐作品或者单幅的美术作品、摄影作品……" 此外，第33条规定了 "转载或者作为文摘、资料刊登" 的法定许可，第40条规定了制作录音制品的法定许可，第43条和44条规定了广播组织播放的法定许可。以上措施是从反面为保障表达权留下了空间，即为了某些公共利益，著作权法不保护或者不完全保护著作权人的著作权，从而为其他人的表达权提供一定程度的保障。

第六章

网络匿名表达权的边界与越界责任

第六章
网络匿名表达权的边界与越界责任

对于表达权的边界问题，历来有两种不同的立场。一种是绝对主义立场，另一种是相对主义立场。绝对主义立场强调对表达权的绝对保障，认为"真理是通过在公开市场上各种意见的自由竞争而获得的"，[1] 绝对表达权保障了意见市场的开放，在表达权与其他权益的冲突中，应优先保障表达权。从约翰·弥尔顿的《论出版自由》到约翰·穆勒的《论自由》基本持这一观念，发展到现在，绝对主义立场已有所演变，他们不再主张"一切言论都享有绝对自由，而仅仅是主张某些言论享有绝对的自由"。[2] 如米克尔约翰就主张与公民自治事务有关的"公言论"应该享有绝对的自由。

相对主义立场认为，表达自由并非无限制、无条件的自由，而是一种可以克减的自由。"当表达自由与其他权利发生冲突时，相对主义论者会考量诸种不同权利的利益分量以及保护或压制所造成的不同后果，然后进行判断给予何种权利以何种程度的保护，并可能形成适用于某些情形的一些原则。"[3] 如美国联邦最高法院大法官霍姆斯确立的"明显而即刻的危险"原则就是一种相对主义立场。第一次世界大战结束后，美国联邦最高法院受理了一批涉及《反间谍法》的案件，在其中的"申克诉合众国案"中，申克被控违反了1917年制定的《反间谍法》，因为该法禁止发表煽动反叛的言论，而申克散发了抨击美国征兵政策的传

---

[1]　施拉姆，等. 报刊的四种理论 [M]. 中国人民大学新闻系，译. 北京：新华出版社，1980：50.
[2]　侯健. 表达自由的法理 [M]. 上海：上海三联书店，2008：101.
[3]　侯健. 表达自由的法理 [M]. 上海：上海三联书店，2008：104.

单。申克则认为该法违反了美国宪法第一修正案。在上诉到美国联邦最高法院后，大法官霍姆斯在判决意见中提出了"明确而即刻的危险"原则，即"这些话是否用在一定的场合，是否具有引起明显而现存的危险的性质，以至会造成真正的灾难"。❶ 该原则要求公权力在对表达进行限制时，要考虑表达的环境及性质，看表达是否能造成明显而即刻的危险，按照这一理论，申克最终被判有罪。另外，哈钦斯委员会在其报告《一个自由而负责的新闻界》中也体现了表达权相对主义立场，该报告强调表达自由伴随着义务，并声称"纯自由主义理论是被废弃的东西了"。❷

表达自由或表达权观念发展至今，完全的绝对主义立场已经没有了市场，无论是米克尔约翰对公、私言论的区分，还是霍姆斯大法官确立"明显而即刻的危险"原则，都承认表达自由是有边界的，我们需要在表达权与其他权益之间寻求一种动态的平衡。一方面，表达权作为宪法赋予公民的基本权利受到保障；另一方面，表达权也因其他正当或合法的利益而受到限制，这些利益包括群体利益和个人利益，前者如国家安全、社会公序良俗等，后者如个人的名誉权、隐私权等。

从对表达权保障的发展路径来看，强调绝对保护的立场早已式微，但网络的兴起又横生枝节。互联网技术提升了表达主体的表达能力，扩展了表达的空间。一方面，互联网技术客观上降低了表达主体的表达门槛，使其可以绕开平时难以接近的传统媒体，自由而充分地表达意见。另一方面，网络的匿名性特征在某种程度上实现了"免于恐惧的自由"，调动了网民表达的主观能动性。网络技术的发展及其匿名性的特征使网民不仅"具有行动所必需的手段或设备"，且能"不受外界控制或限制"地自由发帖，这种自由兼具消极和积极双重特征，是传统媒体时代所无法比拟的。在传统媒体时代，公民虽然享有免于外界控制或限制的消极自由，但由于不具备行动所必需的手段或设备，缺乏媒介接近权，因而无法实现积极自由。网络解决了这一问题，这使得网民对网络匿名性的特征倍加珍惜，

---

❶ 伯恩斯，佩尔塔森，克罗宁. 美国式的民主［M］. 北京：中国社会科学出版社，1993：112.
❷ 施拉姆，等. 报刊的四种理论［M］. 中国人民大学新闻系，译. 北京：新华出版社，1980：124.

并对为网络表达权划定边界的行为具有天然的排斥心理，但网络表达权同样具有相对性，为其划定边界顺应了社会需求，乃是不可逆转的潮流。

第一节　网络匿名表达权的定界需求

网络匿名性导致的诸多效应引发了网络匿名表达的外部性。外部性是一个经济学词汇，简而言之，是指一个主体在活动中对其他人所产生的一种有利或不利的影响，有利影响即正外部性，不利影响即负外部性。网络匿名性导致的外部性既有正外部性，也有负外部性。"弗罗姆金（Froomkin，1996）对匿名的成本和收益进行了分析，确认匿名会带来'有价值'和'有害'两种后果。匿名传播最常见的代价是追踪非法和不道德行为的困难。"[1] 汉斯·阿森鲍姆（Hans Asenbaum）也认为："一方面，匿名隐藏了与面对面的社会等级相关的身份标记，从而有助于平等、任人唯贤和包容。另一方面，由于匿名的去抑制化会导致言语侮辱以及对边缘社会群体的排斥，因而也会引发等级效应。"[2] 比较而言，网络匿名性造成的负外部性更为常见，它在隐匿姓名的同时"有可能隐匿了欺凌、勒索或诽谤等恶意意见，也有可能增加了谩骂或愚昧意见的可能性，还有可能助长了事实的不准确并侵蚀了公共话语"。[3] 网络匿名导致的负外部性引起匿名表达权的规制需求，即给其划定界限的需求。

一、去抑制化效应引发定界需求

网络去抑制化效应（Disinhibition effect）"指行为主体在网络社会活动中减弱或者完全解除在现实面对面社交中对自身的社会规范约束，从而表现出一些在

---

[1]　Cited in Jisuk Woo. The right not to be identified: privacy and anonymity in the interactive media environment [J]. New Media, & Society, 2006, 8 (6): 963.

[2]　Hans Asenbaum. Cyborg activism: Exploring the reconfigurations of democratic subjectivity in Anonymous [J]. New Media & Society, 2018, 20 (4): 1560.

[3]　Barbara M. Miller, Qian Xu, Brooke Barnett. Commenter anonymity affects reader perceptions [J]. Newspaper Research Journal, 2016, 37 (2): 139.

现实社交中不会出现的行为特征"。❶ 去抑制化效应导致两种典型行为：一是网络纷争，即在网络中通过言语展开的谩骂与攻击。"一些在现实生活中即使是循规蹈矩的老实人，进入网络后也可能会变得粗暴和富于攻击性。"二是在网络中过度自我暴露，"人们在网络上的表达更直接和较少禁忌，更容易表露出个人内心的情感，暴露自己的弱点和个人隐私"。❷ 究其原因，主要是网络匿名导致的个人言论与身份的分离，"在公开的、可识别的语境中，人们的恶意言行会影响他们的声誉……在线社区往往提供完全的匿名，把行为与其对声誉的影响分离开来"。❸

匿名表达的去抑制化效应导致的后果有好有坏，好的方面包括宣泄心理压力、表达真实自我、增强人际交往等；坏的方面主要是道德弱化引发的网络言论失范，比如辱骂、诽谤、侵扰、假冒、欺骗、造谣等。其实，日常生活中也存在许多匿名引发的去抑制化行为，如很多人选择在匿名状态下越轨。"'课桌文学'，'公厕涂鸦'（在公厕单间墙壁上胡写乱画），电影院放映前黑暗的那一刻，有人大喊大叫等等，皆是在匿名状态下，摆脱了现实角色的束缚，减弱了因各种内心准则和社会规范的制约而形成的自我克制，从而产生一些不同程度的破坏行为。"❹ 但在匿名的网络空间中，匿名的去抑制化效应导致的负外部性更为突出。比如由于匿名性存在，许多青少年在网络空间中"展现出性格中的另一面，这是他们通常在现实世界中很好地隐藏起来的一面：他们开始自由地表现粗鲁，苛刻地批判他人，鼓动对别人的愤怒与仇恨，甚至恐吓他人"。❺ 在匿名的掩护下，网络空间沦落为一个"公地悲剧"，每个人都在竭力使用这个公共领域，放任地言论，而且都没有权力阻止他人来使用，网络空间终被各种低俗甚至违法言论所污染。可见，在去抑制化效应作用下，网络"意见市场"并非一个能够自我调节的市场。为此，清华大学刘建明教授认为："在网络信息环境中，匿名制酿成

❶ 陈曦. 网络社会匿名与实名问题研究 [M]. 北京：人民日报出版社，2017：66.

❷ 丁道群，伍艳. 国外有关互联网去抑制行为的研究 [J]. 国外社会科学，2007，(3)：67.

❸ Curtis Puryear, Joseph A. Vandello. Inflammatory Comments Elicit Less Outrage When Made in Anonymous Online Contexts [J]. Social Psychological and Personality Science，2019，10 (7)：896.

❹ 侯吉永. 破坏病、暴露癖与自恋症——谈匿名传播对网络文学写作的消极影响 [J]. 写作，2006 (13)：6-9.

❺ 罗建河. 国外青少年网络欺侮研究述评 [J]. 外国教育研究，2011，38 (4)：50.

的网络谩骂、网络谣言、网络欺诈和人身攻击等造成无数媒体伤害，公共利益和公民权利受到侵害。现在不是讨论要不要实施网络身份真实信息注册的问题，而是在具备条件的网络领域如何推行网络身份真实信息注册，切实保护公民正当的言论权。"❶

二、去个性化效应引发定界需求

去个性化效应（Deindividualization），也被称为制服效应（Uniform Effect），是指穿着统一制服的个人，被淹没在群体中，丧失了自己个性的现象。其理论源头可追溯至法国社会学家古斯塔夫·勒庞（Gustave Le Bon）。1895 年，勒庞在其著作《乌合之众》中指出："聚集成群的人，他们的感情和思想全都转到同一个方向，他们自觉的个性消失了，形成了一种集体心理。"❷ 而个性之所以在群体中消失，勒庞认为有三点原因：匿名、传染和易受暗示。勒庞指出，群体中的个人"很难约束自己不产生这样的念头：群体是个无名氏，因此也不必承担责任。这样一来，总是约束着个人的责任感便彻底消失了"。❸

1952 年，费斯廷格及其同事在实验中坐实了这一效应。费斯廷格让两组被试人员评价自己的父母。"一组在课堂上进行，具有高辨认性；另一组在一间昏暗的教室里进行，并且每个人都套上一件布袋装，把自己掩盖起来，具有低辨认性。"结果，高辨认组批评很少，低辨认组批评较多。美国心理学家菲利普·津巴多（Philip George Zimbardo）于 20 世纪 70 年代也做了多种类似的实验，在其中一个实验中，两组被试人员电击受害者（实验助手扮演），一组穿戴白色外套和头套，另一组穿着普通衣服、佩戴写有姓名的身份牌，结果发现，白色制服组会对受害者施加更长时间的电击（假电击），这些实验得出结论："当群体成员穿着统一的服装时，个体被淹没了，被匿名了，即发生制服效应。"❹

---

❶ 刘建明. 匿名滥言是对言论权的亵渎 [N]. 北京日报，2012-04-16（018）.

❷ [法] 勒庞. 乌合之众：大众心理研究 [M]. 冯克利，译. 北京：中央编译出版社，2004：11-12.

❸ [法] 勒庞. 乌合之众：大众心理研究 [M]. 冯克利，译. 北京：中央编译出版社，2004：16.

❹ 俞国良. 社会心理学 [M]. 北京：北京师范大学出版社，2006：563.

在互联网空间，匿名表达的网民，尤其是只以 IP 地址显示的网民，其身份要么没有标识，要么是一串相似的数字符号，仿佛穿上了统一的制服。有学者研究了匿名去个性化效应对性别平等的影响，结果认为，匿名表达并不会促进性别平等，反而"由于匿名在线群体中的个人更缺乏个性化，其表达行为可能更具性别偏见"。❶ 匿名制服效应使个体网民感觉自己隐身在巨大的网民群体之中，进而"出现对自己的言辞不负责任的倾向，出现恶意进行破坏活动、侵犯他人隐私、盗窃他人成果、炮制谣言、人身攻击、散布不负责的虚假信息等诸多挑战网络文明的不道德行为"。❷

三、群体极化效应引发定界需求

群体极化（Group Polarization）是指"群体讨论使群体成员所持观点变得更加极端的倾向"，这种倾向并不一定将观点分为对立的两派，而是强化了个体原来的观点，"原来保守的趋向于更加保守，原来冒险的趋向于更加冒险"。❸ 群体极化效应并非匿名引致，实名与匿名状态下均可产生群体极化，但匿名会对群体极化产生一定的影响。"前人通过实验证明了网络中匿名性和视觉线索的缺失能诱发群体极化现象，匿名情境中的群体极化显著高于非匿名情境。"❹ 匿名性之所以助长群体极化效应，究其原因主要有四：一是匿名降低人们的合作倾向，人们更加坚持自己最初的观点；二是匿名摒除了权威表达者身份施加的影响，使参加讨论者更加敢于坚持自己最初的观点；三是匿名促成因观点形成的群体，这种群体有别于现实社会因身份形成的群体，观点群体的成员认同的基础就是相同或相近的观点，因而更加不易改变最初的观点；四是匿名性使群体成员责任感弱化，更容易抛却社会规范，发表极端观点。

❶ Tom Postmes, Russell Spears. Behavior Online: Does Anonymous Computer Communication Reduce Gender Inequality? [J]. Personality and Social Psychology Bulletin, 2002, 28 (8): 1075.

❷ 罗明. 网民行为的"匿名制服"心理效应初探 [J]. 辽宁警专学报, 2008, (4): 51.

❸ 俞国良. 社会心理学 [M]. 北京：北京师范大学出版社, 2006: 565.

❹ 钭娅, 金一波, 史美林, 薛鹏达, 聂健. 网络群体极化的现象分析与启示 [J]. 宁波大学学报（教育科学版）, 2018, 40 (1): 27.

网络匿名性助长了群体极化效应，从积极方面来看，它增强了观点群体的内聚力；从消极方面看，它使观点更加趋于极端，并可能引发、助长网络群体性事件。网络群体性事件是网民在互联网上的非理性聚集，一般起自较多网民对某一话题参与讨论，但由于网络群体极化效应的存在，这种讨论很快趋于极端，并引发网络群体聚集，甚至发展到利用网络进行串联、组织，进而演变成现实社会的非法集会。具体而言，在网络群体性事件发展过程中，网络群体极化能够起到推波助澜的作用："其作用可以归结为四方面：第一，使海量多源多维信息转变为单一主导信息；第二，使客观真实信息变为片面夸大信息；第三，使个体理性决策变为群体非理性决策；第四，使群体情绪由躁动变为狂热。"❶

上述三类由匿名引发或助长的的效应，都促使网络表达负外部性的产生。如"'匿名制服'效应在一定程度上很有可能导致'假民意'的流行，并为那些偏离常规的行为提供某种合法性"。❷ 因此，网络匿名表达权虽然是公民的基本权利，受法律保护，但实施该权利的前提是对其进行限制，限制与保护是基本权利实现的一体两面，为其划定合理的边界，既是上述效应引发的规制需求，也是网络匿名表达权实现的保障机制之一。

第二节　网络匿名表达权的边界

马克思曾经关注过匿名表达应受到法律限制的问题，1842 年，他在《第六届莱茵省议会的辩论（第一篇论文）》中指出："出版物如何署名并无关紧要，在实行出版法的地方，出版者是处在法院的支配之下，通过他，匿名作家、用笔名的著者也处在法院的支配之下。"❸ 可见，在马克思看来，匿名表达需受到出版法的限制。马克思在此文中区分了检查法与出版法，他指出："出版法惩罚的是滥用自由。检查法却把自由看成一种滥用而加以惩罚……检查法只具有法律的

---

❶ 任延涛. 群体性事件中"网络群体极化"的作用机制研究 [J]. 广西警官高等专科学校学报, 2015, 28（2）：113.

❷ 王爱玲, 武文颖. 网络民意的"匿名制服"效应及其有效调控 [J]. 新闻界, 2008（1）：17.

❸ 马克思, 恩格斯. 马克思恩格斯全集（第一卷）[M]. 北京：人民出版社, 1956：92.

形式。出版法才是真正的法律。"❶ 自由应当受到法律的限制，在这一点上，马克思的批评者哈耶克也持类似的观点："既然任何行动都不可能不影响到他人的确受保障的领域，故不论是言论、出版，还是宗教，都不可能是完全自由的，这就是说这些活动领域亦将受到一般性规则的限制。"❷

为表达自由或表达权划定边界，这在关于表达自由的各类国际条约与法律法规均有体现。这些条约或法律法规在规定表达自由的同时，总不忘跟上一句"但在法律所规定的情况下，应对滥用此项自由负担责任"。❸ 比如，《世界人权宣言》第 29 条就规定："人人在行使他的权利和自由时，只受法律所确定的限制，确定此种限制的唯一目的在于保证对旁人的权利和自由给予应有的承认和尊重，并在一个民主的社会中适应道德、公共秩序和普遍福利的正当需要。"《欧洲人权公约》也在规定表达自由的第 10 条中声明"上述自由的行使既然带有责任和义务得受法律所规定的程式、条件、限制或惩罚的约束；并受在民主社会中为了国家安全、领土完整或公共安全的利益，为了防止混乱或犯罪，保护健康或道德，为了保护他人的名誉或权利，为了防止秘密收到的情报的泄露，或者为了维护司法官的权威与公正性所需要的约束"。在我国，《宪法》第 2 章在明确公民诸多基本权利的同时，在第 51 条至第 56 条规定了公民的义务，其中，第 51 条规定："中华人民共和国公民在行使自由和权利的时候，不得损害国家的、社会的、集体的利益和其他公民的合法的自由和权利。"后续各条从国家统一和民族团结、公共秩序和社会公德、国家安全及荣誉利益，依法服役与依法纳税等方面提出了公民的义务，这些关于公民义务的规定，限定了表达自由的范围，构成其边界。

从语义上逻辑推导，网络匿名表达权的边界要小于网络表达权的边界，为表述方便，我们姑且将前者称为内边界，将后者称为外边界。外边界是对所有表达

---

❶ 马克思，恩格斯. 马克思恩格斯全集（第一卷）[M]. 北京：人民出版社，1956：71.

❷ [英] 哈耶克. 自由秩序原理 [M]. 邓正来，译. 北京：生活·读书·新知三联书店，1997：193.

❸ 出自《法国人权宣言》第 11 条。转引自赵雪波，张键，金勇. 世界新闻法律辑录 [M]. 北京：社会科学文献出版社，2010：95.

行为的限制，外边界之内是允许表达的言论领域，外边界之外不允许表达的言论领域。内边界是对匿名表达的限制，内边界之内是允许匿名表达的言论领域，内、外边界之间是不允许匿名表达但允许实名表达的言论领域。一般而言，在言论规制实践中，内、外边界之间的言论领域非常之狭窄，内、外边界线可以说几乎是统一的。也就是说，允许实名表达的一般也允许匿名表达，而不允许匿名表达的一般也不允许实名表达。"对表达主体匿名身份的保护是由表达内容的受保护范围决定的。不受宪法保护的表达内容，不论权利主体是实名还是匿名表达，都不受司法保护"。❶ 故而，本书在论述过程中，不区分内、外边界，而总体讨论表达权的边界。由于上述诸效应的存在，匿名表达由于责任感弱化更容易越界，因而边界的存在更多是针对匿名表达的一种限制。此外，边界只是一个形象的比喻，这些边界线既不清晰也不固定，只是在表达权与其他权利或法益的冲突与博弈中被确立起来的权益调整参考线，在不同的背景与场合下，不同权益获得不同的优先次序，因而边界也被不断调整与重塑。

网络匿名表达权的边界本质上是其他法益对其施加的限制。"法益概念原系19世纪末20世纪初德国刑法学家宾丁、李斯特在讨论犯罪问题的过程中提出的刑法学上的用词，指的是法律所保护的利益。"❷ 1872年，刑法学家宾丁（Karl-Binding）在其《规范论》中第一次提出了法益的概念，但他没有对何种事物构成法益提出标准。同一时期，李斯特（Franz von Liszt）在《刑法教科书》中提出了法益概念并将其分为三类：国家法益、社会法益与个人法益，此后他修正为两类：个人法益和全体法益，因为法所调整的无非是两种关系，一是个人相互之间的关系，二是个人与共同体整体之间的关系。我国台湾刑法学者、德国杜宾根大学法学博士林山田指出："大陆法系刑法学说上一般把刑法分则按照侵害法益的不同分为国家法益、社会法益和个人法益三部分（此即三分法）。其中，国家法益，是指以国家作为法律人格者所拥有的公法益；社会法益，是指以社会整体作为法律人格者所拥有的社会共同生活之公共利益；个人法益是自然人所拥有，

---

❶ 张文祥，李丹林. 网络实名制与匿名表达权 [J]. 当代传播，2013（4）：77.
❷ 宗志翔. 论未上升为民事权利的法益 [J]. 江西社会科学，2012，32（6）：156.

并由刑法加以保护的重要生活利益。"❶ 大陆学人对三大法益的界定更为具体，如邵栋豪认为："国家法益是指意识形态、基本制度和权力运作秩序，如国家制度、司法制度等；社会法益是指社会发展所必需的公共秩序和基础条件，如公共安全、环境秩序等；而个人法益则是指与个体直接相关的各类权利，如生命健康、财产权等。"❷

关于法益与权利的关系，法学界一直存在争论。但大致的共识是将二者看作利益的高阶形式。有学者对利益、法益、权益进行了区分，将三者看作一种递进关系，"按照受法律保护力度的不同可对利益做三个层次的界分，也就是所谓一般利益、法益、权利。三种利益形态受法律保护的力度渐次加强。"❸ 具体而言，"最'固有'的权利就是被立法直接赋予名称的权利，除此之外的可权利化的利益皆为法益，而那些在特殊情况下都不能被权利化的利益则是无法获得保护的单纯利益"。❹

根据李斯特的划分法，与表达权产生竞争性矛盾的其他法益也包括三个层面：国家法益、社会法益和个人法益。这些法益对表达权产生一定的节制，形成了表达权的边界。我国《刑法》对上述三类法益的划分较为明确，下面我们大体根据《刑法》来对三类法益进行界定，并做适当微调，把相关表达行为导致的犯罪归入其中。在《刑法》划分的基础上，结合其他法律法规，来论述不同类型的表达行为所侵犯的法益，以及此类法益为表达塑造的边界。

一、国家法益边界

与表达权产生冲突的国家法益主要是国安安全法益。在法律上，"国家安全是指一国法律确认和保护的国家权益有机统一性、整体性免受任何势力侵害的一

---

❶ 阎二鹏. 侵犯个人法益犯罪研究 [M]. 北京：中国人民公安大学出版社，2009：3.
❷ 邵栋豪. 走进社会法益保护的新时代 [N]. 检察日报，2011-07-28（003）.
❸ 熊谱龙. 权利，抑或法益？——一般人格权本质的再讨论 [J]. 比较法研究，2005（2）：52.
❹ 张力. 权利、法益区分保护及其在民法总则中的体现——评《民法总则（草案）》第五章 [J]. 河南社会科学，2016，24（11）：2.

种状况"。❶ 其内容涉及 "国家的主权、领土、政治、军事、外交、外事、经济、资源、文化、种族、首脑、国民等各个方面"。❷ 我国《国家安全法》对国家安全的界定是："国家安全是指国家政权、主权、统一和领土完整、人民福祉、经济社会可持续发展和国家其他重大利益相对处于没有危险和不受内外威胁的状态，以及保障持续安全状态的能力。"

表达权应受到国家安全的限制，这在各国法律及国际条约中均有体现。最主要的两个公约是《国际新闻自由公约草案》和《公民权利与政治权利国际公约》，前者由 51 国新闻代表团于 1948 年在日内瓦举行的联合国新闻自由会议中通过，其中有两条提及维护国家安全的禁载规定：一是 "为国家安全应守秘密之事项"，二是 "意图煽动他人以暴力变动政府制度或扰乱治安者"。❸ 后者由联合国大会于 1966 年 12 月 16 日通过，其中第 19 条第 2 款规定 "人人有自由发表意见的权利"，但随即在第 3 款规定 "本条第 2 款所规定的权利的行使带有特殊的义务和责任，因此得受某些限制"，一是 "尊重他人的权利或名誉"，二是 "保障国家安全或公共秩序，或公共卫生或道德"。以上国际公约基本得到各国认同，中国政府也不例外。《国际新闻自由公约草案》通过时，当时的中国代表团是成员之一。《公民权利与政治权利国际公约》也已由中国政府在 1998 年 10 月签署。各国在认同前述原则的基础上，都结合本国实际，做出了操作性较强的规定。

我国《宪法》中涉及国家安全有两条原则性的规定。其中，第 53 条规定："中华人民共和国公民必须遵守宪法和法律，保守国家秘密，爱护公共财产，遵守劳动纪律，遵守公共秩序，尊重社会公德。"第 54 条规定："中华人民共和国公民有维护祖国的安全、荣誉和利益的义务，不得有危害祖国的安全、荣誉和利益的行为。"其他等级的法律法规都有维护国家安全的相关规定，这些法律法规包括《刑法》《国家安全法》《保守国家秘密法》《民法通则》等。在《刑法》中，涉及国家安全的犯罪很多，与表达有关的主要有两类：一是对煽动类犯罪，

---

❶ 吴庆荣. 法律上国家安全概念探析［J］. 中国法学，2006（4）：66.
❷ 刘跃进. 建立 "国家安全学" 初探［J］. 国家安全通讯，1999（1）：32.
❸ 孙旭培. 新闻传播法学［M］. 上海：复旦大学出版社，2008：109.

如煽动分裂、煽动颠覆、煽动军人逃跑等；二是泄露国家秘密的犯罪，如故意泄露国家秘密等。这两类犯罪涉及两种危害国家安全的言论，即煽动性言论和泄露国家秘密的言论，两类言论的负外部性主要是指其对国家安全造成的威胁，威胁的客体都是国家安全，包括主权安全、领土安全、政治安全、军事安全和国民利益安全等。

（一）颠覆/分裂言论与主权领土安全边界

颠覆/分裂言论主要指《刑法》"煽动分裂国家罪"与"煽动颠覆国家政权罪"所规制的言论，该类言论是煽动性言论常见的两种类型。煽动性言论最早是英国普通法上的一项罪名，当时称为煽动性诽谤（Seditious Libel），指"发表政治言论批评王室成员和政府官员"。❶ 英国当时的煽动性诽谤罪是一种专制政府压制言论的手段。在美国，所谓宪法第一修正案通过仅7年后，便出台了《惩治煽动法》。该法"把诽谤政府或者政府官员视作犯罪"，其"言下之意就是把对政府的严厉批评视作诽谤，用刑罚手段来武装政府，以达到压制批评者的目的"。❷ 现代煽动性言论主要是指煽动颠覆国家政权的言论，这种言论表达在世界各国都属禁止性行为。联合国大会1966年通过的《公民权利与政治权利国际公约》第20条有两款规定，都涉及了煽动性言论。一是规定"任何鼓吹战争的宣传，应以法律加以禁止"；二是规定"任何鼓吹民族、种族或宗教仇恨的主张，构成煽动歧视、敌视或强暴者，应以法律加以禁止"。

在我国《刑法》中，"煽动"类犯罪共有7条，这些罪名在《刑法》中分布在不同的章节，其中103条"煽动分裂国家罪"、第105条"煽动颠覆国家政权罪"归入分则第1章"危害国家安全罪"，第373条"煽动军人逃离部队罪"归入分则第7章"危害国防利益罪"。这三条罪名均是通过煽动性言论来实施的，其结果都侵犯了共同体的整体法益，即国家法益。首先来看"煽动分裂国家罪"，本罪侵犯的客体是国家统一，客观要件是行为人以煽动性言论怂恿、号召、

---

❶ 张金玺. 美国公共诽谤法的发展和言论自由的扩张［J］. 四川理工学院学报（社会科学版），2007，22（1）：16.

❷ ［美］小哈里·卡尔文. 美国的言论自由［M］. 李忠，韩君，译. 北京：生活·读书·新知三联书店，2009：69.

鼓动不特定人或多数人实施分裂国家的行为，"煽动行为并不以公然实施为必要：即可以当面直接煽动，也可以委托他人转达进行间接煽动。可以是以语言的形式，如公开呼喊反动口号，发表反动演说；也可以是用文字的形式，比如在公开场所书写、张贴、散发反动传单、标语、大小字报，向机关、团体、大专院校等单位广泛投寄煽动分裂国家的信件，编辑、出版含有煽动性分裂国家内容的反动刊物，发表发动文章"。❶ 本罪的主体是一般主体，即达到 16 岁且具有刑事责任能力的自然人，主观方面只能是故意。本罪与"分裂国家罪"不同，其关键是"煽动"，"不管其所煽动的对象是否接受或相信所煽动的内容，也不管其是否去实行所煽动的行为，都应构成犯罪既遂"。❷ 其次来看"煽动颠覆国家政权罪"，本罪侵犯的客体是国家政权与社会主义制度，客观方面表现为以造谣、诽谤或者其他方式实施的煽动行为，本罪的主体同样是一般主体，主观方面也只能是故意，即明知颠覆而为之，如果行为人因不知道或疏忽大意未尽到注意义务而导致颠覆性内容出版、传播，则不构成此罪。同样，本罪的关键也是"煽动"，即便自己没有"组织、策划、实施"，只要存在煽动行为，不管所煽动的对象是否相信或接受、是否去实施所煽动的颠覆活动，都构成本罪。再次来看"煽动军人逃离部队罪"，本罪侵犯的客体狭义来看是军队管理秩序，广义来看是作为国家安全利益之一种的国防利益；客观方面是实施了煽动行为，且情节严重；主体是一般主体，即达到 16 岁且具备刑事责任能力的自然人；主观要件是故意，明知违反军纪而煽动，过失不能构成本罪。

　　煽动性言论犯罪是对宪法赋予的表达权的滥用，突破了表达权边界，进入了法律禁止的范围。与一般言论相比，煽动性言论具有如下特征：一是表达之前的故意性，一般言论往往就当前的时事发表评论，无主观故意，不做提前准备，随感而发；煽动性言论则具有主观故意，常提前做好准备，达到政治目的。二是言论之中的诱导性，一般言论仅发表个人意见，并不诱导他人言行；煽动性言论充满明示或暗示，试图动员他人行动。三是言论之后的破坏性，一般言论仅针对单

❶　李永升. 侵犯国家法益的犯罪研究 ［M］. 北京：知识产权出版社，2012：53.
❷　邵国松. 网络传播法导论 ［M］. 北京：中国人民大学出版社，2017：35-36.

个问题评论，旨在解决问题，具有建设性；而煽动性言论针对整个国家或社会评说，旨在制造问题与矛盾，具有破坏性。煽动性言论看似纯言论，实质是行为不可分割的一部分，其性质并非宪法保障的言论表达，而是刑法禁止的犯罪行为。因此，匿名表达不可逾越界限，从一般言论滑入煽动性言论。

除煽动性言论外，谣言也是侵犯国家法益的言论形式之一。我国《刑法》有三项罪名提到了"造谣"，即"煽动颠覆国家政权罪（以造谣、诽谤或者其他方式煽动颠覆国家政权、推翻社会主义制度）""战时造谣扰乱军心罪（战时造谣惑众，扰乱军心）"和"战时造谣惑众罪（战时造谣惑众，动摇军心的）"。比较而言，第一项犯罪侵犯的客体是国家政权与社会主义制度，后两项犯罪侵犯的客体是部队的作战利益；客观方面都实施了造谣行为，但略有区别，第一项是造谣+煽动，第二项是造谣+扰乱军心，第三项是造谣+动摇军心；主体各不相同，第一项犯罪的主体是一般主体，第二项是除军人以外的一般主体，第三项是所有军人，后两项的差别体现在"扰乱"与"动摇"两个动词上，非军人从外部造谣惑众是扰乱军心，军人从内部造谣惑众是动摇军心；主观方面都是故意。造谣，即编造或捏造谣言，谣言这种表达形式在上述三项罪名中侵犯了国家利益，理应受到国家法益的限制。另外，谣言在更多情况下侵犯的是社会法益，本书将在"社会法益"部分重点论述。

（二）泄露国家秘密与政治军事安全边界

在互联网空间，煽动性言论较为常见，泄露国家秘密的言论则较少，主要原因在于，互联网空间中的言论表达主体多为普通网民，这些人接触国家秘密的机会较少。有学者甚至认为，应将承担保守国家秘密的主体限定在政府及其公务员。孙旭培在研究了几个典型民主国家保护国家安全的做法后认为，这些国家"更多地倾向于将维护国家安全义务（主要体现为保守国家秘密）的承担对象转化为政府及其公务员"。❶

根据《中华人民共和国保守国家秘密法》（1988年9月5日通过，2010年4

---

❶ 孙旭培. 新闻传播法学［M］. 上海：复旦大学出版社，2008：129.

月 29 日修订）第 2 条的界定："国家秘密是关系国家安全和利益，依照法定程序确定，在一定时间内只限一定范围的人员知悉的事项。"该法第 9 条规定了国家秘密的范围，即"（一）国家事务重大决策中的秘密事项；（二）国防建设和武装力量活动中的秘密事项；（三）外交和外事活动中的秘密事项以及对外承担保密义务的秘密事项；（四）国民经济和社会发展中的秘密事项；（五）科学技术中的秘密事项；（六）维护国家安全活动和追查刑事犯罪中的秘密事项；（七）经国家保密行政管理部门确定的其他秘密事项。"从《保守国家秘密法》推导，国家秘密的外延广泛，它包括政治政府秘密、国防军事秘密、外交外事秘密、经济社会秘密、科技秘密、刑事司法秘密等方面。

国家秘密是一项重要的国家利益，各级法律法规都有相应规定。首先，《宪法》要求保守国家秘密。第 53 条规定"中华人民共和国公民必须遵守宪法和法律，保守国家秘密，……"第 76 条还强调"全国人民代表大会代表必须模范地遵守宪法和法律，保守国家秘密……"其次，《刑法》规定了多款与"国家秘密"有关的罪名。这些泄露国家秘密的罪名，有的犯罪客体是广义的国家秘密，如第 111 条"为境外窃取、刺探、收买、非法提供国家秘密、情报"、第 282 条"非法获取国家秘密、非法持有国家绝密、机密文件、资料、物品"以及第 287 条"利用计算机窃取国家秘密"等犯罪行为。有的犯罪客体是狭义的国家秘密，如第 109 条"掌握国家秘密的国家工作人员叛逃境外或者在境外叛逃"、第 398 条"国家机关工作人员违反保守国家秘密法的规定，故意或者过失泄露国家秘密，情节严重"等犯罪行为，其犯罪客体是政府秘密；第 308 条之一"司法工作人员、辩护人、诉讼代理人或者其他诉讼参与人"泄露不应公开的案件信息的同时泄露国家秘密，其犯罪客体应为国家司法秘密；第 432 条"违反保守国家秘密法规，故意或者过失泄露军事秘密，情节严重"，其犯罪客体应为军事秘密。这些泄露国家秘密的犯罪在《刑法》中分布在不同的章节，从《刑法》结构体系来看，他们分属于不同的法益，但因"国家秘密"均与国家安全有关，故将它们全部归入侵犯国家法益的类型中。再次，许多专门性法律都规定了保守国家秘密的相关条款。如《中华人民共和国反间谍法》（2014 年 11 月 1 日通过）第 23

条规定"任何公民和组织都应当保守所知悉的有关反间谍工作的国家秘密",第24条规定"任何个人和组织都不得非法持有属于国家秘密的文件、资料和其他物品"。《国家安全法》第25条规定"防范、制止和依法惩治窃取、泄露国家秘密等危害国家安全的行为",第77条规定了7项公民和组织应当履行的"维护国家安全的义务",其中第6项为"保守所知悉的国家秘密"。

上述各项违法或犯罪行为均不同程度地泄露了国家秘密,"泄露"不一定是表达,但大多数泄露是通过表达行为来完成的,有的是私下的表达,有的是公开的表达。即便是私下的表达,也有能通过传播的裂变,最终成为公开表达。有的泄露是为了经济利益,有的泄露本身就是为了公开表达。有的公开表达的范围较小,通过点对点传播进行,有的公开表达的范围很大,直接通过网络媒体发表。《保守国家秘密法》第26条专门规定了与此类表达有关的禁令,即"禁止在互联网及其他公共信息网络或者未采取保密措施的有线和无线通信中传递国家秘密。禁止在私人交往和通信中涉及国家秘密",这些禁止性规定构成表达权的边界。

在司法实践中,泄密言论侵犯国家法益的典型案件是"师涛利用互联网泄露国家秘密案"。在该案中,时任湖南《当代商报》新闻中心和编辑中心主任师涛于2004年4月20日下午在报社相关会议中记录了报社副总编口头传达的中央办公厅、国务院办公厅《关于当前稳定工作的通知》重要内容摘要,副总编在传达时强调"该文件属于绝密文件,不能记录,不能传播",但师涛不仅做了记录,还于当晚将该记录通过电子邮件发送给了境外网站"民主论坛"及电子刊物《民主通讯》的主编洪哲胜,师涛将提供者化名为"198964",要洪哲胜尽快想办法发出去,很快署名为"198964"的上述文件的重要内容摘要在《民主通讯》发表,此后又被"博讯""中国民主正义党"等境外网站转载发表。该案经长沙市中级人民法院审理,判决师涛犯为境外提供国家秘密罪,判处有期徒刑十年,剥夺政治权利两年。师涛不服判决,提出上诉。湖南省高级人民法院审理后驳回上诉、维持原判。❶ 在此案中,师涛所泄露的国家秘密以"198964"这一具

❶ 邵国松. 网络传播法导论 [M]. 北京:中国人民大学出版社,2017:56-57.

有暗示性的化名在境外媒体发表，最终形成了较大范围的公开表达，师涛本人终因触犯刑法而获刑。可见，刑法以及其他相关法律法规中涉及国家秘密的相关条款为匿名表达权确立了边界。

二、社会法益边界

"个人生活在群体之中，个人无法离开社会独立生活。个人自由可能和集体利益发生冲撞，集体利益原则上具有优先性。"❶同理，表达权作为一种个人法益，当其与社会法益产生冲突，如果社会法益优先，则会对表达权产生一定的限制，如此一来，就形成了表达权的社会法益边界。

社会法益是指社会发展所必需的公共秩序和基础条件，法律上所讲的"公序良俗"就是社会法益。我国《民法总则》第 8 条规定："民事主体从事民事活动，不得违反法律，不得违背公序良俗。"侵犯社会法益的主要表现就是破坏公序良俗。公序良俗的字面意思是公共秩序与善良风俗，公共秩序指"在一定的社会制度下，社会的各个组成部分所应遵循的规则，它是保证社会实现良性运行的基础"，❷包括政治秩序、经济秩序、文化秩序、社会秩序等。善良风俗指"社会上长期形成的、大家共同遵守和崇尚的社会风气、风尚、习惯、礼仪等"，❸主要指一种伦理道德秩序。

从我国《刑法》罪名分类的角度看，侵犯社会法益的犯罪主要分布在危害公共安全罪、破坏社会主义市场经济秩序罪、妨害社会管理秩序罪等章，这些犯罪有许多是通过言论表达来实施的，包括煽动暴力/恐怖的言论及象征性言论、商业造谣/诽谤类言论、侵犯著作权的言论、关于恐怖/灾情/疫情的谣言、淫秽/色情言论等。本书根据《刑法》的罪名分类，通过适当调整，将这些言论表达行为所侵害的社会法益分为政治秩序、经济秩序、文化秩序、社会秩序、道德秩序五种。

---

❶ 唐忠民. 国家尊重和保障人权的几种基本方式 [J]. 探索，2004，（4）：68.
❷ 郑保卫. 新闻法制学概论 [M]. 北京：清华大学出版社，2009：151.
❸ 范进学. 法律与道德——社会秩序的规制 [M]. 上海：上海交通大学出版社，2011：136.

（一）煽动/象征性言论与政治秩序边界

中国古代常用治、乱二字来表示社会政治秩序的有序和无序状态。要想达到"治"，需要社会规则来维护，法律就是这样的社会规则，所谓"法治"就是由法而达到的"治"或由法而达到的秩序状态。维护政治秩序就是对侵犯政治秩序法益的一种限制，这些限制形成网络匿名表达权的政治秩序边界，各类法律法规都对破坏政治秩序的言行有一定的限制，但最为严格的还是刑法。在我国《刑法》中，规范政治秩序的法条主要分布在危害公共安全、妨害司法、贪污贿赂、渎职等犯罪中。其中，多数犯罪并非表达型的犯罪，与表达相关的大致有两类：一是煽动性言论，二是象征性言论。与象征性言论相比，煽动性言论属于纯言论，纯言论（pure speech）是指那些以口头、文字为方式所表达的言论，象征性言论（symbolic speech）是指以"象征性符号或行动来表达思想、观念、主张、态度的一种言论类型"。● 在美国1943年的"西弗吉尼亚州教育委员会诉巴内特"案中，联邦最高法院首次明确了象征性行为也是一种言论，大法官罗伯特·杰克逊代表最高法院陈述的意见认为："象征是一种原始但却很有效的意见交流方式，通过徽章、旗帜等形式来象征某种思想、制度、机构或人格，是心与心交流的捷径。"● 上述两类言论引发的犯罪，有的归入"危害公共安全罪"，有的归入"妨害社会管理秩序罪"之下的"扰乱公共秩序罪"，侵犯的都是社会法益。

如上文所述，在我国《刑法》当中，与"煽动"有关的罪名有7条，其中3条侵犯国家法益，已在前文论述，另有3条侵犯社会法益，分别是"宣扬恐怖主义、极端主义、煽动实施恐怖活动罪""利用极端主义破坏法律实施罪"和"煽动暴力抗拒法律实施罪"，这三类犯罪主要是通过煽动性言论侵犯社会政治秩序法益，下面我们分别论述。首先，在我国《刑法》中，第120条之三"宣扬恐怖主义、极端主义、煽动实施恐怖活动罪"被归入"危害公共安全罪"，因此将其归入侵犯社会法益来论述。实际上，本罪侵犯的客体包括公共安全、国家安全和个人生命财产安全，是社会法益、国家法益和个人法益的综合，但首要的还是

● 欧爱民. 论象征性言论及其保护［J］. 时代法学，2004（5）：93.
● West Virginia State Bd. of Educ. v. Barnette-319 U.S. 624 (1943)

危害了公共安全。本罪的客观方面是以宣扬、煽动方式实施的表达行为，宣扬包括讲授、发布信息以及制作、散发相关图书、音频视频资料或其他物品；煽动包括对不特定人实施的"劝说、鼓动、鼓励、敦促、诱惑、请求、命令、强迫、威胁等"。❶ 宣扬借助的理论内核及内容本质是恐怖主义或极端主义，《中华人民共和国反恐怖主义法》（2015 年 12 月通过）第 3 条将恐怖主义界定为"通过暴力、破坏、恐吓等手段，制造社会恐慌、危害公共安全、侵犯人身财产，或者胁迫国家机关、国际组织，以实现其政治、意识形态等目的的主张和行为"。《反恐怖主义法》没有界定"极端主义"，但将其看作"恐怖主义的思想基础"，并指出"国家反对一切形式的以歪曲宗教教义或者其他方法煽动仇恨、煽动歧视、鼓吹暴力等极端主义"。2017 年 3 月 29 日，新疆维吾尔自治区通过的《新疆维吾尔自治区去极端化条例》将极端主义界定为"以歪曲宗教教义或者其他方法煽动仇恨、煽动歧视、鼓吹暴力等的主张和行为"。本罪的关键是是否实施了宣扬或煽动行为，而不管其宣扬、煽动的结果，无论结果是否最终造成恐怖活动，只要实施了宣扬与煽动行为，就构成本罪。本罪的主体是一般主体，即达到 16 岁且具有刑事责任能力的自然人。本罪的主观方面是故意，即行为人明知故犯，其主观目的是形成恐怖主义舆论氛围或动员他人实施恐怖活动犯罪，具有政治性或意识形态性，因而破坏的主要是社会政治秩序。其次，第 120 条之四"利用极端主义破坏法律实施罪"侵犯的客体狭义来讲是国家法律确立的婚姻、司法、教育、社会管理等制度，广义来讲是社会公共安全。本罪的客观方面表现为利用极端主义煽动、胁迫群众的行为，煽动是一种表达行为，而胁迫不是，本书聚焦前者。极端主义是通过对公众或政治领导集团进行威胁等偏激方式来达到政治目的的主张和行为，其类型包括很多种，如生态极端主义、宗教极端主义等，这里的极端主义主要指宗教极端主义。本罪的主体是一般主体，即年满 16 周岁具有刑事责任能力的自然人。本罪的主观方面表现为故意，过失不构成本罪。再次，第 278 条"煽动暴力抗拒法律实施罪"侵犯的客体是社会的法律秩序，即由法律所保

---

❶ 陶野. 论煽动实施恐怖活动罪中煽动行为的认定 [J]. 江西警察学院学报，2017（3）：81.

护的社会秩序。本罪的客观方面表现为煽动群众暴力抗拒国家法律、行政法规实施，关键也是"煽动"。本罪的主体是一般主体。本罪的主观方面只能是出于故意。与前两罪归入"危害公共安全罪"不同，本罪被归入分则第6章"妨害社会管理秩序罪"之下的"扰乱公共秩序罪"，但根据其表述可以看出，三罪都是对政治秩序的破坏，侵犯的都是社会法益。

煽动性言论最终可能导致象征性言论，轻则导致"群体性事件"，重则导致带有恐怖主义性质的群体暴力犯罪事件。在我国《刑法》中，有一些犯罪通过象征性言论来实施，大致分三类：第一类是带有表达性质的聚众类犯罪，第二类是非法集会游行示威类犯罪，第三类是侮辱国旗国徽罪等。第一类犯罪在《刑法》中有很多，其中带有言论表达性质的主要是第290条的"聚众扰乱社会秩序罪""聚众冲击国家机关罪"和291条的"聚众扰乱公共场所秩序、交通秩序罪"。上述三罪都可以看作象征性言论，它们侵犯的客体类似，总体而言都是社会秩序，具体而言，"聚众扰乱社会秩序罪"侵犯的客体是工作、生产、营业和教学、科研、医疗秩序，"聚众冲击国家机关罪"侵犯的客体是国家机关的正常工作秩序，"聚众扰乱公共场所秩序、交通秩序罪"侵犯的客体是公共场所秩序和交通秩序。三罪在客观方面有共性也有区别，共性有两点：一是都凸显"聚众"行为，现代汉语词典将聚众界定为"纠集一伙人"，● 在法律上一般指三人以上的人，二是都强调严重性，要么是"造成严重损失"，要么是"情节严重"，严重的聚众行为大致可以理解为人们常说的"群体性事件"；区别在于情节的差异，有的是"扰乱"，强调造成混乱，有的是"冲击"，强调强行进入。三罪的主体也是同中有异，相同点在于主体都包括首要分子，即在聚众过程中起组织、策划、指挥作用的人，不同点在于前两罪的主体还包括其他积极参加者，一般参加者不构成犯罪，后一罪不包括其他积极参加者，即其他积极参加者和一般参加者都不构成犯罪。三罪的主观方面都只能是故意，且是众多人的共同故意，大多是因无理要求没得到满足而故意发泄不满情绪。第二类犯罪在《刑法》中有两

● 中国社会科学院语言研究所词典编辑室. 现代汉语词典（第五版）[M]. 北京：商务印书馆，2005：742.

条，分别是第 296 条"非法集会、游行示威罪"和第 297 条"非法携带武器、管制刀具、爆炸物参加集会、游行、示威罪"。两罪侵犯的客体不同，前罪侵犯国家对集会、游行、示威活动的管理制度，后罪侵犯的客体较为复杂，狭义来讲是国家有关武器、管制刀具及爆炸物的管理制度，广义来讲是社会管理秩序。在客观方面，两罪差异明显，前罪的客观方面表现为非法集会、游行、示威行为，"非法"包括三种情况：一是未依照法律规定申请，二是申请未获许可，三是未按照主管机关许可的起止时间、地点、路线进行，又拒不服从解散命令。此外，前罪还强调"严重破坏社会秩序"。后罪的客观方面表现为违反法律规定，携带武器、管制刀具或者爆炸物参加集会、游行、示威的行为，既要"携带"又要"参加"，才构成本罪，"携带"而未"参加"，"参加"而未"携带"均不构成本罪。两罪的主体也有差异，前罪只限于负责人和直接责任人员，后罪包括年满 16 周岁具有刑事责任能力的所有人。两罪的主观方面都只能是故意。第三类犯罪在《刑法》中是第 299 条"侮辱国旗、国徽罪"，本罪侵犯的客体狭义来讲是国家对国旗、国徽的管理制度，因此在《刑法》中被归入"扰乱公共秩序罪"，侵犯的是社会法益，但广义来讲，本罪也侵犯国家尊严，侵犯国家法益。本罪的客观方面表现为在公众场合以焚烧、毁损、涂划、玷污、践踏等方式侮辱国旗、国徽的行为。本罪的主体是一般主体，即年满 16 周岁具有刑事责任能力的自然人。本罪的主观方面在条文中已经明确指出，只能是"故意"。

上述三类行为都具有表达的性质，属于象征性言论，因与《刑法》所规定的其他法益产生冲突，而被《刑法》所规制，也就是说，《刑法》为上述煽动性言论和象征性言论设定了边界。需要指出的是，尽管本节主要以《刑法》为例说明其他法益对表达权所构成的边界，但其他法律法规所保障的法益同样可以为表达权设定边界。

（二）商业谣言/诽谤言论与经济秩序边界

在我国《刑法》所保护的五大类社会法益中，有两大类直接提到了"秩序"，分别是《刑法》分则第 3 章"破坏社会主义市场经济秩序罪"和第 6 章"妨害社会管理秩序罪"。本小节主要论述侵犯市场经济秩序法益的表达行为，这类行为的主要表现是在商业谣言与诽谤性言论。

谣言是故意制造并传播的虚假内容，在我国《刑法》中，与表达或传播虚假内容有关、且破坏经济秩序的犯罪有三个：第181条"编造并传播证券、期货交易虚假信息罪"，第221条"损害商业信誉、商品声誉罪"，第222条"虚假广告罪"。首先，三个罪名侵犯的客体在宏观上是相同的，都侵犯了社会主义市场经济秩序法益；在中观上有所区别，第一个罪名侵犯的是金融管理秩序法益，后两个罪名侵犯的是市场秩序法益；在微观上各不相同，第一个罪名侵犯的客体为复杂客体，不仅侵犯国家有关证券、期货交易的管理制度，而且还可能造成投资者经济利益的重大损害，侵害他人财产权，第二个罪名侵犯的客体是商业信誉、商品声誉，第三个罪名侵犯的客体是国家对广告经营的管理制度以及消费者的合法权益。其次，三个罪名的客观方面也有共性，即都传播了虚假内容。具体而言，第一个罪名的客观方面表现为编造并且传播影响证券、期货交易的虚假信息，编造且传播虚假信息实质上就是造谣传谣，编造但未传播、传播但非自己编造的，都不构成本罪，本罪还要求"造成严重后果"，后果不严重也不构成本罪。第二个罪名的客观方面表现为捏造并散布虚伪事实，损害他人的商业信誉、商品声誉，给他人造成重大损失或者有其他严重情节，其内涵包括四个方面：一是本罪有两个并存行为，"捏造+散布"，二者缺一不可；二是捏造并传播的是虚伪事实，本质上这是一种造谣传谣行为，行为人传播的是毫无事实根据、主观捏造的谣言，而非道听途说、但有一定事实基础的流言；三是损害了他人的商誉，这实际上构成了商业诽谤；四是要求给他人造成重大损失或者有其他严重情节。第三个罪名的客观方面表现为违反国家规定，利用广告对商品或者服务作虚假宣传，而且情节严重的行为，这里的国家规定包括《广告法》《反不正当竞争法》等法律法规，虚假宣传的表现方式在《广告法》中也有列举，如"虚构使用商品或者接受服务的效果"等，同时本罪还要求情节严重，仅违反《广告法》或《反不正当竞争法》只是违法行为，情节严重的，才构成本罪。再次，三个罪名的主体也有差异。前两个罪名的主体相同，均为一般主体，包括个人与单位，但在司法实践中则各有侧重，第一个罪名的主体多为证券期货交易所、证券期货公司、证券期货咨询服务机构及其成员，第二个罪名的主体多为竞争敌手及其雇员。第三个罪名的主体是特殊主体，只能由广告主、广告经营者和广告发布者构成。最后，三个罪名的主观方面都是故意，过失不构成此类犯罪。

上述三类犯罪均和表达行为有关，而且表达的内容都是虚假内容，涉及商业谣言、商业诽谤、虚假广告等方面。在市场经济条件下，企业通过商业性言论树立形象、促销产品都属正当，广告就是典型的商业性言论。但商业性言论必须真实、公正，不得损害消费者和其他商品经营者的合法权益。商业谣言、商业诽谤、虚假广告显然不属于正当的商业性言论，它们不仅损害了其他商品经营者的利益，也侵犯市场经济秩序法益，因而受到《刑法》的限制。当然，如果这类言论尚未达到犯罪的程度，则有《证券法》《反不正当竞争法》《广告法》《消费者权益保护法》等法律予以限制。如《证券法》第 78 条规定"禁止国家工作人员、传播媒介从业人员和有关人员编造、传播虚假信息，扰乱证券市场"；《反不正当竞争法》第 11 条规定"经营者不得编造、传播虚假信息或者误导性信息，损害竞争对手的商业信誉、商品声誉"；《广告法》第 4 条规定"广告不得含有虚假或者引人误解的内容，不得欺骗、误导消费者"；《消费者权益保护法》第 20 条规定"经营者向消费者提供有关商品或者服务的质量、性能、用途、有效期限等信息，应当真实、全面，不得作虚假或者引人误解的宣传"。上述法律法规所维护的社会经济秩序构成匿名表达的经济秩序边界。

（三）侵犯著作权言论与文化秩序边界

如前文所述，著作权与表达权之间是一种对立统一的关系，著作权促进了著作权人表达权的实现，同时也限制了著作权人以外的其他人表达权的实现。"其一，表达自由有时需要自由地使用他人的作品或其他信息载体，可能涉及他人的版权利益；其二，版权主体对于其作品的独占性控制，会不同程度地限制他人对该作品的使用与传播。"❶ 著作权是一种排他性的权利，排除他人未经许可获得、使用、传播著作权人的作品，从而在一定程度上限制了他人的表达权。因此，关

---

❶ 宋慧献. 版权保护与表达自由 [M]. 北京：知识产权出版社，2011：239.

于著作权保护的法律法规为表达权设定了边界。

在我国《刑法》中，第 217 条 "侵犯著作权罪" 保护的法益包括两种：一是国家的著作权管理秩序，属社会法益；二是著作权人享有的著作权以及与著作权相关的其他权益，属个人法益。本罪的主观方面强调了以营利为目的，无营利目的不构成本罪，可见本罪侧重保护文化市场秩序，而非著作权人的精神权利和经济权利，即本罪侧重保护社会法益，而非个人法益，因此，本书将其归入社会法益边界，并具体化为文化秩序边界。虽然，以营利为目的揭示出其市场属性，但著作权介入的市场明显是一种精神文化市场，因此，尽管《刑法》将其归入 "破坏社会主义市场经济秩序罪"，但本书取其本质，将其归入文化秩序边界。

除《刑法》外，《著作权法》以及围绕《著作权法》出台的各类行政法规与部门规章，如《中华人民共和国著作权法实施条例》《信息网络传播权保护条例》《著作权行政处罚实施办法》等对著作权的保护更加细致入微，反过来对他人表达权的限制之网也就更密更细。总体而言，著作权对表达权的限制主要体现在如下几个方面：第一，有些作品没有替代形式，要用其思想内容就必须用其表达形式，如新闻照片，如此一来，限制他人使用就构成了对表达权的限制。第二，基于原作品的后续表达，如挪用、戏仿、评论等，必须直接或间接利用原作品的表达形式，如进行限制，就必然限制了表达权。第三，创作有时需要引用他人作品，如限制人们引用，也会限制表达权。第四，"数据库公司把越来越多的属于公共领域的信息纳入数据库，在扩充数据库内容的同时减少了公共空间拥有的免费的信息，造成公共领域萎缩"，这在一定程度上限制了公众的表达权。❶按美国学者尼坦内尔的说法，著作权对表达权形成三类重压：一是诉讼风险导致的舆论审查，为了避免著作权侵权诉讼，表达者不得不自我审查。二是昂贵成本导致的抑制性，著作权交易成本、授权价格高昂，令表达者望而却步。三是著作权的集中垄断导致著作权资源的分配不均。"超大型媒体控制着最大数量的作品，他们既享有版权，又对作品市场和表达机会享有支配性优势地位，并支配、控制

---

❶ 何贵忠. 版权与表达自由：法理、制度与司法 [M]. 北京：人民出版社，2011：116-118.

着普通公众的表达"。❶

关于著作权对表达权的限制，2019 年 4 月发生的"视觉中国版权门事件"为我们提供了绝佳的案例。视觉中国是一家以"视觉内容"为核心的互联网科技文创公司，2014 年成功在 A 股上市，其商业模式是从作者处获得版权再销售获利，即"通过对图片版权的大肆占位，从而形成了巨大的版权商业池，然后向各类自媒体索取高额图片版权费"。❷ 2019 年 4 月 10 日，欧洲南方天文台公布了首张黑洞照片。4 月 11 日上午，视觉中国网站上出现了这张照片，并打上了"视觉中国"标签，还注明"此图仅限于编辑用途，如用于商业用途，请致电或咨询客户代表"。视觉中国这一做法相当于声明自己拥有黑洞图片的版权，结果引起广大网民质疑。4 月 11 日下午，共青团中央的官微发布两张视觉中国网站提供的中华人民共和国国旗和国徽图案的截屏，质问"国旗、国徽的版权也是贵公司的？"4 月 11 日晚，天津市互联网信息办公室连夜约谈视觉中国网站负责人，4 月 12 日，天津市互联网信息办公室在其官方网站发布了调查结果，"经查，视觉中国网站（域名为 vcg. com）在其发布的多张图片中刊发敏感有害信息标注，引起网上大量转发，破坏网络生态，造成恶劣影响"。❸ 在回应该事件时，"视觉中国创始人柴继军 4 月 11 日则表示……视觉中国的图片都是摄影师上传的，视觉中国是在维护摄影师的权益"。❹ 但实际上，视觉中国的图片来源并非如此单纯，它还会"将共享图片乃至本属于公共性质的图片冒用为自家代理图片"，❺ 正如它冒用黑洞图片、国旗国徽图片一样。在维护其商业模式时，视觉中国也存在诸多违规之处。比如，"以翻译外网文章为主营的'煎蛋网'创始人

---

❶　宋慧献. 版权保护与表达自由 [M]. 北京：知识产权出版社，2011：201，261.

❷　视觉中国版权争议背后是互联网自由传统与版权管理的冲突 [EB/OL]. （2019-04-12）［2019-08-20］. http://finance. people. com. cn/n1/2019/0412/c1004-31026290. html.

❸　天津市互联网信息办公室连夜依法约谈视觉中国网站 [EB/OL]. （2019-04-12）［2019-08-20］. http://www. tjcac. gov. cn/index. php?m=content&c=index&a=show&catid=45&id=1717.

❹　张鑫，李铁柱，屈畅. "黑洞"照片引爆视觉中国版权争议 [EB/OL]. （2019-04-12）［2019-08-20］. http://www. xinhuanet. com/legal/2019-04/12/c_1124355839. htm.

❺　视觉中国版权争议背后是互联网自由传统与版权管理的冲突 [EB/OL]. （2019-04-12）［2019-08-20］. http://finance. people. com. cn/n1/2019/0412/c1004-31026290. html.

Sein 在网站上发布文章《被视觉中国索赔图片版权，很难受》，在文章中 Sein 表示收到了视觉中国的‘索赔’邮件，称被要求赔偿 25 万人民币（整体打包优惠）。经 Sein 检查后，发现视觉中国是 Getty Images 图库的中国代理公司，而煎蛋网所翻译的部分外网文章所自配的图片便是来自于 Getty Images 图库，煎蛋网在翻译转载的过程中直接使用了原外网文章中的图片，构成侵权"。❶ 视觉中国的商业模式是对著作权的滥用，严重限制了表达权。

著作权保护为表达权划定了边界，但由于是一个动态的边界，表达权范围的大与小就与边界划分标准的宽与严密切相关。标准严一点，表达权的范围就小一些，标准宽一点，表达权的范围就大一些。而边界的划分实质上是表达权所保护的法益与著作权所保护的法益的博弈问题，也是立法、司法、行政各环节对法律法规的动态调整问题。由于社会变迁，表达权与著作权的边界划分不可能有一个固定不变的标准，但不断与时俱进地调整法律法规以寻求二者的动态平衡不失为一个明智的选择。在当前我国法律法规体系中，《刑法》强调"以营利为目的"才构成犯罪，侧重保护著作权的社会法益，为表达权留下了较大的空间，只要不以营利为目的，著作权人之外其他表达者的表达权就受到一定程度的保护。同时，《著作权法》体系强调"保护文学、艺术和科学作品作者的著作权，以及与著作权有关的权益"，侧重保护著作权的个人法益。《刑法》与《著作权法》各司其职，分别侧重保护社会法益与个人法益，是一个较为妥当的安排。随着时代发展，侵犯著作权的案件与日俱增，于是有学者呼吁删除《刑法》中的"以营利为目的"字句，本书认为不妥，《刑法》"侵犯著作权罪"当以保障文化秩序法益为主要出发点为表达权划定边界，从而为表达权留下较大的空间。

（四）恐怖/灾疫谣言与社会秩序边界

社会秩序是一个共同体规范运行的社会状态。"与法律永相伴随的基本价值，便是社会秩序。消除社会混乱是社会生活的必要条件。"❷ 我国《刑法》与"社

---

❶ 张鑫，李铁柱，屈畅. "黑洞"照片引爆视觉中国版权争议［EB/OL］.（2019-04-12）［2019-08-20］. http://www.xinhuanet.com/legal/2019-04/12/c_1124355839.htm.

❷ ［英］彼得·斯坦，［英］约翰·香德. 西方社会的法律价值［M］. 王献平，译. 北京：中国法制出版社，2004：45.

会秩序"有关的犯罪，分在第 3 章与第 6 章，先前我们已讨论过与第 3 章"破坏社会主义市场经济秩序罪"有关的经济秩序边界，本小节我们来论述与第 6 章"妨害社会管理秩序罪"有关的社会秩序边界。本书中的社会秩序有广义和狭义之分，广义的社会秩序包括政治、经济、文化等秩序，狭义的社会秩序仅指社会公共秩序，与《刑法》分则第 6 章"妨害社会管理秩序罪"之下的第 1 节"扰乱公共秩序罪"相对应。为与前面几小节的标题中的"政治秩序边界""经济秩序边界""文化秩序边界"相呼应，本小节标题使用"社会秩序边界"，而非"公共秩序边界"。

　　侵犯社会秩序法益最常见的一种言论形式是谣言（Rumor）。美国心理学家奥尔波特认为，谣言产生有两个条件：一是重要性，所传事件对造谣者和听谣者都很重要；二是模糊性，所传事件的真实情形被掩盖，在某种程度上与虚假联系在一起。❶ 桑斯坦也持此观点，认为谣言与虚假沾边，至少是"尚未被证明真伪，却从一个人传向另一个人"。❷ 在中文中，Rumor 一般被翻译为谣言或流言，但实际上，中文中的流言与谣言有着不同的含义。由于翻译的原因，上述两位学者所谈论的内容虽然都被冠以谣言，但实际上他们所说的更接近流言。在中文语境下，流言强调"流布"，是不确切信息的传播，是人们急于知道未知环境而产生的模糊信息，本质上源于对信息匮乏的应激反应。而谣言一词包括了非官方、虚假、主观故意捏造等多层含义，与流言的不同之处在于，谣言强调"造谣"，人为的意味更强，更多是指主观故意凭空捏造的消息或信息。二者的共同之处是缺乏明确的事实，不同之处在于动机，"谣言时为一定的目的而有意捏造的，其动机性十分明显，具有一定的指向性；流言多为以讹传讹，从何而来，因何而起，往往说不清楚，一般没有明确的动机和目的性"。❸

　　谣言的本质是故意捏造虚假信息并传播，其要点有四：一是行为人的主观故意，以讹传讹者并非谣言，而是流言；二是存在编造、捏造等行为，是行为人主

❶　[美] 奥尔波特. 谣言心理学 [M]. 刘水平，梁元元，黄鹏，译. 沈阳：辽宁教育出版社，2003：17.

❷　[美] 卡斯·R. 桑斯坦. 谣言 [M]. 张楠迪扬，译. 北京：中信出版社. 2010：6.

❸　刘玉梅. 论传言、流言与谣言心理 [J]. 内蒙古农业大学学报（社会科学版），2009，11（4）：289.

观臆造，没有任何事实基础；三是内容是虚假的；四是进行了一定程度的公开传播，如果捏造事实只停留在自我心理的层面，没有散布开来，也不能算作谣言。我国《刑法》有三项罪名提到了"造谣"，但侵犯的都是国家法益，已在前文论述。侵犯社会法益的"谣言"主要有三类，但都没有提到"谣言""造谣"等字样，而是使用了编造虚假信息、捏造虚伪事实这样的表述，关于经济与商业领域的谣言，也已在前文论述，本小节主要论述社会公共领域的谣言。

在《刑法》中，与社会公共领域谣言有关的罪名主要有两项：一是"编造、故意传播虚假恐怖信息罪"，二是"编造、故意传播虚假信息罪"。这两项罪名都被归入《刑法》分则第 6 章 "妨害社会管理秩序罪" 之第 1 节 "扰乱公共秩序罪"，同属《刑法》第 291 条之一。首先，两罪侵犯的客体相同，均为社会秩序。2013 年 9 月 16 日，最高人民法院审判委员会通过的《最高人民法院关于审理编造、故意传播虚假恐怖信息刑事案件适用法律若干问题的解释》对"编造、故意传播虚假恐怖信息罪"中的"严重扰乱社会秩序"进行了列举，包括"（一）机场、车站、码头、商场、影剧院、运动场馆等人员密集场所的秩序；（二）航空器、列车、船舶等大型客运交通工具的秩序；（三）国家机关、学校、医院、厂矿企业等单位的工作、生产、经营、教学、科研等活动秩序；（四）行政村或者社区居民生活秩序；（五）与公安、武警、消防、卫生检疫等职能部门相关的人民群众的工作、生活秩序。此外，该《解释》还有一个兜底条款，即（六）其他严重扰乱社会秩序的。"这样一来，社会秩序包括的方面还可以扩展。目前，司法部门并未出台对"编造、故意传播虚假信息罪"司法解释，对其侵犯客体"社会秩序"的认定，可以参照上述《解释》。其次，两罪的客观方面差异很大。前罪的客观方面表现为"编造爆炸威胁、生化威胁、放射威胁等恐怖信息，或者明知是编造的恐怖信息而故意传播，严重扰乱社会秩序的"行为，后罪的客观方面表现为"编造虚假的险情、疫情、灾情、警情，在信息网络或者其他媒体上传播，或者明知是上述虚假信息，故意在信息网络或者其他媒体上传播，严重扰乱社会秩序的"行为。在行为层面，前罪要求"编造"或"传播"，只要有其中一种行为，就有可能构成犯罪；后罪要求"编造"并"传播"，必须两种行为同时存在，才有可能构成犯罪。在内容层面，前罪聚焦于"爆炸威胁、生化威胁、放射威胁等恐怖信息"；后罪聚焦于"虚假的险情、疫情、灾情、警情"等信息。在传播途径层面，前罪没有明确规定传播的途径，理论上通过任何途径传播，都可能构成犯罪；后罪规定"在信息网络或者其他媒体上传播"。在程度层面，两罪都强调"严重性"，都有"严重扰乱社会秩序的"的要求。再次，两罪的主体相同，均为一般主体，即年满 16 周岁且具有刑事责任能力的自然人。最后，两罪的主观方面都必须处于故意，是为了扰乱社会秩序而故意编造虚假信息，或者明知是虚假信息还故意传播，不知是虚假信息而误认为是真实信息进行的传播，不构成此两罪。

从《刑法》对上述两罪的规定可以看出，《刑法》规制的都是造成"严重"后果的行为。对于没有"严重扰乱社会秩序"的谣言，应由其他法律法规会进行调整。如《治安管理处罚法》第 25 条第 1 款就对"散布谣言，谎报险情、疫情、警情或者以其他方法故意扰乱公共秩序的"行为进行规制，该条明确点出了"谣言"字样，可见其针对的是不构成犯罪的散布"谣言"行为。《治安管理处罚法》第 2 条也明确指出了本法与《刑法》的衔接性，其内容为："扰乱公共秩序，妨害公共安全，侵犯人身权利、财产权利，妨害社会管理，具有社会危害性，依照《中华人民共和国刑法》的规定构成犯罪的，依法追究刑事责任；尚不够刑事处罚的，由公安机关依照本法给予治安管理处罚。"上述捏造、传播谣言的行为属于一种表达行为，侵犯社会秩序法益，《刑法》及其他法律法规的相关规定构成对谣言这类表达行为的制约，形成表达权的社会秩序边界。

此外，在司法实践中，《刑法》第 293 条"寻衅滋事罪"亦可用于对"谣言"的规制。这主要是源于 2013 年 9 月最高人民法院、最高人民检察院公布的《关于办理利用信息网络实施诽谤等刑事案件适用法律若干问题的解释》，该《解释》第 5 条规定："编造虚假信息，或者明知是编造的虚假信息，在信息网络上散布，或者组织、指使人员在信息网络上散布，起哄闹事，造成公共秩序严重混乱的，依照《刑法》第 293 条第 1 款第（4）项的规定，以寻衅滋事罪定罪处罚。"典型案例是被列入 2014 年中国十大影响性诉讼的"秦志晖诽谤、寻衅滋事案"。2011年"7·23甬温线动车事故"后，被告秦志晖使用"秦火火"网名在新浪微博编造并散布虚假信息，称原铁道部向7·23甬温线动车事故中的外籍遇难旅客支付3000万欧元高额赔偿金。该微博被转发11000次，评论3300余次，引发大量网民对国家机关公信力的质疑。北京市朝阳区人民法院审理认为，秦志晖在重大突发事件期间，在信息网络上编造、散布对国家机关产生不良影响的虚假信息，起哄闹事，造成公共秩序严重混乱，构成寻衅滋事罪，同时加上本案其他犯罪事实，判决秦志晖诽谤罪和寻衅滋事罪。根据该案判决，秦志晖散布谣言，侵犯社会公共秩序法益，通过寻衅滋事罪来予以规制。

（五）淫秽/色情言论与道德秩序边界

道德秩序边界也可称为善良风俗边界。"善良风俗，顾名思义即指友善、良好的风俗，善良的风俗主要依靠社会长期形成的一般道德习惯，也就是社会的公共道德。"❶ 常见的侵犯善良风俗法益的言论是淫秽与色情言论。欧文·费斯认为："淫秽品本身不能被简约化为生产淫秽品的行动，也不能被简约化为它所引发的行动，它本身是言论的一种形式。"❷ 创作者或生产者通过这种作品来进行表达，但这种表达在一定程度上侵犯了善良风俗法益，"它对于社会道德的沦丧和违法犯罪起到了诱导的作用。"❸

在我国，《刑法》《治安管理处罚法》等多部法律法规对侵犯道德秩序法益的淫秽色情言论进行了规制。《刑法》分则第6章第9节"制作、贩卖、传播淫秽物品罪"共有5条内容，包括了5类罪名，即"制作、复制、出版、贩卖、传播淫秽物品牟利罪""为他人提供书号出版淫秽书刊罪""传播淫秽物品罪""组织播放淫秽音像制品罪"与"组织淫秽表演罪"。从此类罪名的关键动词来看，"传播""出版""播放""表演"全部属于表达行为。其中，《刑法》第367条将淫秽物品界定为"具体描绘性行为或者露骨宣扬色情的诲淫性的书刊、影片、录像带、录音带、图片及其他淫秽物品"，同时，该条还将两类作品排除在淫秽

---

❶ 范进学. 法律与道德——社会秩序的规制［M］. 上海：上海交通大学出版社，2011：136-137.
❷ ［美］欧文·M. 费斯. 言论自由的反讽［M］. 刘擎，殷莹，译. 北京：新星出版社，2005：11.
❸ 范进学. 法律与道德——社会秩序的规制［M］. 上海：上海交通大学出版社，2011：139.

物品之外：一是有关人体生理、医学知识的科学著作；二是包含有色情内容的有艺术价值的文学、艺术作品。《治安管理处罚法》第 68 条、第 69 条对达不到犯罪程度的淫秽类表达行为进行了规制。

我国对于淫秽类言论的规制较为严格，此类法规规章还包括全国人民代表大会常务委员会《关于惩治走私、制作、贩卖、传播淫秽物品的犯罪分子的决定》、国务院《关于严禁淫秽物品的规定》、新闻出版署《关于认定淫秽及色情出版物的暂行规定》等，特别是 1988 年 12 月 27 日新闻出版署公布的《关于认定淫秽及色情出版物的暂行规定》对淫秽、色情出版物的认定非常详细，该规定将淫秽色情出版物分为淫秽出版物、色情出版物、夹杂淫秽内容的出版物三类，其区别在于"淫秽出版物是'整体'上宣扬淫秽行为，色情出版物只是'部分'宣扬淫秽行为。'部分'宣扬淫秽行为的作品的一个重要特征，就是整个作品并不是为了宣扬淫秽行为，而是自有其主题，只是含有很多淫秽内容，破坏了作品的基本格调"，"夹杂淫秽内容的出版物"则程度更轻，仅夹杂淫秽、色情内容，"尚不能定性为淫秽、色情出版物"。❶

2004 年和 2010 年，最高人民法院、最高人民检察院分别出台了两个《关于办理利用互联网、移动通信终端、声讯台制作、复制、出版、贩卖、传播淫秽电子信息刑事案件具体应用法律若干问题的解释》（2004 年为《解释（一）》、2010 年为《解释（二）》），对互联网时代办理该类刑事案件具体应用法律的问题进行解释。《解释（一）》对《刑法》淫秽物品界定中的"其他淫秽物品"进行了说明，即"包括具体描绘性行为或者露骨宣扬色情的诲淫性的视频文件、音频文件、电子刊物、图片、文章、短信息等互联网、移动通信终端电子信息和声讯台语音信息"。《解释（二）》对淫秽网站进行了界定，即"以制作、复制、出版、贩卖、传播淫秽电子信息为目的建立或者建立后主要从事制作、复制、出版、贩卖、传播淫秽电子信息活动的网站"。

性本身并不侵犯其他法益，它"与暴力不一样，它本身并不是错误或有问题

---

❶ 魏永征. 新闻传播法教程［M］. 北京：中国人民大学出版社，2006：110.

的。性本身是自然的，功能性的，美的，有意义的"。❶ 性表达也不必然侵犯其他法益，只是其中的淫秽部分会侵犯社会善良风俗法益，如危害社会道德，降低社会道德水准；可能刺激色欲，诱发强奸等同类行为；危害未成年人的成长。基于此，以《刑法》为主的各类法律法规对淫秽表达进行限制是再正常不过的。

三、个人法益边界

个人法益包括个人权利以及尚未上升为权利的个人生活利益。在《刑法》视野里，侵犯个人法益的犯罪"一般可分为侵犯人身权利犯罪、侵犯民主权利犯罪、侵犯婚姻家庭犯罪、侵犯财产权利犯罪四个方面"。❷ 其中，前三类均归入分则第4章"侵犯公民人身权利、民主权利罪"，第四类归入分则第5章"侵犯财产罪"。在这些犯罪中，由言论表达而引发的主要是侵犯公民人格权的犯罪与侵犯民族平等权利的犯罪，涉及的言论类型主要是侮辱与诽谤言论、仇恨与歧视言论、泄露个人身份信息的言论等。

（一）侮辱/诽谤言论与个人名誉权边界

侮辱与诽谤均是针对个人名誉的违法行为。名誉（Reputation）即名望声誉，是一个人的品德、才干、信誉等在社会中所获得的综合评价。名誉涉及共同体中的其他成员对当事人的总体看法。如果"言论涉及他人性格方面的某些缺陷，或言论涉及专业或业务方面缺乏能力"，❸ 则构成名誉损害。名誉权（Right of Reputation）是"公民、法人享有应该受到社会公正评价的权利和要求他人不得非法损害这种公正评价的权利。"❹ 侵犯名誉权在世界大多数国家都是被作为民事侵权看待，但在许多国家，情节严重的名誉侵权也会入罪，主要是侮辱罪和诽谤罪。

---

❶ ［美］乔尔·鲁蒂诺，［美］安东尼·格雷博什. 媒体与信息伦理学 ［M］. 霍政欣，罗赞，陈莉，曹海风，译. 北京：北京大学出版社，2009：199.

❷ 李永升. 侵犯个人法益的犯罪研究 ［M］. 北京. 法律出版社，2014：1.

❸ 马丁·科斯特曼. 保护名誉权利与新闻自由之间的平衡 ［M］//王利明，葛维宝. 中美法学前沿对话：人格权法及侵权法专题研究. 北京：中国法制出版社，2006：109.

❹ 孙旭培. 新闻传播法学 ［M］. 上海：复旦大学出版社，2008：196.

从民事侵权的角度看，我国调整名誉侵权的法律法规主要是《民法总则》与《侵权责任法》。我国《民法总则》第 110 条规定："自然人享有生命权、身体权、健康权、姓名权、肖像权、名誉权、荣誉权、隐私权、婚姻自主权等权利。法人、非法人组织享有名称权、名誉权、荣誉权等权利。"同时，第 185 条还规定："侵害英雄烈士等的姓名、肖像、名誉、荣誉，损害社会公共利益的，应当承担民事责任。"从这两条可知，名誉侵权的对象包括自然人、法人、非法人组织和死者四类。《侵权责任法》第 2 条对所侵害的民事权益进行了列举，名誉权为其中之一。

名誉侵权的形式主要是侮辱、诽谤以及诬告，但《民法》与《侵权责任法》均没有"侮辱""诽谤""诬告"字样，反倒是《宪法》与《刑法》有相关条款。我国《宪法》第 38 条规定："中华人民共和国公民的人格尊严不受侵犯。禁止用任何方法对公民进行侮辱、诽谤和诬告陷害。"《刑法》第 246 条规定了"侮辱罪"和"诽谤罪"，第 243 条"诬告陷害罪"。在客体方面，三罪都侵犯个人名誉权，不同的是"诬告陷害"的客体比较复杂，还侵犯了社会法益，如"可能导致错捕、错判、错杀的严重后果，造成冤假错案；不仅会浪费警力、物力、财力，损失国家的司法资源，而且会干扰司法机关的正常活动，甚至于可能破坏司法机关的威信"。❶ 在客观方面，侮辱是指通过口头、文字或暴力行为对让他人人格进行的贬损，其结果是侵害到他人的名誉权，其中，暴力侮辱是一种行为，如当众撕破他人遮羞的衣服，口头与文字侮辱都是言论表达。诽谤（Defamation）是指"通过向第三者传播致使他人（申诉者）名誉受到不公正毁损的虚假事实损害他人名誉的不法行为"。❷ 诽谤与侮辱的区别主要有以下几个方面：第一，诽谤是从某一方面或某几个方面毁损他人，造成对其不利的社会评价，而侮辱则是从整体上贬损他人人格；第二，诽谤使用的语言有可能不带脏字，非常"干净"，但侮辱使用的语言一般是粗鄙、下流的，如称某人是"王八蛋"等；

---

❶ 李永升. 侵犯个人法益的犯罪研究［M］. 北京. 法律出版社，2014：101.

❷ ［英］戴维·M. 沃克. 牛津法律大辞典［M］. 李双元，等，译. 北京：法律出版社，2003：314.

第三，诽谤散布虚假事实，陈述真实事实一般不构成诽谤，而侮辱一般不涉及事实陈述，即便事实真实，如果使用了侮辱性词句，也构成侮辱；第四，诽谤既可能是故意的，也可能是过失造成，侮辱则都是故意的；第五，诽谤企图以假乱真，误导他人，其他人有可能会相信诽谤所陈述的内容为真，侮辱则直接用使用脏话或暴力行为，不会误导他人，其他人不会相信侮辱的内容为真。诬告陷害是捏造他人犯罪的事实，并且向司法机关或有关机关告发，意图使他人受刑事追究的行为。诬告陷害与诽谤的共同点在于都存在捏造事实的行为，区别在于两方面：诬告陷害捏造的是他人的犯罪事实，而诽谤捏造的是损害他人名誉的虚假事实；诬告陷害是向政府机关或有关部门高发，而诽谤是当众或向第三者传播。三种违法行为必须达到"情节严重"的程度才构成犯罪。在主体方面，三罪都是一般主体，即年满16周岁且具有刑事责任能力的自然人。在主观方面，三罪都是直接故意，但目的有区别，侮辱和诽谤的目的都是破坏他人人格尊严或败坏他人名誉，而诬告陷害的目的则是使他人受到刑事追究。

虽然《刑法》中没有"名誉""名誉权"字样，但侮辱、诽谤和诬告类言论显然侵犯了个人的名誉权。这类侵犯名誉权的犯罪有三个方面的负外部性：一是名誉损害以及连带的其他损害。如使受害人社会评价的降低以及在生活中遭受到具体困难，轻则是冷落、孤立，重则是在求职、升迁、经营等方面遭受到打压与打击。二是精神损害。包括愤怒、焦虑、痛苦、羞愧、悲伤等情绪状况的不稳定和失眠、神经质、记忆减退等身体状况的不正常，最严重的则有可能导致精神障碍或精神疾病。三是附带的财产损害。包括治疗精神损害的医疗费用、名誉损害之后有可能造成的经济损失以及为维护名誉权而付出的诉讼费等。❶

侮辱、诽谤和诬告均属于表达行为，在网络时代，由于所有人都获得了"媒介接近权"，这类行为更加猖獗，且侵权责任者难以认定。现实社会中，表达主体的身份比较容易确认，但在互联网空间，表达主体使用的是虚拟身份，其真实身份的确认变得非常困难，这就涉及匿名表达权与名誉权的冲突问题，即"保护

---

❶ 张新宝. 互联网上的侵权问题研究［M］. 北京：中国人民大学出版社，2003：117-119.

匿名言论的愿望和使侵权者对其言论负责的意图发生冲突。"❶ 如果保护了表达权，则他人的名誉权受到侵害，如果保护了匿名权，则无法确定侵害者身份，受害人根本无法获得法律救济。因此，保障名誉权需对匿名表达权进行限制。

（二）泄露个人身份与个人信息权边界

一方面，匿名表达权要求保护表达者的个人身份信息，另一方面，匿名表达权也不能侵害他人的个人信息权。表达权与个人信息权都具有重要的价值，两者之间的冲突需要平衡。如前文所述，个人信息最初是通过隐私权来保护的，但学者们越来越倾向于将其看作一项独立的权利。隐私权是指"自然人享有的私人生活安宁与私人信息依法受到保护，不被他人非法侵扰、知悉、收集、利用和公开等的一种人格权。"❷ 其客体是个人隐私，包括自然人的私人活动、私人信息以及私人空间等。言论表达所侵犯的个人隐私主要是私人信息，即学者们认为应独立保护的个人信息。

在我国，表达权和隐私权都能在《宪法》中找到根据。表达权的宪法依据是《宪法》第 35 条，隐私权的宪法依据是《宪法》第 37 条中的"禁止非法搜查公民的身体"、第 39 条中的"禁止非法搜查或者非法侵入公民的住宅"以及第 40 条中的"除因国家安全或者追查刑事犯罪的需要，由公安机关或者检察机关依照法律规定的程序对通信进行检查外，任何组织或者个人不得以任何理由侵犯公民的通信自由和通信秘密"。《宪法》第 37 条、39 条与个人信息关联不大，第 40 条中的"通信秘密"与个人信息有一定相关性，可将其视为"个人信息权"的宪法来源之一，但"通信秘密"涉及的信息主要指通信内容中的信息，一般不包括通信主体的个人身份信息。

在我国法律法规体系中，对个人信息的保护条款已经非常多，而且许多法律法规是将个人信息独立于"隐私权"之外的。《刑法》除设置"侵犯通信自由罪"外，还单独设置了"侵犯公民个人信息罪"，该罪规制的是违反国家有关规定，向他人出售或者提供公民个人信息且情节严重的行为。《民法总则》将个人

---

❶ 邵国松. 网络传播法导论［M］. 北京：中国人民大学出版社，2017：125.
❷ 张新宝. 互联网上的侵权问题研究［M］. 北京：中国人民大学出版社，2003：172.

信息保护条款单列，除在第 110 条规定了"隐私权"等权利外，还在第 111 条规定："自然人的个人信息受法律保护。"《侵权责任法》由于出台较早，因此只提及了"隐私权"并未提及"个人信息"。不过，2014 年 6 月 23 日最高人民法院审判委员会通过的《关于审理利用信息网络侵害人身权益民事纠纷案件适用法律若干问题的规定》第 12 条规定了网络用户和网络服务提供者公开自然人个人信息应承担的侵权责任，这里的个人信息包括了"自然人基因信息、病历资料、健康检查资料、犯罪记录、家庭住址、私人活动等个人隐私和其他个人信息"。

2017 年 5 月，最高人民法院、最高人民检察院发布《关于办理侵犯公民个人信息刑事案件适用法律若干问题的解释》，该《解释》第 3 条规定："向特定人提供公民个人信息，以及通过信息网络或者其他途径发布公民个人信息的，应当认定为《刑法》第 253 条之一规定的'提供公民个人信息'。"最高人民法院研究室主任颜茂昆认为："通过信息网络或者其他途径予以发布，实际是向不特定多数人提供公民个人信息，向特定人提供公民个人信息的行为属于'提供'，基于'举轻明重'的法理，前者更应当认定为'提供'。"❶

法律法规对个人信息的保护，既构成对匿名表达权的保障，也构成对匿名表达权的限制。上一章重在强调法律法规对匿名表达者的个人身份信息的保护，本章则强调对表达内容所涉及的他人信息的保护。保护他人信息的另一面就是对匿名表达者的限制，由此形成表达权的边界。

（三）仇恨/歧视言论与民族平等权边界

民族平等边界主要是指仇恨与歧视言论引致的边界，该类言论侵犯的法益主要是民族平等、民族团结的和谐关系。在我国《刑法》中，"煽动民族仇恨、民族歧视罪"被归入分则第 4 章"侵犯公民人身权利、民主权利罪"，因而将其归入个人法益边界，但实际上，本罪所侵犯的客体也有国家法益、社会法益的成分。一方面，本罪所侵犯的民族平等与民族团结属于公民的民主权利。"公民的民主权利是基于人的社会属性而产生的法律权利，是法治国家中公民影响甚至支

---

❶ 徐隽. "两高"发布司法解释"人肉搜索"可能触犯刑法［EB/OL］. (2017-05-10)［2019-08-09］. http://media. people. com. cn/n1/2017/0510/c40606-29264473. html.

配国家意志形成的权利,是人民当家作主的具体体现。"❶ 另一方面,民族平等、民族团结也关乎国家安全与社会稳定。如包括仇恨与歧视言论在内的"侵犯人身、财产权利的行为"也受到《治安管理处罚法》的约束,《治安管理处罚法》第 47 条专门有对仇恨歧视类言论的处罚规定,而且该法第 1 条开宗明义列出的立法目的首先就是"维护社会治安秩序,保障公共安全",可见,仇恨与歧视言论也侵犯社会法益。

仇恨与歧视言论的特征是通过表达来攻击、侮辱或贬低某个群体的所有成员,主要"攻击其他具有不同种族、肤色、性别、宗教、道德观念或性观念的人"。❷ 仇恨与歧视言论的内驱力是偏见,偏见是一个人或群体的固有成见,源于经历或不合理的想象。有些是无伤大雅的,有些则"会导致强烈的社会和政治谴责(如种族主义、反犹太主义和仇视妇女)"。❸ 偏见很容易转化为仇恨与歧视言论,更甚者则转化为仇恨与歧视犯罪。

仇恨与歧视言论侵害的法益是民族平等与民族团结,其侵害的法益受到国际公约及各国法律的保护。如《消除一切形式种族歧视国际公约》(1965 年 12 月联合国大会通过、1981 年中国政府加入)将"种族歧视"界定为"基于种族、肤色、世系或民族或人种的任何区别、排斥、限制或优惠,其目的或效果为取消或损害政治、经济、社会、文化或公共生活任何其他方面人权及基本自由在平等地位上的承认、享受或行使",并认为"人与人间基于种族、肤色或人种的歧视,为对国际友好和平关系的障碍,足以扰乱民族间的和平与安全,甚至共处于同一国内的人与人间的和谐关系"。我国《宪法》也在第 4 条规定:"中华人民共和国各民族一律平等。国家保障各少数民族的合法的权利和利益,维护和发展各民族的平等团结互助和谐关系。禁止对任何民族的歧视和压迫,禁止破坏民族团结和制造民族分裂的行为。"

---

❶ 李永升. 侵犯个人法益的犯罪研究 [M]. 北京. 法律出版社,2014:147.

❷ [美] 格拉德・佛里拉,史蒂芬・里特斯亨,等. 网络法:课文和案例 [M]. 张楚,乔延春,等,译. 北京:社会科学文献出版社,2004:305.

❸ [美] 詹姆斯・R. 雅各布,吉姆伯利・波特. 仇恨犯罪:刑法与身份政治 [M]. 王秀梅,译. 北京:北京大学出版社,2010:12.

对于严重的仇恨与歧视言论，我国《刑法》直接将其入罪，《刑法》第249条"煽动民族仇恨、民族歧视罪"对"煽动民族仇恨、民族歧视，情节严重的"行为予以规制，第250条还规定了"出版歧视、侮辱少数民族作品罪"，对"在出版物中刊载歧视、侮辱少数民族的内容，情节恶劣，造成严重后果的"的行为予以规制。上述两罪在《刑法》中均归入分则第4章"侵犯公民人身权利、民主权利罪"，可见其侵犯的法益是个人法益。从罪名可知，"煽动民族仇恨、民族歧视罪"属于一种"煽动"类犯罪，其内容是仇恨与歧视言论，其形式是煽动性表达行为，包括发表演说等语言表达行为和张贴大字报、网络发帖等文字表达行为。"出版歧视、侮辱少数民族作品罪"则是一种"出版"类犯罪，本质上也是一种表达行为。仇恨歧视类言论的边界，大多基于《刑法》，但其他法律法规也会构成对匿名表达的边界。如对于情节较轻的仇恨与歧视言论，我国《治安管理处罚法》第47条就做出了规定，"煽动民族仇恨、民族歧视，或者在出版物、计算机信息网络中刊载民族歧视、侮辱内容的，处十日以上十五日以下拘留，可以并处一千元以下罚款"。

在互联网空间，由于匿名性强，"曾经寓于隐蔽的无权无势的团体中的憎恨偏执的言论，如今可以在网络空间迅速地传播"。❶ 2004年，欧洲安全合作组织召开了"打击网络仇恨犯罪国际会议"，其目标是"打击极端分子利用互联网散布仇恨言论，包括反犹太人、种族主义和排外宣传等"。❷ 2009年，联合国总部举行"网络仇恨"研讨会，联合国秘书长潘基文将网络仇恨言论的寄存场所比作信息高速公路上"少数几条阴暗的小巷"。此外，世界上许多国家都将网络空间中的仇恨与歧视言论列入违法犯罪，在法国和德国等欧洲国家，"反犹太和有纳粹倾向的网站以及其他形式的憎恨言论都是违法的"。❸ 美国1969年就通过了自己的《仇恨犯罪法》，2009年10月，美国总统奥巴马签署的《仇恨犯罪法》

---

❶ ［美］理查德·斯皮内洛. 铁笼，还是乌托邦：网络空间中的道德与法律（第二版）［M］. 李伦，等，译. 北京：北京大学出版社，2007：65.

❷ 丹. 打击网络仇恨犯罪国际会议在巴黎召开［J］. 国外社会科学，2004（5）：122.

❸ ［美］理查德·斯皮内洛. 铁笼，还是乌托邦：网络空间中的道德与法律（第二版）［M］. 李伦，等，译. 北京：北京大学出版社，2007：65.

将适用范围从种族、肤色、宗教和国籍扩张至性倾向。

在我国司法实践中，有人通过撰写并邮寄匿名信的方式发表煽动民族仇恨与歧视的言论。典型案例是"孙元河煽动民族仇恨、民族歧视案"，在该案中，被告人孙元河于 2003 年 2 月至 5 月，先后向北京市宣武区牛街清真寺阿訇、北京市回民中学、中央电视台某主持人、回民同事等单位及个人，匿名撰写并邮寄 8 封含有歧视、侮辱、诋毁伊斯兰教和回族内容的信件，最终获罪。在互联网时代，邮寄匿名信的方式显然已经落后，许多人通过网络途径发布民族仇恨与歧视言论：一是通过建立互联网站发布相关言论。如"李治东煽动民族仇恨、民族歧视案"，在该案中，被告人李治东利用其创办及管理的"回族佛教网"网站、微博、QQ 群及微信群等网络交流平台，长期发布大量侮辱、诋毁伊斯兰教及穆斯林同胞的文章、图片、言论，引起全国范围部分穆斯林群众的关注并引发回族群众上访，最终获罪。二是通过 QQ 群、微信群发布相关言论。如"麦麦提尼亚孜·艾尼煽动民族仇恨、民族歧视案"，2013 年，被告在家中使用手机上网，在 6 个 QQ 群（共有成员 1310 人）中发布煽动民族仇恨的言论，并要求群中所有人员将该信息转发，最终获罪。三是通过微信朋友圈转发相关言论。如"鲜奋英煽动民族仇恨、民族歧视案"，2016 年 3 月 15 日、6 月 20 日，鲜奋英在第八师一四九团幸福路鲜氏牛肉面馆内，两次使用自己的微信账号（Xm18×××660）在拥有 149 人的微信好友朋友圈内转发涉及煽动民族仇恨、民族歧视内容的信息，最终获罪。

仇恨与歧视言论的本质是不平等，因此其侵犯的法益主要是个人民主权利所包含的民族平等权。"在多民族的国家和地区，由于民族的历史、文化、传统、风俗、习惯、种族、肤色等差异，往往会产生相互间的贬损心理和自我的优越心理，在这种心理的支配下，处于强势地位的民族会做出一些歧视其他民族的不公平的行为。"● 仇恨与歧视言论针对的是不特定人或多数人，因此损害的并非具体的个人人格权利，而是群体中成员的平等权，这种侵害包括如下几个方面：一

● 李永升. 侵犯个人法益的犯罪研究［M］. 北京. 法律出版社，2014：151.

是对被歧视群体中的成员个人造成心理伤害，这种伤害不会随着个人能力的提升而消除，不管政治或经济地位如何，这种伤害都不会消除。这种伤害会损及群体尊严，甚至导致个人失去入学、就业的机会。二是损及群体中个人的名誉，虽然群体作为集体没有人格权，但集体中的个人却有人格权，群体中的个人往往会遭到名誉的损失。三是有可能导致仇恨行动，小则是针对群体中个人的仇恨犯罪，大则是针对群体的暴力恐怖犯罪，这不仅损害社会秩序，且有可能构成对国家安全的威胁。由是观之，仇恨与歧视言论侵犯的法益，不仅包括个人法益，也包括社会法益与国家法益。

第三节　网络匿名表达权的越界责任

在《现代汉语词典》中，责任有两层意思：一是"分内应做的事"；二是"没有做好分内应做的事，因而应当承担的过失"。❶ 从法学义务说的角度看，前者是第一性义务，后者是第二性义务。有学者将法律责任界定为"第二性义务"，认为"由于违反法定义务而引起的、由专门国家机关认定并归结于有责主体的、带有强制性的义务。即由于违反第一性法定义务而招致的第二性义务"。❷ 有学者跳出义务说，强调法律责任的应然性，将其界定为："行为主体（自然人、法人、团体）因违反法律义务、造成对他人的损害、从而承担某种不利后果的应当性。"❸ 也有学者强调其实然性，认为："法律责任是有责主体因法律义务违反之事实而应当承受的由专门国家相关依法确认并强制或承受的合理的负担。"❹《辞海》则给出了一个浅显易懂的定义，即法律责任是"实施违法行为而应承担的法律后果"。❺

---

❶　中国社会科学院语言研究所词典编辑室. 现代汉语词典（第五版）[M]. 北京：商务印书馆，2005：1702.

❷　张文显. 论法学的范畴意识、范畴体系与基石范畴 [J]. 法学研究，1991（3）：8.

❸　张恒山. 法理要论 [M]. 北京：北京大学出版社，2002：454.

❹　刘作翔，龚向和. 法律责任的概念分析 [J]. 法学，1997（10）：9.

❺　夏征农，陈至立. 辞海（第六版）[M]. 上海：上海辞书出版社，2010：557.

法律责任的构成需要具备一定的条件，这些条件就是法律责任的构成要件，一般而言，法律责任的构成要件包括五个方面：一是主体，即法律责任的承担者；二是客体，违法行为所侵害的法益；三是主观心理状态，即行为主体在实施违法行为时的心理状态，包括故意、过失等；四是客观行为，即违法行为，包括犯罪和一般的违法行为；五是因果关系，即行为与侵害结果之间的关系。

根据违法行为所违反的法律部门不同，法律责任可以分为刑事责任、民事责任、行政责任等。三类法律责任的不同之处包括如下几点：（1）功能不同。民事责任"重在对受害人权利的恢复，赔偿或补偿当事人所受到的损失，其更主要的体现为补偿功能和救济功能"；行政责任重在"对一定社会关系予以恢复的救济功能和通过剥夺能力、减少再次实施违法行为可能性的预防功能"；刑事责任"呈现出浓重的惩罚和报复犯罪人的色彩"，同时也要"震慑、警示社会上的其他人不要实施犯罪行为"，体现的是惩罚功能和预防功能。❶（2）主观要件不同。民事责任采用结果责任原则，包括过错责任与无过错责任，"在特定情况下，不管行为人主观上是否具有过错，只要对他人造成了损害，就要承担侵权责任"；刑事责任、行政责任只有过错责任，即行为人必须有过错，即故意或过失，才能追究责任，"绝对不能追究行为人的结果责任或者说是无过错责任"。❷（3）责任承担方式不同。民事责任主要以财产责任为主，旨在补偿、恢复受害人权利；刑事责任主要采用限制或剥夺犯罪分子的人身自由权利的刑罚方式，而行政责任则包括两个层面，"一是以违法的行政主体为主要适用对象的撤销违法行政行为、履行职务或法定义务、通报批评、赔礼道歉等；二是以违法的行政相对人为主要适用对象的罚款、拘留、责令停产停业、吊销营业执照等"。❸

一、刑事责任

刑事责任是指犯罪人因实施犯罪行为应当承担的法律责任。在我国《刑法》

❶ 张旭. 民事责任、行政责任和刑事责任——三者关系的梳理与探究［J］. 吉林大学社会科学学报，2012（2）：56.
❷ 黎宏. 民事责任、行政责任与刑事责任适用之司法困惑与解决［J］. 人民检察，2016（2）：14.
❸ 张旭. 民事责任、行政责任和刑事责任——三者关系的梳理与探究［J］. 吉林大学社会科学学报，2012（2）：56.

中，刑事责任的主体包括两类：一是自然人，根据《刑法》第 17 条、第 18 条的规定，只有达到一定年龄并且精神正常的人，才能成为刑事责任的主体。二是单位，根据《刑法》第 30 条规定，公司、企业、事业单位、机关、团体等单位，也可能成为刑事责任的主体。刑事责任的客体是犯罪行为所侵犯的、《刑法》所保护的法益，包括国家法益、社会法益、个人法益。刑事责任的主观心理状态，一般包括故意和过失两类，《刑法》第 14 条和第 15 条分别界定了"故意犯罪"和"过失犯罪"，前者指"明知自己的行为会发生危害社会的结果，并且希望或者放任这种结果发生，因而构成犯罪的"，后者指"应当预见自己的行为可能发生危害社会的结果，因为疏忽大意而没有预见，或者已经预见而轻信能够避免，以致发生这种结果的"。这两条还规定，"故意犯罪应当承担刑事责任"，"过失犯罪，法律有规定的才承担刑事责任"。刑事责任的客观行为又称犯罪行为，即行为主体所实施的《刑法》所禁止的行为，具体的犯罪行为在《刑法》分则中有相当详细的规定，本书主要探讨的是《刑法》所禁止的表达行为。

刑事责任的承担方式在《刑法》中称为"刑罚"，刑罚包括五类主刑和三类附加刑，前者包括管制、拘役、有期徒刑、无期徒刑和死刑，后者包括罚金、剥夺政治权利和没收财产。本书仅以《刑法》中对七种不同的煽动性言论为例加以说明。《刑法》中七种煽动性言论可以分为三大类：一是侵犯国家法益的煽动性犯罪，包括"煽动分裂国家罪""煽动颠覆国家政权罪"和"煽动军人逃离部队罪"。前两罪的刑事责任的承担方式相同，均为"五年以下有期徒刑、拘役、管制或者剥夺政治权利"，首要分子或者罪行重大的，其刑事责任要加重为"五年以上有期徒刑"。同时，根据《刑法》第 106 条规定："行为人在实施第 105条规定的煽动颠覆国家政权等行为时，与境外机构、组织、个人相勾结的，需"从重处罚"。根据《刑法》第 113 条第 2 款规定，两罪还可以判处"没收财产"。总体而言，前两罪的刑事责任涵盖了主刑中的有期徒刑、拘役、管制与附加刑中的剥夺政治权利、没收财产。相比而言，"煽动军人逃离部队罪"的刑事责任则要轻很多，仅对"情节严重的"施加"三年以下有期徒刑、拘役或者管制"。只有主刑，没有附加刑，而且情节不严重的，根本就不构成犯罪。二是侵犯社会法益的煽动性犯罪。包括"宣扬恐怖主义、极端主义、煽动实施恐怖活动罪""利用极端主义破坏法律实施罪"与"煽动暴力抗拒法律实施罪"，三罪的刑事责任承担主体都是实施了煽动行为的人，刑事责任承担方式则有轻有重。"宣扬恐怖主义、极端主义、煽动实施恐怖活动罪"的刑事责任分两个档次："情节严重的，处五年以上有期徒刑，并处罚金或者没收财产"，不构成情节严重的，"处五年以下有期徒刑、拘役、管制或者剥夺政治权利，并处罚金"。"利用极端主义破坏法律实施罪"的刑事责任分三个档次："情节严重的，处三年以上七年以下有期徒刑，并处罚金；情节特别严重的，处七年以上有期徒刑，并处罚金或者没收财产"，不构成情节严重的，"处三年以下有期徒刑、拘役或者管制，并处罚金"。"煽动暴力抗拒法律实施罪"的刑事责任分两个档次："造成严重后果的，处三年以上七年以下有期徒刑"，未造成严重后果的，"处三年以下有期徒刑、拘役、管制或者剥夺政治权利"。三是侵犯个人法益的煽动性犯罪，即"煽动民族仇恨、民族歧视罪"，该罪的刑事责任分两个档次："情节严重的，处三年以下有期徒刑、拘役、管制或者剥夺政治权利；情节特别严重的，处三年以上十年以下有期徒刑"，情节不严重的不构成犯罪。

总之，《刑法》中煽动性犯罪的刑事责任承担主体均为实施了煽动行为的人，凡年满16周岁具有刑事责任能力的人均被涵盖在内，包括中国人、外国人以及无国籍人；客体均为各种不同的法益，包括了国家安全、社会秩序、个人民主权利等方面；客观方面均实施了煽动行为；主观方面均为故意。由于构成犯罪，因而必须承担刑事责任，《刑法》对此类犯罪规定了不同的刑事责任承担方式。

二、民事责任

民事责任是指由于违反民事法律、违约或者由于民法规定所应承担的一种法律责任。根据我国《民法总则》规定，民事责任的承担主体包括自然人、法人和非法人组织三类。具体到本书论述的网络表达行为，《侵权责任法》第36条将网络侵权责任的主体分为两类：一是网络用户，二是网络服务提供者。网络用户可以是自然人、法人或非法人组织，但一般是自然人，法人与非法人组织的表达行为也是通过自然人发布的。网络服务提供者主要是法人或非法人组织。两类主体在网络中侵害他人权益，均需承担法律责任。《侵权责任法》第 36 条规定："网络用户、网络服务提供者利用网络侵害他人民事权益的，应当承担侵权责任。"

在网络空间，网络用户承担责任的情形包括如下几种情况：一是网络用户发表侵害他人权益的言论，根据《侵权责任法》第 2 条，应承担侵权责任。二是网络用户帮助他人发表侵害他人的言论，根据《侵权责任法》第 8 条，两人应当承担连带责任。三是网络用户转发其他网络用户在网络上侵害他人的言论，根据《侵权责任法》第 11 条和第 12 条，两人均应承担责任，"每个人的侵权行为都足以造成全部损害的，行为人承担连带责任"，"能够确定责任大小的，各自承担相应的责任；难以确定责任大小的，平均承担赔偿责任"。

关于匿名表达者的侵权责任，若其侵害的是国家法益或社会法益，其侵害行为比较容易认定，一旦认定侵害就需要承担法律责任，一般是刑事责任或行政责任。若侵害的是其他网络用户的个人法益，如名誉权、隐私权等，则要看受害者是否实名。具体又分三种情况：第一，受害者实名，此时加害人需承担侵害责任。第二，受害者匿名，同时其他任何人都无法将其网名与他的现实真实身份对应起来，此时加害人一般不需承担责任。如《网络安全法》第 42 条规定："未经被收集者同意，不得向他人提供个人信息。但是，经过处理无法识别特定个人且不能复原的除外。"第三，受害者匿名，但周围的他人却能将受害者的网名与他的真实身份对应起来，此时加害人需承担法律责任。

我国司法实践中，通过虚拟身份诽谤他人的典型案件是"张静诉俞凌风网络环境中侵犯名誉权纠纷案"，在该案中，原告张静和被告俞凌风都有 e 龙西祠胡同网站的注册账号，网名分别为"红颜静"和"华容道"，在 2000 年 11 月的一次网友聚会中，网友间互相认识。2001 年 3 月，在 e 龙西祠胡同某版块上，网民"大跃进"发表了《记昨日输红了眼睛的红颜静》一文，文中使用了"捶胸顿足如丧考妣要赖骂娘狗急跳墙"等侮辱性言词。此后，"大跃进"又发表了《我就是华容道，我和红颜静有一腿》《刺刀插向〔小猪寂寞〕的软肋》等文章，以虚构情节与侮辱性言词攻击"红颜静"，将"红颜静"描述为"一个千夫所指，水性扬花的网络三陪女；网络亚色情场所的代言人"。"红颜静"向南京市鼓楼区人民法院起诉了"大跃进"。法院认定："根据"大跃进"发表上述文章的时间，从西祠胡同网站调取了"大跃进""华容道"在 5 月 22 日至 6 月 21 日期间上线的时段和 IP 地址（按国际互联网协议确定的上网计算机地址），并据此通过江苏省公众多媒体局查明："'华容道'与'大跃进'上线使用的电话主叫号码相同，该主叫号码与被告俞凌风自认的家中上网电话号码一致，从而证实 5 月 29 日、5 月 31 日在 e 龙西祠胡同网站以'大跃进'的网名发表《我反对恶意炒作"交叉线性骚扰"事件!》和《红颜静! 你丫敢动老子一个指头，一切后果自负!》文章的作者，就是本案被告俞凌风。"基于上述事实，法院判定俞凌风在 e 龙西祠胡同网站上赔礼道歉，并赔偿精神损失费 1000 元。该案的关键点在于"弄不清何人所为，名誉权就是空中楼阁，谁是'红颜静'？谁是'华容道'和'大跃进'？主体在这个以往的名誉权诉讼中并不难的问题，却成了虚拟世界的一大难题"。❶ 该案解决了上述问题，对"匿名表达者"进行了调查，且首次将能够指向真实身份的虚拟 ID 列入了名誉权保护范围。

网络服务提供者的民事责任主要是其作为中间平台未尽到平台管理义务而应承担的责任。对于未尽到管理义务，《侵权责任法》第 36 条规定了两种情形：一是"网络服务提供者知道网络用户利用其网络服务侵害他人民事权益，未采取必要措施的，与该网络用户承担连带责任"；二是"网络用户利用网络服务实施侵权行为的，被侵权人有权通知网络服务提供者采取删除、屏蔽、断开链接等必要措施。网络服务提供者接到通知后未及时采取必要措施的，对损害的扩大部分与该网络用户承担连带责任"。根据该规定可知，网络服务提供者有维护平台秩序的义务，虽然不需要对所有表达内容都进行事前审查，但对一些明显侵害其他法益的言论负有及时删除的义务，若没有及时删除，就是一种不作为的过错，需与

---

❶ 刘海涛，郑金雄，沈荣. 中国新闻官司二十年：1987～2007 ［M］. 北京：中国广播电视出版社，2007：532.

网络用户承担连带责任。

与《刑法》不同，我国《民法总则》《侵权责任法》等法律没有对每一项违法或侵权的法律责任进行详细的规定，只是笼统罗列了民事责任的主要承担方式。在《民法总则》中，民事责任的承担方式主要包括11种："（一）停止侵害；（二）排除妨碍；（三）消除危险；（四）返还财产；（五）恢复原状；（六）修理、重作、更换；（七）继续履行；（八）赔偿损失；（九）支付违约金；（十）消除影响、恢复名誉；（十一）赔礼道歉。"在《侵权责任法》中，侵权责任的承担方式包括8种，由于现行《民法总则》出台晚于《侵权责任法》，因此《侵权责任法》规定的8种责任承担方式已全部被《民法总则》所涵盖。本书所探讨的表达行为侵犯的民事法益主要是民事主体的人格权，特别是人格权中的名誉权、隐私权等，责任承担方式主要包括四类：一是停止侵害；二是恢复名誉、消除影响；三是赔礼道歉；四是赔偿损失。根据《民法总则》以及《侵权责任法》的规定，民事侵权责任的承担方式，即可以单独适用，也可以合并适用。如在"张静诉俞凌风网络环境中侵犯名誉权纠纷案"中，法院判定的民事责任主体俞凌风承担责任的方式就是在 e 龙西祠胡同网站上赔礼道歉，并赔偿精神损失费 1000 元。

三、行政责任

行政责任是指因违反行政法规定或因行政法规定而应承担的法律责任。"在法学领域行政责任有广义和狭义之分。广义指行政法律关系的主体和相对人违反行政法规依法承担的责任；狭义指行政机关及其公务人员的违法行政责任，即行政主体的行政责任。"❶ 关于行政责任的承担主体，"有'公民说''行政法主体说''行政主体说'。'公民说'概念中的责任，指相对人的责任；'行政法主体说'概念中的责任，指行政关系中行政主体和相对人双方的责任；'行政主体说'指的是行政主体责任，即做出行政行为的行政机关的责任"❷。本书所说的

---

❶ 李蕊，赵德铸. 行政主体行政责任阐释——源自责任追究视角 [J]. 内蒙古社会科学（汉文版），2013, 34（5）：79.

❷ 张珏芙蓉. 论行政责任类型的体系建构 [J]. 山东社会科学，2015（4）：179.

行政责任侧重"公民说",指的是行政相对人的法律责任,即"行政相对人违反行政法律规范应承担的法律后果或应负的法律责任"。❶

行政相对人的法律责任广泛存在于我国行政法部门的各级各类法律法规中。较为明确地列出行政责任承担形式的是《行政处罚法》(1996 年 3 月通过,2009 年 8 月与 2017 年 9 月两次修正)与《治安管理处罚法》(2005 年 8 月通过,2012 年 10 月 26 日修正)。《行政处罚法》保障的法益是行政管理秩序,行政处罚的责任承担主体是公民、法人或者其他组织,责任的承担方式即行政处罚包括七种:"(一)警告;(二)罚款;(三)没收违法所得、没收非法财物;(四)责令停产停业;(五)暂扣或者吊销许可证、暂扣或者吊销执照;(六)行政拘留;(七)法律、行政法规规定的其他行政处罚。"该法第 7 条还规定,同一行为在承担行政责任的同时,还可以承担民事责任和刑事责任。《治安管理处罚法》保护的法益是社会公共秩序与公共安全,责任承担的主体是达到责任年龄且具有责任能力的自然人,责任承担方式即治安管理处罚包括四种:"(一)警告,(二)罚款,(三)行政拘留,(四)吊销公安机关发放的许可证。"本条还规定:"对违反治安管理的外国人,可以附加适用限期出境或者驱逐出境。"《治安管理处罚法》比《行政处罚法》更为详尽,在第 3 章逐条列举了"违反治安管理的行为和处罚",与表达行为相关的条款有很多,篇幅所限,在此仅列举三条:第 25 条第 1 款规定:"散布谣言,谎报险情、疫情、警情或者以其他方法故意扰乱公共秩序的"行为,"处 5 日以上 10 日以下拘留,可以并处 500 元以下罚款;情节较轻的,处 5 日以下拘留或者 500 元以下罚款";第 47 条规定:"煽动民族仇恨、民族歧视,或者在出版物、计算机信息网络中刊载民族歧视、侮辱内容的,处 10 日以上 15 日以下拘留,可以并处 1000 元以下罚款";第 55 条规定:"煽动、策划非法集会、游行、示威,不听劝阻的,处 10 日以上 15 日以下拘留"。

除了一般性法律法规,行政相对人的法律责任在相关行政管理领域的法律法规中更为频密。如在互联网管理领域的法律法规中,法律层面的《关于加强网络

---

❶ 肖萍,余娇. 行政相对人法律责任设定之完善 [J]. 江西社会科学,2014(12):153.

信息保护的决定》（2012）与《网络安全法》（2017），行政法规层面的《互联网信息服务管理办法》以及部门规章层面的《互联网新闻信息服务管理规定》《电信和互联网用户个人信息保护规定》都有相当的篇幅规定了行政相对人的法律责任。在《关于加强网络信息保护的决定》中，前 10 条规定了加强信息保护的相关要求，第 11 条规定了违反上述要求需承担的行政、刑事与民事三类法律责任："对有违反本决定行为的，依法给予警告、罚款、没收违法所得、吊销许可证或者取消备案、关闭网站、禁止有关责任人员从事网络服务业务等处罚，记入社会信用档案并予以公布；构成违反治安管理行为的，依法给予治安管理处罚。构成犯罪的，依法追究刑事责任。侵害他人民事权益的，依法承担民事责任。"《网络安全法》第 6 章详列侵害网络安全的各种"法律责任"。如第 64 条分两款规定了侵害个人信息权违法行为的法律责任，第 1 款的责任承担主体仅限于网络运营者、网络产品或者服务的提供者，该款规定"网络运营者、网络产品或者服务的提供者违反本法第 22 条第 3 款、第 41 条至第 43 条规定，侵害个人信息依法得到保护的权利的，由有关主管部门责令改正，可以根据情节单处或者并处警告、没收违法所得、处违法所得一倍以上十倍以下罚款，没有违法所得的，处一百万元以下罚款，对直接负责的主管人员和其他直接责任人员处一万元以上十万元以下罚款；情节严重的，并可以责令暂停相关业务、停业整顿、关闭网站、吊销相关业务许可证或者吊销营业执照"第 2 款的责任承担主体包括任何个人和组织，该款规定"违反本法第 44 条规定，窃取或者以其他非法方式获取、非法出售或者非法向他人提供个人信息，尚不构成犯罪的，由公安机关没收违法所得，并处违法所得一倍以上十倍以下罚款，没有违法所得的，处一百万元以下罚款"。其他位阶更低的规章和规范性文件也有相当详细的相关规定，本书不再一一列举。

第七章
网络匿名表达权的制度供给

第七章
网络匿名表达权的制度供给

政府对关于表达权的制度供给有一个演进过程。早期，封建政府的制度供给主要是对言论表达的监管制度，监管旨在"控制"，控制的最终目的是维护统治，而非维护表达自由。最早的控制形式是强力压制，其手段包括事前检查制度、知识税、严刑峻法等，其目的是运用政府的强制力消灭于己不利的表达。正如马克思所言，在检查制度下，"精神的太阳，无论它照耀着多少个体，无论它照耀着什么事物，却只准产生一种色彩，就是官方的色彩！"❶ 此后，压制逐渐转为限制。限制较压制宽松，从词义上看，限制是指"规定范围，不许超过"，含有约束、禁止的意味。在法学和新闻传播学领域，对表达权边界的研究一般使用"限制"来表述，但"限制"一词也蕴含了控制的意味，无法涵盖政府等公权力机构与表达自由的复杂关系，因为有时候政府制定法律并非为了"限制自由，而是为了更好地实现自由，并且正义的法律总是体现了自由的价值"。❷

与限制不同，制度供给是一个新制度经济学的词汇，侧重政府对制度需求的满足，本质是政府提供给社会的公共产品。在新制度经济学代表人物道格拉斯·诺斯看来，"制度是一系列被制定出来的规则，守法程序和行为的道德伦理规范，它旨在约束追求主体福利或效用最大化利益的个人行为"。❸ 互联网时代，控制与限制思维在具体的管理实践中捉襟见肘，用制度供给思维对其进行取代不失为

---

❶ 马克思，恩格斯. 马克思恩格斯全集（第一卷）［M］. 北京：人民出版社，1956：7.

❷ 王锋. 表达自由及其界限［M］. 北京：社会科学文献出版社，2006：105.

❸ 冷兆松. 快读大师：五十位顶级经济学家传略［M］. 北京：中国经济出版社，2005：385.

一个明智的选择。互联网可否作为表达自由的保留地？显然不能。匿名性虽然使表达者获得了某种安全感，但也让他们放松了与自由相伴的责任。"互联网络上的言论自由、表达自由当然应该有一定的限度"，如果其"侵犯到他人的自由或破坏社会的良好风气和道德准则，那么代表人民的政府理应制定相关法规予以限制"。❶ 这里的限制强调了"制定相关法规"，因而减少了控制色彩，突出了制度供给。

制度有广义和狭义之分，广义的制度指"在一定历史条件下形成的政治、经济、文化等方面的体系"，狭义的制度指"要求大家共同遵守的办事规程或行为准则"。❷ 广义的制度包括三个方面，正式制度、非正式制度与制度的实施，"非正式制度涉及到文化传统、思想意识。它包含的各种规则，对人们的行为会产生约束力，但这种约束力是一种'软约束'。正式制度涉及政治法律制度，它是以国家权力做后盾，对人们行为的约束具有强制性"。❸ 制度供给是制度供给者通过一定的程序创建制度的过程，在这里，制度供给者只能是国家或政府，"由于国家在使用暴力方面具有垄断权，因而只有国家愿意提供某种制度，这种制度才可能产生。如果国家拒绝提供某种制度，则这个制度就不会进入社会生活"。❹ 被供给的制度只能是正式制度，即狭义的制度，因为非正式制度是长期演化的结果，并不能被一朝一夕供给出来。

本书所说网络匿名表达权的制度供给，是指国家或政府为保障网络匿名表达权的实现而提供的正式的政治法律制度，或者国家提供的某些政治法律制度有助于匿名表达权的实现。应该说，目前我国与网络表达权相关的制度供给更贴近于后一种情况，即制度供给出发点更多是互联网治理，但客观也达到了保障匿名表达权的效果。这些制度散见于国家相关行政管理部门出台的一系列法律法规，主要包括网络表达主体的准入制度、网络表达主体的身份信息保护制度等。

---

❶ 门文. 互联网络与言论自由：美国关于《传播净化法案》之争 [J]. 国际新闻界, 1997, (4): 43.

❷ 中国社会科学院语言研究所词典编辑室. 现代汉语词典（第五版）[M]. 北京：商务印书馆, 2005: 1756.

❸ 朱琴芬. 新制度经济学 [M]. 上海：华东师范大学出版社, 2006: 55.

❹ 朱琴芬. 新制度经济学 [M]. 上海：华东师范大学出版社, 2006: 81.

第一节　网络表达主体的准入制度

网络表达主体的准入制度主要是指网络用户在表达前的身份审核制度，在我国，这一制度主要体现为网络用户实名注册制度，一般被统称为网络实名制，但实际上，网络实名制与网络匿名制是同一制度的一体两面。

一、网络匿/实名制度的对立统一性

如前文所述，匿名制可以追溯到古希腊时期的陶片放逐法，"每年的春季，全雅典的国民都会采用不记名方式把自己认为会破坏民主制度的人名写在贝壳上。获投票最多的人要被大会决定放逐"。❶ 20 世纪 40 年代，中国共产党在解放区创立的"豆选"制度也是一种匿名制，"豆选是一种'秘密投票'（Secret Ballot）的方式。之所以称之为'秘密'，是因为这种表决方法的程序使外人很难判断选民到底将票投给了谁，这让政党或候选人很难用金钱或暴力来影响选民投票，选民才能自由地表达内心的意愿"。❷

网络匿名制的表面意义是无须实名注册即可在网络空间进行活动的一种制度，实际上很少有人使用网络匿名制这一提法，国家也并未出台相关的制度，它只是网络实名制的另一面而已。"互联网上没有绝对的'匿名'，即使注册是'匿名'的，想要通过技术手段查到发布者的信息，也是十分便利的（比如 IP查询，甚至物理地址查询）。"❸ 也就是说，"即使你的台式计算机与本地网络没有窥探工具，你也不完全是匿名的。你访问某个网站的每一个时刻，电脑都在通过那个网站收集你的信息，至少，一个网站可以找出你所在城市的时间（从而找到你的时区/地区）、你使用的计算机类型、你的 IP 地址、你的电子邮件地址，

❶　孙婉慜. 从马克思主义言论自由视角探究网络表达权 ［D］. 浙江理工大学，2015：13.

❷　佚名. 豆选是一种"秘密投票"［EB/OL］.（2014-09-07）［2019-08-27］. http://news. ifeng. com/a/20140907/41893570_0. shtml.

❸　薛京. 论网络表达自由的限制与保障 ［D］. 中国政法大学，2007：43.

以及域名所有者的地址"。❶

网络实名制是指"以居民身份证号码为基础，要求网络用户在开立博客、论坛发帖、网络游戏时，将身份信息提供给网络管理者，网络管理者对网络用户的身份及 IP 地址进行后台验证、管理的制度"。❷ 其本质是网络用户虚拟身份的可验证制度，旨在实现虚拟身份与现实空间真实身份的对应。当前我国的网络实名制包括网络商品市场的实名制和网络舆论市场的实名制，前者指电子商务中的网络实名，即网店实名制和消费者实名制等；后者指网络表达过程中的实名制，包括博客实名制、网络论坛实名制、微博实名制等等。此外，网吧实名登记制在某种程度上也可以归入此类。

推行网络匿名制还是网络实名制，在 21 世纪初的讨论中，学者们分成了两派。实名制支持者认为，推行网络实名制可以对网上的名誉侵害予以严惩，全国人民代表大会应该立法禁止任何人匿名在网上发表言论；匿名制支持者认为，网络匿名性是表达自由的保障，实名制就是要扼杀表达自由，"侵犯人们说话、撰文和言论自由的权利。这一点点自由也要剥夺，这是再残忍不过的了"。甚至有学者上升到宪法层面，认为"'网络实名'的主张缺乏基本法律常识，没有'言论自由'的宪法观念"。❸ 但这些争论实属不必，因为网络匿名制与网络实名制并非矛盾，而是同一事物的正反面。海伦·肯尼迪（Helen Kennedy）认为，线上身份和线下身份的关系是一个复杂的问题，使用"匿名"这样的术语过于简单了，"'匿名'这一概念的问题在于它太固定和稳定，网络身份要么是匿名的，要么不是匿名的，没有给认识'客观匿名'（Being Anonymous）与'感知匿名'（Feeling Anonymous）的差别留下空间。"❹

表面来看，网络匿名制与网络实名制是一对矛盾，前者要求网络用户个人身

---

❶ Royal Van Horn. The Crazy Business of Internet Peeping, Privacy, and Anonymity [J]. Phi Delta Kappan Magazine, 2000, 82（3）：257.

❷ 李萌. 网络实名制：推行需权衡利弊 [J]. 互联网天地, 2010（3）：67.

❸ 赵凌. 揭开事实的真相：李希光事件始末调查 [EB/OL]. (2003-06-06)[2019-08-13]. https://tech. sina. com. cn/me/2003-06-06/0007195125. shtml.

❹ Helen Kennedy. Beyond anonymity, or future directions for internet identity research [J]. New Media, & Society, 2006, 8（6）：871.

份的不可辨识性或虚拟身份与真实身份的不可对应性，后者要求网络用户个人身份的可辨识性或虚拟身份与真实身份的可对应性。但实际上，无论是网络匿名制还是网络实名制，均可通过技术手段从虚拟身份追踪到真实身份，只不过网络匿名制要花费较多的成本而已。也就是说，网络匿名制并非绝对匿名制，而是相对匿名制，并非客观匿名制，而是主观匿名制，"所谓网络匿名的自由表达，只是网民不必考虑自己的言论后果的一种心理感知……即能畅所欲言的安全感"。❶这种安全感的营造并不在于网络用户是否在注册中提供真实的身份信息，而在于相关部门对网络用户个人身份信息的保护程度。

网络匿/实名制作为制度供给主要是为了维护网络空间的表达自由与秩序，唯有在法律秩序下，表达自由才能真正拥有。"在匿名状态下，由于没有制度措施保障网络空间自由与责任的一致，网络空间中的自由往往走向放任，无节制的自由行为给社会留下了大量现实的责任后果，最终毁灭了自由本身。"❷因此，政府提供相对的网络匿/实名制度，体现了对表达权的保护，这种相对的网络匿/实名制度就是"后台实名、前台自愿"制度。

二、网络匿/实名制度的中国实践

中国网络匿/实名制度的供给在当前主要体现为网络实名制的逐步推行。韩国推行网络实名制的年份几乎与中国平行，两国都是在 2002 年开始提出网络实名制的，但提出的主体与推行的情况却大不相同。2002 年，中国网络实名制的提出者是学者，而韩国网络实名制的提出者是韩国政府。此后，中国的网络实名制的推进缓慢，而韩国却得以很快实施，韩国由此成为世界上最早实施网络实名制的国家，也号称是网络安全程度最高的国家之一。"纵观实名制下的韩国，一些主要网站上人身攻击等不文明内容减少了一半以上，收效显著。实名写博客的韩国人越来越多，成了一个初具规模的'网上社会'。"❸实

---

❶　陈曦. 网络社会匿名与实名问题研究［M］. 北京：人民日报出版社，2017：173-174.

❷　皮勇，胡庆海. 论网络实名制不应"独行"［J］. 信息网络安全，2006（5）：22.

❸　知君. 期待我国也实行网络实名制［J］. 新闻三昧，2009（8）：39.

际上，韩国网络实名制之所以失败并不是因为限制了表达自由，而是因为个人身份信息的大量泄露。在个人身份信息得到严格保护的前提下，网络实名制本可以达到匿名的效果。

（一） 曲折起步

中国网络实名制始于 2002 年，清华大学教授李希光最早提出网络实名制建议，从当年开始，中国的网络实名制便开始逐步推行。2003 年，国家信息化领导小组发布《国家信息化领导小组关于加强信息安全保障工作的意见》，提出"要建立协调管理机制，规范和加强以身份认证、授权管理、责任认定等为主要内容的网络信任体系建设。"[1] 网络实名制是一个宽泛概念，进一步细化还可以分为网吧实名制、电子邮件实名制、论坛实名制、游戏实名制、博客实名制、网店实名制、婚恋网站实名制、微博实名制等。不同类型的实名制在实施过程中所遭受到的阻力不同，如网友对论坛实名制颇有抵触，但对网店实名制却比较宽容。原因就在于二者属于不同类型的"市场"，前者属于"思想市场"，对表达自由的要求更高，后者属于"商品市场"，对信用的要求更高。"在那些对于信息的可信度有较高要求的领域，比如网络金融、电子政务、电子商务、招生考试、网络婚恋等，网络实名制将起到降低网络社会活动不确定性，增加信息可信度，提升网络社会活动相关各方相互间信任的作用。"[2]

中国网络实名制的推进经历了一个由易而难的过程。2002 年，网吧实名制开始实行，江西、辽宁等地要求所有在网吧上网的客户必须提供身份证，办理一卡通或 IC 卡，进行实名上网，中国的网络实名制从网吧实名制开始起步。十几年间，逐步推行了电子邮件实名制、高校 BBS 实名制、网络游戏实名制、网络聊天群群主实名制、博客实名制、论坛版主与贴吧吧主实名制、网店实名制、婚恋网站实名制等。在早期，我国推行网络实名制的进程并不顺利，主要原因就是遭到了网民的抵制。政策文件下达后基本被束之高阁，难以执行，如

---

[1] 国家信息化领导小组. 关于加强信息安全保障工作的意见 ［Z/OL］. （2016-08-24）［2019-01-09］. https://wenku.baidu.com/view/bdfba07271fe910ef02df886.html.

[2] 陈曦. 网络社会匿名与实名问题研究 ［M］. 北京：人民日报出版社，2017：146.

2008 年杭州推行的网络实名制就遭遇了滑铁卢。2008 年 12 月，杭州市通过了《杭州市计算机信息网络安全保护管理条例》（以下简称《条例》），2009 年 4 月，该《条例》被浙江省人民代表大会常务委员会批准实施，其中第 19 条规定"提供电子公告、网络游戏和其他即时通信服务的网站，需要具有用户注册信息和发布信息审核功能，并如实登记向其申请开设上述服务的用户的有效身份证明"。《条例》一出台便引起了轩然大波，舆论普遍认为，这是中国第一个要求网络实名制的地方法规。该《条例》出台不到一周，湖南网民张洪峰便公然以身试法，5 月 7 日，他在余杭论坛注册了假名"可笑"，并发表了《关于彭强将来杭州旅游的电子公告》。彭强是张洪峰的朋友，并无来杭州旅游的打算。张洪峰认为自己"不经意间已经违法"。而余杭论坛在未要求自己提供身份证明的情况下就开通注册，使自己成为注册用户，已经违反了《杭州市计算机信息网络安全保护管理条例》的有关规定。5 月 8 日，张洪峰将所有"证据"打印并签名，然后附上身份证号码、联系电话、家庭住址、工作单位等个人信息，用特快专递寄给了杭州市公安局，声称要"自首"。根据对特快专递的信息追踪，杭州市公安局于 2009 年 5 月 9 日签收了张洪峰的"自首书"，但并未采取任何行动。两个月之后，"杭州人大网"宣称"最新实施的《杭州市计算机信息网络安全保护管理条例》被误读，该条例根本不是要搞网络实名制"。❶ 同样，2011 年，北京市发布《微博客发展管理若干规定》，尽管采取了增量改革的方式，只要求新用户实名注册，但依然没有达到预期效果。为应对微博管理者的封杀，有网民注册了多个虚拟网名（马甲），"大号"被封杀后尚可使用"马甲"继续发言，曾经有一段时间，新浪微博用户"萧翰"，因多次被封杀，先后上百次更改"马甲"，被网友称为微博中"转世"最多的人。即便被完全封杀，在没有全网推行实名制的情况下，网民还可以转战其他平台，新浪微博某网友在其微博中声称："鉴于本人不愿实名，所以此微博即将成为哑巴微博，简称哑博，所以呢我决定转战天涯论坛。"在一些网络用户看

---

❶ 秦兴梅. 责任与自律：网络实名制的主旨［J］. 青年记者，2009（24）：95.

来，网络实名制是网络表达主体的准入制度，这种对主体资格的事前审查类似于书报检查制度中的作者查禁。书报检查制度并没有达到目的，因为地下出版商渠道可让该作者的作品继续流行，查禁反而为作者做了广告。网络实名制也是一样，无法阻止表达者表达。"因为发言在被阻止后，这些试图发言的人们不会消失，也不会停止交流，而会去寻找监控者视线之外的地方继续传播，那些信息将如同地下的河流一样，在监管者和普通用户完全看不到的地方流淌。他们会使用更隐蔽的手段，比如翻墙到国外的网站，或者使用更新颖的网络信息服务，甚至通过线下聚会来进行交流。"❶

（二）舆论准备

网络实名制自 2002 年由清华大学李希光教授提出以来，经历了质疑与逐步认可两个阶段。在第一阶段，大多数网民和专家学者都质疑网络实名的动机与可行性，他们认为，网络实名制有悖于互联网的自由精神，"互联网本来就是一个虚拟的世界，现实的人以真实身份出现，则无法充分发挥互联网的作用"，❷ 网络实名制的推行弊大于利。由于争论激烈，有关部门采取了边缘突破的策略，先从高校 BBS 论坛、博客开始推进实名制。在第二阶段，质疑网络实名制的声音有所减少，而支持的声音则从无到有，并有逐渐壮大的趋势。

2008 年 1 月，价值中国网 CEO 林永青和北京仲裁委顾问高宏道律师一起起草了"网络实名制立法建议"，并向全国人民代表大会相关立法部门提交了建议书。3 月，全国人民代表大会代表王晶正式向大会递交了网络实名制立法议案。7 月，国家工业与信息化部在对王晶提案的回复中表示，网络实名制是未来互联网健康发展的方向，我国目前已经开展了部分相关的网络实名制立法和管理工作。2010 年"两会"期间，工业与信息化部长李毅中在接受媒体采访时表示，网络实名制是个方向，也是世界各国共同加强网络管理的措施。同时，"上海市松江区委书记盛亚飞与全国人大代表、陕西省高级法院院长安东也共同提出：

---

❶ 断桥. 网络实名制立法是一种懒政思维［EB/OL］.（2012-12-27）［2019-01-09］. http://www.aisixiang.com/data/60218.html.

❷ 丁小文. 高校 BBS 论坛实名制利弊谈［J］. 浙江青年专修学院学报，2007（2）：36.

'实行网络实名制,可以让网络言论更加负责,让网络行为更加理智,有利于形成负责任的公民意识,提升社会道德水平,推动和谐社会和法治社会的建设进程。'"❶ 2010 年 4 月,国务院新闻办公室主任王晨在给十一届全国人民代表大会常委会汇报"我国互联网发展和管理"时透露,我国正在探索网络实名制,首先是在重点新闻网站和主要商业网站推行论坛版主实名制,取消新闻跟帖的"匿名发言"功能。网民、学者与"两会"代表、委员们的支持与推动为网络实名制的实施做了舆论准备,民意基础逐渐形成。

(三) 快速推进

在中国共产党第十八次全国代表大会之后,网络实名制的推进逐渐大有起色。2012 年 12 月,十一届全国人民代表大会常务委员会审议通过《关于加强网络信息保护的决定》,其中第 6 条规定,网络服务提供者"为用户提供信息发布服务"应当"要求用户提供真实身份信息",这表明网络实名制推进的"主战场"由地方层面转到全国层面,层级大为提高。2013 年 3 月,国务院办公厅发布《关于实施〈国务院机构改革和职能转变方案〉任务分工的通知》,通知要求,2014 年完成包括出台并实施信息网络实名登记制度在内的 28 项任务,网络实名制推进的步伐大为加快。2015 年 2 月,国家互联网信息办公室发布《互联网用户账号名称管理规定》,提出"互联网信息服务提供者应当按照'后台实名、前台自愿'的原则,要求互联网信息服务使用者通过真实身份信息认证后注册账号",这一专门针对网络用户账号名称管理的规范性文件标志着网络实名制的尘埃落定。此后,国家互联网信息办公室作为专门的互联网信息管理机构,出台了一系列关于网络实名制的规范性文件,涉及的领域包括网络论坛、网络群组、网络跟帖评论、网络直播等。表 1 是中国网络实名制推进进程中的一些具体制度文件。

---

❶ 李萌. 网络实名制:推行需权衡利弊 [J]. 互联网天地,2010 (3):64.

表1　中国网络实名制相关制度文件

(作者根据相关法律法规整理)

类型	时间	推进主体	文件名称	主要内容
网吧实名制	2002-9-29	国务院	互联网上网服务营业场所管理条例	第二十三条　互联网上网服务营业场所经营单位应当对上网消费者的身份证等有效证件进行核对、登记，并记录有关上网信息……
电子邮件实名制	2004-5-14	中国互联网协会	互联网电子邮件服务标准（征求意见稿）	3.1　电子邮件服务商应要求电子邮件客户提交真实的客户资料，客户资料是判断邮箱服务归属的标准……
	2004-9-2	中国互联网协会	互联网公共电子邮件服务规范（试行）	4.1　电子邮件服务商应要求电子邮件客户提交真实的客户资料，客户资料是判断邮箱服务归属的标准……
	2005-11-7	信息产业部	互联网电子邮件服务管理办法	第七条　互联网电子邮件服务提供者应当按照信息产业部制定的技术标准建设互联网电子邮件服务系统，关闭电子邮件服务器匿名转发功能……
网络论坛实名制	2004-12-28	教育部、共青团中央	关于进一步加强高等学校校园网络管理工作的意见	7.……高校校园网BBS是校内网络用户信息交流的平台，要严格实行用户实名注册制度……
	2017-8-25	国家互联网信息办公室	互联网论坛社区服务管理规定	第八条　互联网论坛社区服务提供者应当按照"后台实名、前台自愿"的原则，要求用户通过真实身份信息认证后注册账号，并对版块发起者和管理者实施真实身份信息备案、定期核验等。用户不提供真实身份信息的，互联网论坛社区服务提供者不得为其提供信息发布服务。

类型	时间	推进主体	文件名称	主要内容
网络游戏实名制	2005-7-12	文化部、信息产业部	关于网络游戏发展和管理的若干意见	（十二）……其中 PK 类练级游戏（依靠 PK 来提高级别）应当通过身份证登陆，实行实名游戏制度……
	2010-6-22	文化部	网络游戏管理暂行办法	第二十条　网络游戏虚拟货币交易服务企业应当遵守以下规定：……（三）提供服务时，应保证用户使用有效身份证件进行注册，并绑定与该用户注册信息相一致的银行账户…… 第二十一条　网络游戏运营企业应当要求网络游戏用户使用有效身份证件进行实名注册，并保存用户注册信息。
博客实名制	2007-8-21	中国互联网协会	博客服务自律公约	第十一条　鼓励博客服务提供者对博客用户实行实名注册，注册信息应当包括用户真实姓名、通信地址、联系电话、邮箱等。
网店实名制	2010-5-31	国家工商行政管理总局	网络商品交易及有关服务行为管理暂行办法	第十条　……通过网络从事商品交易及有关服务行为的自然人，应当向提供网络交易平台服务的经营者提出申请，提交其姓名和地址等真实身份信息。
微博实名制	2011-12-16	北京市人民政府新闻办公室、北京市公安局等	北京市微博客发展管理若干规定	第九条　任何组织或者个人注册微博客账号，制作、复制、发布、传播信息内容的，应当使用真实身份信息，不得以虚假、冒用的居民身份信息、企业注册信息、组织机构代码信息进行注册。
	2018-2-2	国家互联网信息办公室	微博客信息服务管理规定	第七条　微博客服务提供者应当按照"后台实名、前台自愿"的原则，对微博客服务使用者进行基于组织机构代码、身份证件号码、移动电话号码等方式的真实身份信息认证、定期核验。微博客服务使用者不提供真实身份信息的，微博客服务提供者不得为其提供信息发布服务。

续表

类型	时间	推进主体	文件名称	主要内容
网络接入/电话/手机实名制	2012-12-28	十一届全国人大常委会	关于加强网络信息保护的决定	六、网络服务提供者为用户办理网站接入服务，办理固定电话、移动电话等入网手续，或者为用户提供信息发布服务，应当在与用户签订协议或者确认提供服务时，要求用户提供真实身份信息。
即时通信实名制	2014-8-7	国家互联网信息办公室	即时通信工具公众信息服务发展管理暂行规定	第六条 即时通信工具服务提供者应当按照"后台实名、前台自愿"的原则，要求即时通信工具服务使用者通过真实身份信息认证后注册账号。
网络用户实名制	2015-2-4	国家互联网信息办公室	互联网用户账号名称管理规定	第五条 互联网信息服务提供者应当按照"后台实名、前台自愿"的原则，要求互联网信息服务使用者通过真实身份信息认证后注册账号。
网络直播实名制	2016-11-4	国家互联网信息办公室	互联网直播服务管理规定	第十二条 互联网直播服务提供者应当按照"后台实名、前台自愿"的原则，对互联网直播用户进行基于移动电话号码等方式的真实身份信息认证，对互联网直播发布者进行基于身份证件、营业执照、组织机构代码证等的认证登记。互联网直播服务提供者应当对互联网直播发布者的真实身份信息进行审核，向所在地省、自治区、直辖市互联网信息办公室分类备案，并在相关执法部门依法查询时予以提供。
网络跟帖评论实名制	2017-8-25	国家互联网信息办公室	互联网跟帖评论服务管理规定	第五条 跟帖评论服务提供者应当严格落实主体责任，依法履行以下义务：（一）按照"后台实名、前台自愿"原则，对注册用户进行真实身份信息认证，不得向未认证真实身份信息的用户提供跟帖评论服务……

续表

类型	时间	推进主体	文件名称	主要内容
婚恋网站实名制	2017-9-4	共青团中央、民政部、国家卫生计生委	关于进一步做好青年婚恋工作的指导意见	……推动实名认证和实名注册在婚恋交友平台的严格执行……
网络公众账号实名制	2017-9-7	国家互联网信息办公室	互联网用户公众账号信息服务管理规定	第六条　互联网用户公众账号信息服务提供者应当按照"后台实名、前台自愿"的原则，对使用者进行基于组织机构代码、身份证件号码、移动电话号码等真实身份信息认证。使用者不提供真实身份信息的，不得为其提供信息发布服务。
网络群组实名制	2017-9-7	国家互联网信息办公室	互联网群组信息服务管理规定	第六条　互联网群组信息服务提供者应当按照"后台实名、前台自愿"的原则，对互联网群组信息服务使用者进行真实身份信息认证，用户不提供真实身份信息的，不得为其提供信息发布服务。

三、网络匿/实名制度的中国方案

2014 年，网络实名制推进的步伐骤然加快，这与当年成立的中央网络安全和信息化领导小组及其办公室是密不可分的。此前，我国互联网管理呈现"九龙治水"的管理格局，2006 年出台的《互联网站管理协调工作方案》由 16 个部门共同印发，这 16 个部门包括中宣部、信息产业部、国务院新闻办、教育部、文化部、卫生部、公安部、国家安全部、商务部、国家广播电影电视总局、新闻出版总署、国家保密局、国家工商行政管理总局、国家食品药品监督管理局、中国科学院、总参谋部通信部。其中，信息产业部为互联网行业主管部门；国务院新闻办公室、教育部、文化部、卫生部、公安部、国家安全部、商务部、国家广播电影电视总局、新闻出版总署、国家保密局等为专项内容主管部门；国务院新闻办公室、教育部、文化部、卫生部、国家广播电影电视总局、新闻出版总署、国家食品药品监督管理局等为前置审批部门，教育部、商务部、中国科学院、总参谋部通信部等为公益性互联单位主管部门；国家工商行政管理总局为企业登记主管部门。它们多头管理、职能交叉、权责不一、效率不高。2014 年 2 月 27 日，中央网络安全和信息化领导小组（2018 年 3 月改为中央网络安全和信息化委员会，简称网信委）成立，习近平总书记亲任组长。其办事机构为中央网络安全和信息化领导小组办公室（2018 年 3 月改为中央网络安全和信息化委员会办公室，简称中央网信办）与 2011 年成立的国家互联网信息办公室（国家网信办）合署办公，负责全国互联网信息内容管理工作，并负责监督管理执法。在行政管理机构调整到位后，网络制度供给进入快车道。据上表不完全统计，从 2014 年起，网信办发布的、涉及网络实名制的规范性文件就有 8 部，这 8 部文件全部要求按照"后台实名、前台自愿"的原则进行身份信息注册，这就是网络匿/实名制度的中国方案——后台实名/前台自愿制。

（一）后台实名/前台自愿制

如前文所述，李希光教授较早看到了网络匿名有可能带来的负外部性，并提出了网络实名制的设想，但在当时却遭到许多专家与网民的质疑与反对，主要原因在于两个方面：一是网民长期享有匿名性所带来的表达自由，对网络实名制存在戒备心理；二是李希光教授所说的网络实名制倾向于绝对实名制，即"提倡用真名，不用笔名发表文章。这是全球化时代、身份认同时代。利用假名发表东西是对公众的不负责"。❶ 在李希光教授发表网络实名制言论之后，许多学者对网络实名制进行了深入研究，逐渐提出了"后台实名制""有限实名制"等理念，这些形式的实名制由于不强制网民在前台实名发帖，因而得到了网民一定程度的理解。目前我国推行的就是这种折中之后的网络实名制，即前台显示昵称，后台绑定账号与真实身份信息，除了网站管理人员，其他人不经过合法程序无法获取。

制度供给要考虑社会大众的接受程度，"只有公众愿意接受的制度才是一个

---

❶ 赵凌. 揭开事实的真相：李希光事件始末调查［EB/OL］.（2003-06-06）［2019-08-13］. https://tech. sina. com. cn/me/2003-06-06/0007195125. shtml.

有效率的制度。任何一个在书本上看起来比较优越的制度，如果同大多数公众的意愿相抵触，就不会成为一个有效率的制度"。❶ 后台实名/前台自愿制是一种混合了匿名与实名的制度，处于网络绝对匿名制与网络绝对实名制的中间地带，是匿名表达权与网络实名制达成妥协后的一种均衡，在一定程度上，得到了社会大众的认可。在客观上，它是网络实名制，在后台实现了虚拟身份与现实身份的对应；在主观上，它是网络匿名可选制，在前台保障了网络匿名表达的选择权。可以说，只要表达主体在前台自愿选择匿名，那么，后台实名/前台自愿制就可以实现客观实名与感知匿名的完美结合。后台实名旨在对侵害国家法益、社会法益、个人法益的表达形成震慑，前台自愿满足表达主体自我表现、情绪宣泄、角色扮演、发表舆论、个体安全等各项要求。当然，网民也可以选择前台实名，如在新浪微博前台中，有网民进行了实名认证，有些网民则没有实名认证。这种自愿实名认证制在本质上是一种前台实名优待制度，即不强制前台实名，但对自愿表明身份用户提供 V 字标识，V 是 verified 的首字母，意即认证，表示用户身份的真实性。

（二）手机号码注册制

后台实名需要网络用户通过注册登记来完成，各类网站都设置了注册页面，早期的注册比较烦琐，需要网络用户填写诸多内容，由于注册过程烦琐，一些网站不可避免要丧失一部分用户。为简化程序，现在许多网站的注册都变得非常简洁，只需要提供手机号码即可完成注册，如号称全球华人网上家园的 "天涯社区"，其注册页面只有用户名、密码、手机号、验证码四项内容，体现实名制要求的仅手机号一项。手机号之所以能够起到网络后台实名制的作用，是因为在中国已经基本实现了全民手机实名制。

实名制是指在办理某项业务时需提供能证明个人身份的有效证件或材料，作为一种政府管理措施。在手机实名制与网络实名制之前，我国还推行过自行车实名制、储蓄实名制、机票实名制、火车票实名制、书号实名制等。这些实名制在

---

❶ 朱琴芬．新制度经济学 [M]．上海：华东师范大学出版社，2006：83-84．

推行的过程中，有的取得了一定程度的成功，有的则不了了之。20世纪80年代，我国政府规定，车主购买自行车后要在车辆管理所验证盖章并领取一个自行车通行证，自行车后瓦上会喷上编码，无编码的自行车不能随意上街，自行车实名制意在解决当时存在的自行车失窃问题，不过由于实名制过于烦琐，效果也并不明显，因而未能坚持下去。储蓄实名制则取得了成功，我们现在实行储蓄实名制是2000年4月才正式确立起来的，此前实行的是记名储蓄制，"储户在存款时可任意填写名字，包括真名、假名、代码、亲属的名字"。❶ 记名储蓄制在计划经济时代为人们提供了方便，但到了市场经济时代，记名储蓄制的弊端开始显现。一是非法所得容易藏匿，二是个人所得不易掌握，阻碍了个人所得税的征缴。2000年3月20日，国务院颁布了《个人存款账户实名制规定》，确立了储蓄实名制。该规定第5条界定了"实名"含义，即"符合法律、行政法规和国家有关规定的身份证件上使用的姓名"；第7条要求，"在金融机构开立个人存款账户的，金融机构应当要求其出示本人身份证件，进行核对，并登记其身份证件上的姓名和号码。代理他人在金融机构开立个人存款账户的，金融机构应当要求其出示被代理人和代理人的身份证件，进行核对，并登记被代理人和代理人的身份证件上的姓名和号码。不出示本人身份证件或者不使用本人身份证件上的姓名的，金融机构不得为其开立个人存款账户"。❷

手机实名制是指手机号码的实名登记制度，电信运营商通过对用户的有效身份进行登记来加强对用户的管理。具体做法是申请移动通信业务的消费者在购买卡号时，需持本人的有效身份证件，电信运营商对证件进行验证并复印登记。2010年，工业与信息化部宣布从当年9月1日起实施手机实名制，工作将分两个阶段进行：第一，从9月1日起对新增电话用户进行实名登记；第二，等相关法规出台后，用三年时间做好老用户的补登记工作。初期，手机实名制的推进情况并不理想，匿名卡依然在市场上大行其道，这主要是由于两方面的原因：一方面，工业与信息化部并没有采取强制措施，而是奉行"依法推进，鼓励引导"

---

❶ 崔磊. 中国网络实名制管理研究 ［D］. 华中科技大学，2007：4.
❷ 个人存款账户实名制规定 ［J］. 司法业务文选，2000（17）：14.

的原则，各运营商对于未登记身份信息的手机卡也不会进行强制停机；另一方面，通信市场竞争激烈，各运营商都不愿意因手机实名制而提高用户的进入门槛，降低自身的竞争力，因而匿名卡仍然在通信市场上销售。2012年12月，全国人民代表大会常务委员会出台的《加强网络信息保护的决定》在第6条规定：网络服务提供者在"办理固定电话、移动电话等入网手续"时，应"要求用户提供真实身份信息"。2013年6月28日，工业和信息化部通过的《电话用户真实身份信息登记规定》在第3条规定："电话用户真实身份信息登记，是指电信业务经营者为用户办理固定电话、移动电话（含无线上网卡，下同）等入网手续，在与用户签订协议或者确认提供服务时，如实登记用户提供的真实身份信息的活动。"在该《规定》中，个人和单位均可办理电话入网，前者需出示下列证件之一："（一）居民身份证、临时居民身份证或者户口簿；（二）中国人民解放军军人身份证件、中国人民武装警察身份证件；（三）港澳居民来往内地通行证、台湾居民来往大陆通行证或者其他有效旅行证件；（四）外国公民护照；（五）法律、行政法规和国家规定的其他有效身份证件。"后者需出示下列证件之一："（一）组织机构代码证；（二）营业执照；（三）事业单位法人证书或者社会团体法人登记证书；（四）法律、行政法规和国家规定的其他有效证件或者证明文件。"如果用户拒绝出示有效证件、冒用他人证件或出示伪造、变造的证件，"电信业务经营者不得为其办理入网手续"。随着这一《规定》于当年9月1日施行，手机实名制进入强制推进阶段。2014年12月18日，工业和信息化部、公安部、国家工商总局联合公布《电话"黑卡"治理专项行动工作方案》，要求购买手机卡必须实名制，未实名老用户进行补登记，并自2015年1月1日起，在全国范围联合开展为期一年的电话"黑卡"治理专项行动，多项实名制落实措施被业内称为"史上最严"。2015年12月出台的《反恐怖主义法》在第21条规定："电信、互联网、金融、住宿、长途客运、机动车租赁等业务经营者、服务提供者，应当对客户身份进行查验。对身份不明或者拒绝身份查验的，不得提供服务。"随后，工业和信息化部于2016年5月24日发布《关于贯彻落实〈反恐怖主义法〉等法律规定进一步做好电话用户真实身份信息登记工作的通知》，该《通知》要求："依法做好未实名老用户补登记工作，对拒不配合补登记身份信息的，不得提供通信服务。"2016年11月4日，工业和信息化部发布《关于进一步防范和打击通讯信息诈骗工作的实施意见》，部署"从严从快全面落实电话用户实名制"，具体措施包括五项："（一）加快完成未实名电话存量用户身份信息补登记；（二）从严做好新入网电话用户实名登记；（三）严格限制一证多卡；（四）强化行业卡实名登记管理；（五）严格落实代理渠道电话实名制管理要求。"该《意见》同时要求："各基础电信企业要加快推进未实名老用户补登记，在2016年底前实名率达到100%。……在规定时间内未完成补登记的，一律予以停机。"2018年6月6日，工业和信息化部印发《电话用户真实身份信息登记实施规范》，对电信业务经营者办理用户实名登记的程序和步骤进行了规范化。其中，"人证一致性查验"要求"判断证件所载性别、照片等信息是否与办理人一致"；"证件真实性查验"要求"使用居民身份证识别设备查验居民身份证真实性，并通过居民身份证识别设备自动读取和录入用户身份信息"。

通过上述一系列措施，手机实名制基本在全国全面实现，并有效震慑了垃圾短信、诈骗短信、色情短信等违法行为。同时，手机实名制还在一定程度上解决了通信安全问题，为网络金融、移动支付以及全面开展网络实名制奠定了基础。基于手机实名制，国内互联网站提供了不同的个人准入方式：一是会员注册登录，几乎所有网站均提供这一登录方式，在网站发表言论的前置条件是登录，而登录的前置条件是注册，注册必须提供手机号码方可完成；二是手机验证码登录，部分网站提供这一登录方式，如天涯社区，用户无需注册，只需要输入手机号，通过手机获取短信验证码，然后登录，这同样是基于手机实名制的登录方式；三是第三方账号登录，第三方账号多为用户的社交账号，大多数网站提供这一登录方式，如天涯社区提供的社交账号登录方式包括微信账号登录、新浪微博账号登录、QQ账号登录三种，由于网络用户的社交账号均是实名注册过的，因此间接实现了实名制；四是游客方式，这是登录之外的一种选择，通过游客方式可以进入网站，设置这一准入方式的网站较少，如水木社区，除"登录"按钮外，"登录"旁边还设置了"游客"按钮供选择，但游客的权限受到限制，包括只能浏览部分板块（"水木特快"板块就必须注册才能浏览）、只能浏览而不能发帖和回帖（点击"新话题""回复"等发帖、回帖按钮，系统会自动跳出弹窗提示"您还未登录，请先登录"）等。此外，各类门户网站、新闻网站均可不受限制地上网浏览，类似于"游客"准入方式，但跟帖评论则需要先登录。如《新浪跟帖用户自律公约》就规定："用户应当按照'后台实名、前台自愿'的原则，使用本网站的跟贴评论服务。对注册用户发表的跟贴评论，我们保留相应的管理权利。"

四、网络匿名制的前置条件与改进实施

（一）网络实名制的前置条件

当前推行的网络匿/实名制度侧重网络实名制，对匿名表达权的保障只是一种附带的效果，存在对网络表达过度限制的嫌疑。网络实名制要保障的法益固然重要，但行政管理万不可以此为据扩大管理的范围。行政管理需遵循比例原则，不可管理过度。比例原则是德国公法上的一项原则，主要从德国的警察法理论中发展而来，"原意在于防御警察权对人民权利的过度侵害"。❶该原则最早可追溯至1215年的英国大宪章，该宪章规定"人民不得因为轻罪而受到重罚"。比例原则有广义与狭义之分，在广义的比例原则下，包括了三个具体的原则：妥当性原则、必要性原则以及狭义的比例原则。妥当性原则指一个公权力措施（如网络实名制）的手段能否达到其目的，如果达到目的，则手段妥当，如果无法达到目的，则手段不妥当。必要性原则源自德国的警察法理论，学者弗莱纳引用一句俗语"警察不可用大炮打麻雀"来说明这一问题，中国相应的俗语为"杀鸡焉用牛刀"，该原则要求采取最温和的手段来达成目的，严厉手段只有在已成为最后的手段时，才能使用。狭义的比例原则是指"一个措施……不可以予人民过度之负担"，❷要求公权力措施在追求利益时不能造成人民权利不成比例的损失。

---

❶ 何永红. 基本权利限制的宪法审查：以审查基准及其类型化为焦点［M］. 北京：法律出版社，2009：15.

❷ 陈新民. 德国公法学基础理论（下册）［M］. 济南：山东人民出版社，2001：15.

　　网络实名制缩短了追踪网络违法者真实身份的时间，保障了网络空间中的国家、社会与个人法益，促进了晴朗网络空间的形成，在一定程度上达到了目的，符合妥当性原则；但在互联网全网推行网络实名制则显得过于严厉，限制过度，不大符合必要性原则；此外，绝对的网络实名制对《宪法》赋予的表达权确实产生了伤害，导致部分网络用户为免于报复性惩罚而不再发言，造成网络用户表达机会的损失，这又违背了狭义的比例原则。

　　基于以上分析，网络实名制的推行本身是没有问题的，但应该为匿名表达留下一定的空间。"网络实名不可能覆盖到所有方面，必须在不同领域有所取舍，比如涉及网络安全的领域可以适用网络实名制，对于网络游戏可以采取实名认证以此防止青少年沉迷网络，电子商务领域进行严格的资料审核，保证交易的安全等等。匿名性不能简单予以否定，对于某些领域应该容许部分匿名的存在。"❶ 具体而言，在对个人征信要求高的领域，如网络金融、电子商务、电子政务等领域，应推行或鼓励推行网络实名制；在对个人征信不做强制要求的领域，如网络公共表达、网络通信、网络社交、网络婚恋、网络游戏等领域，应推行后台实名/前台自愿制；在存在个人安全风险或个人隐私泄露风险的领域，如网络检举揭发、网络舆论监督、网络树洞社交等领域，应为网络匿名制保留一小块"自留地"，即无须注册亦可发言的纯粹匿名制。有学者也持类似的观点，认为应"将人们的行为区分为不同领域从而确定完全推行实名制、部分推行实名制及不推行实名制的范畴。如涉及网上商业经济交易行为、即时通信、网游注册等领域要实施完全实名制，而网上投诉、匿名举报等个人监督行为则可以不推行实名制"。❷

　　当然，在网络匿名制的"自留地"里，匿名表达者也不能自由放任，而需要为其表达内容划定一个负面清单作为前置条件。"欧安组织（OSCE）在 2011 年发表的一份研究报告《互联网上的表达自由》，梳理统计了 56 个成员国的法律普遍不保护的网络表达内容，主要包括：种族主义内容、仇恨言论；煽动恐怖主义、恐怖主义宣传；儿童色情；淫秽和色情内容；互联网盗版；互联网上的侮辱

---

❶　丁鹏. 论网络表达权［D］. 湘潭大学，2012：20.
❷　王东玉. 关于网络匿名表达权的保护与规制的探究［J］. 法制与社会，2013（18）：171.

和诽谤；极端主义的意见表达。"❶ 我国诸多法律法规也规定了互联网信息发布的禁止性规定，如《互联网信息服务管理办法》第 15 条规定："互联网信息服务提供者不得制作、复制、发布、传播含有下列内容的信息："（一）反对宪法所确定的基本原则的；（二）危害国家安全，泄露国家秘密，颠覆国家政权，破坏国家统一的；（三）损害国家荣誉和利益的；（四）煽动民族仇恨、民族歧视，破坏民族团结的；（五）破坏国家宗教政策，宣扬邪教和封建迷信的；（六）散布谣言，扰乱社会秩序，破坏社会稳定的；（七）散布淫秽、色情、赌博、暴力、凶杀、恐怖或者教唆犯罪的；（八）侮辱或者诽谤他人，侵害他人合法权益的；（九）含有法律、行政法规禁止的其他内容的。"上述禁止性规定构成了网络表达内容的负面清单，在负面清单之内，不存在所谓的表达权，当然也不存在匿名表达权。

划定负面清单并不是一劳永逸的，在网络匿名制的"自留地"，由于匿名表达者没有注册，追踪成本很高甚至无法追踪，如何保证他们不会铤而走险，发布违法言论呢？答案是对网络匿名制进行改良，兼顾匿名表达权与风险控制。

（二）网络匿名制的改进措施

1. 先审后发+匿名制

先审后发的本质是对信息内容的事前审核，互联网的事前审核与书报检查制度的事前审查不同，它不是政府层面的检查，而是媒体平台层面的"把关"。书报检查制度通过书报检查官对出版内容进行人工检查。如英国的《出版管制法》规定："凡书籍、小册子或论文必须经主管机关或至少经主管者一人批准，否则不得印行。"❷ 英国封建时期的书报检查制度并没有一定的客观标准，书报检查官既有对审查标准的解释权又有最终的审判权。书报检查制度的本质是由专人审查书报内容，清理其中"不洁"的部分，"不洁"的重点不是淫秽、色情文字，而是异于统治者意识形态的思想与言论。"把关"不同，它是媒体平台对待发布内容的审核。"把关人"（Gatekeeper）概念最早是美国社会心理学家库尔特·卢

---

❶ 张文祥，李丹林. 网络实名制与匿名表达权 ［J］. 当代传播，2013（4）：76.
❷ ［英］弥尔顿. 论出版自由 ［M］. 吴之椿，译. 北京：商务印书馆，1958：4.

因提出的，1947 年，卢因在《群体生活的渠道》一书中指出，在群体传播过程中存在着一些把关人，只有符合群体规范或把关人价值标准的信息内容才能进入传播的管道。1950 年，传播学者怀特将这一概念应用于新闻学研究，提出了新闻传播的"把关"过程模式。怀特认为，新闻媒介的报道活动是对众多的新闻素材进行选择和加工的过程，在过程中，传播媒介中有诸多关口。"记者是'把关人'，决定着哪些素材应该写成新闻稿；编辑是'把关人'，决定着哪些新闻稿应该刊播；编审和总编是'把关人'，决定着哪些内容应该成为重要新闻等。"❶ 在互联网媒体平台实施先审后发制度实际上就是试图在网络媒体平台重建"把关人"的制度。

网络媒体平台的先审后发的"审"包括两个层面：一是人工审核，二是技术审核。在人工审核制度方面，我国传统媒体的审核制度可资借鉴，广播电台、电视台对广播电视节目一般要进行播前审查，重播要进行重审。期刊社和出版社对来稿是实行"三审责任制度"，该制度出自新闻出版署（国家版权局）于 1997 年 6 月 26 日发布的《图书质量保障体系》，其中第 8 条"坚持稿件三审责任制度"，要求"稿件交来后，要切实做好初审、复审和终审工作，三个环节缺一不可"。一般而言，初审由责任编辑承担，复审由编辑室主任（副主任）或由出版社领导委托的编审、副编审承担，终审由社长或总编辑或者社领导委托的编审、副编审承担。2002 年出台的《互联网出版管理暂行规定》规定"互联网出版机构应当实行编辑责任制度，必须有专门的编辑人员对出版内容进行审查"。2016 年出台的《网络出版服务管理规定》要求"网络出版服务单位实行出版物内容审核责任制度、责任编辑制度、责任校对制度等管理制度"，"附则"中明确指出以上制度"参照《图书质量保障体系》的有关规定执行"。2017 年出台的《互联网新闻信息服务管理规定》要求互联网开展新闻信息服务必须有"专职的新闻编辑人员、内容审核人员"，"设立总编辑，总编辑对互联网新闻信息内容负总责"。上述法规规章并没有明确提出"先审后发"，只是要求进行"审核"。

---

❶ 郭庆光. 传播学教程（第二版）[M]. 北京：中国人民大学出版社，2011：132.

国家互联网信息办公室出台的诸多规范性文件，也都对内容审核提出了要求。其中，2016 年 11 月出台的《互联网直播服务管理规定》和 2017 年 8 月出台的《互联网跟帖评论服务管理规定》明确提出了"先审后发"，前者第 7 条规定"对互联网新闻信息直播及其互动内容实施先审后发管理"，后者第 5 条第 3 款规定"对新闻信息提供跟帖评论服务的，应当建立先审后发制度"，前者还处于管理措施的水平，后者已将其作为一种制度了。

先审后发作为前置把关环节，只要负责审核的人员素质到位，就可确保信息内容的安全性。因此，在先审后发的前提下，应允许实行网络匿名制。当然，先审后发制度也适用于网络实名制，但不应将先审后发作为网络实名制的前提条件。也就是说，对网络匿名制和网络实名制应区别对待，对网络匿名制，实行先审后发制度；对网络实名制，既可先审后发，也可先发后审，也就是对网络实名制实行优待制度，可先不审核直接发表，事后进行实时巡查、抽查。这样一来，既体现了对网络实名制的倡导，也为网络匿名制留下了一定的空间。

在当前的网络实践中，微信公众账号实施的就是"先审后发"制度，但它是一种网络实名制前提下的先审后发制度，即"网络后台实名+先审后发"制度，表达者已经注册为实名用户，但在对微信公众号的文章进行评论时，也不能实时发出，而需要文章编辑的事前审核才能发布，这是一种最为严格的审核，既对网络用户个人准入提出要求，也对网络内容的准入提出要求。大部分网站只对网络用户个人准入提出要求，即只要后台实名注册，即可发表言论，可以看作"网络后台实名+先发后审"制度，这是一种较为宽松的制度。实施"网络匿名+先审后发"的网站少之又少，主要集中在前文提及的网络树洞社交领域，如树洞网（http://www.6our.com/）就实行了这一制度。树洞网定位为"寄存秘密的地方"，网络用户点击"发表"按钮，即可撰写内容，撰写好内容后，可勾选"匿名发贴"选项，然后进行"发布"。笔者在没有注册的情况下，试着写了一段话，勾选"匿名发贴"点击"发布"后，页面呈现"您刚刚提交的秘密#30609将在管理员审核通过之后发表"。可见，树洞网实施的是"网络匿名+先审后发"制度，这是一种最为宽松的制度，极大促进了网络用户的积极表达。但在树洞网，如要对发表后的秘密进行评论，也需要注册并登录。另外，在网络检举揭发、网络舆论监督领域，目前尚无发现实施"网络匿名+先审后发"制度的情况，笔者建议政府可在这一领域进行探索，比如可以先在一些中央主流媒体网站试行。

2. 技术过滤+匿名制

人工先审后发有自身的局限性，那就是时滞太长，网络用户在点击发布后，根本不知道自己撰写的内容什么时候可以发表出来，因而影响了发表效率，降低了表达者的发表快感。技术性的先审后发可以克服这一局限性，如通过人工智能对内容进行审核，这可以大大提高效率，减少时滞。但技术性的先审后发局限性也很大，即有可能放过一些经过伪装的违法言论，因而应辅之以人工事后巡查与抽查。

技术性的先审后发可称为技术过滤，在当前人工智能大发展的背景下，它审核的效率与效果均有大幅度的提高，因而比人工先审后发更有发展前途。过滤"是生活的一个真实面，就和人类本身一样古老。没有人可以看、听或读任何事情"。❶ 技术过滤本质是在内容发布之前，对违法内容中进行清理，其标准正是前面提到的负面清单。技术过滤应对负面清单中的各类内容构建关键词库，并进行过滤，但由于负面清单中的内容涉及面较广，全领域实施有一定困难，目前技术过滤仅主要聚焦于两大块内容：一是对淫秽色情内容的过滤，二是对政治敏感内容的过滤。首先，在对淫秽色情内容的过滤方面，技术过滤和内容分级制配合进行，先对内容进行分级，然后按分级设置需要过滤的词汇，阻挡含有此类词汇的相关内容。限制淫秽、色情内容主要有三类技术：一是基于 IP 和 URL 的过滤技术，这种过滤是"由系统设计者或用户指定一系列已知的色情网站或网页的 IP 或 URL 地址作为过滤对象，建立黑名单数据库"。❷ 当过滤器监测到黑名单中的地址，则进行拦截，禁止访问。二是基于关键词的过滤技术，主要是收集淫秽、色情词汇，在此基础上建立一个敏感词词库，当过滤器监测到匹配条件的网

---

❶ ［美］凯斯·桑斯坦. 网络共和国［M］. 黄维明，译. 上海：上海人民出版社，2003：6.
❷ 李洁，彭昱忠. 网络色情文本过滤技术的分析与研究［J］. 柳州师专学报，2008，23（4）：133.

页时对其予以拦截。三是基于内容理解的过滤技术，该技术是对基于关键词过滤技术的一种提升，主要是基于主题、图片、音频、视频等特征来综合辨别淫秽、色情信息。其次，在对政治敏感内容的过滤方面，政治敏感内容大多涉及国家法益与社会法益，主要包括涉及与执政党相关的政治词汇、政治领导人的姓名、敏感政治事件、敏感政治人物、具有反政府倾向或暴力倾向的词汇等，敏感词不是一种词汇的特定称谓，而是因为它涉及政治、军事、国家安全、恐怖主义、犯罪等。敏感词是动态的，一个敏感词并非在所有时间、所有平台都敏感，而是有所区别。有些词是长期敏感，有些则是短期敏感，有些在热门论坛敏感，在冷门论坛则不敏感。根据政治形势的变化，敏感词也会随之变化。敏感词技术过滤是指对网络中所要传播的内容进行预先的程序过滤，搜索指定的敏感字或词汇，并进行智能辨别，在搜索到指定敏感词后，系统会对含有该词汇的内容进行处理。为了方便管理，大部分表达平台都设定了敏感词。当发表的贴子、文章含有某些事先设定的词时，会出现三种情形：一是帖子或文章无法发表成功，即网民所称的"被和谐掉了"，这属于先审未发；二是在发表的帖子或文章中，敏感词被一些符号所替代，如星号（＊）或叉号（×）等，这属于先审后改再发，即在内容发表前进行了"清洁"处理；三是当论坛自动搜索到帖子或文章中含有敏感词时，会自动删除帖子或文章，这属于先发后审，但人工智能效率高、速度快，发表的时间与被删除的时间间隔很短，帖子一般尚未产生影响便被删除。

不过，技术过滤也有其局限性：一是技术过滤的结果导致网络言论的某种偏向性，由于经常被过滤，网络用户为确保言论的政治正确，避免承担责任，发表意见总是要避开敏感词，所形成的舆论就不再是一种完全真实的舆论；二是技术过滤总被网络用户通过各种手段绕过，对于一些"根据相关法律法规和政策，搜索结果未予显示"或在发表时无法发出的关键词，网民找到了各种替代词汇。在新浪微博中，"实名制"三字也曾受到屏蔽，搜索该词会出现"根据相关法律法规和政策，'实名制'搜索结果未予显示"的提示，于是网民以"十明治""十名指"替代。技术先审后发或先发后审，其效率、效果都要超过人工先审后发。未来，随着人工智能的大发展，在克服上述两大局限性后，可在其基础上实施较为纯粹的网络匿名制。

3. 成员确定+匿名制

群体成员确定前提下的匿名制是一种有限匿名制，这种匿名制类似于无记名投票。它不是在原子状态的大众中实行，原子状态的大众完全无名，难以确定身份。无记名投票是在一个明确的群体范围内举行，群体内成员的身份是确定的。如在全国人民代表大会的代表中实行无记名投票，代表们的代表身份确定，但每个人的个人身份不确定。即便是早期希腊的陶片放逐法，其投票权也没有覆盖全体人员，而是只覆盖到有投票权的公民。无记名投票之所以可行，是因为群体成员是确定的，虽然每一名投票者的个人身份无法一一对应，但作为群体成员的身份是确定的，经过了前置审核。这种匿名制既实现了投票自主，又保障了个体安全。我国《全国人民代表大会和地方各级人民代表大会选举法》有两条提到了"无记名投票"，一是第 39 条规定"全国和地方各级人民代表大会代表的选举，一律采用无记名投票的方法"；二是第 51 条规定"罢免代表采用无记名的表决方式"。在互联网空间，有一类服务的群体成员是确定的，那就是互联网群组信息服务。由于群内成员确定，这类群组可效仿无记名投票方式，给予群内成员一定程度的匿名表达机会。

在国家互联网信息办公室 2017 年 9 月出台的《互联网群组信息服务管理规定》（以下简称《规定》）中，互联网群组被界定为"通过互联网站、移动互联网应用程序等建立的，用于群体在线交流信息的网络空间"，其服务提供者是"提供互联网群组信息服务的平台"，国内最具代表性的互联网群组服务提供者是腾讯公司，它旗下有中国当下最火爆的两大互联网群组——QQ 群和微信群。群内成员的官方称呼是"互联网群组信息服务使用者"，包括群组建立者、管理者和普通成员三类。根据上述《规定》，平台负有内容安全管理主体责任，需"建立健全用户注册、信息审核、应急处置、安全防护等管理制度"，要求"分级审核群组建立者真实身份、信用等级等建群资质，完善建群、入群等审核验证功能，并标注群组建立者、管理者及成员群内身份信息"。群组建立者、管理者负有"群组管理责任，依据法律法规、用户协议和平台公约，规范群组网络行为和信息发布"。当前《规定》的这些举措只要求后台实名，并不强制前台实名，遵循了"前台自愿"的原则。因此，群体成员确定前提下可实行网络匿名制，当然，这本质上是一种后台实名/前台自愿制。

根据成员身份的显示度，群组对表达者的身份管理可分为前台实名制、前台匿名制两种。以 QQ 群为例，有的群组要求群内成员全部标注实名，否则踢出群，这种群一般为工作群，是一种前台实名制；有的群组不强制要求群内成员标注实名，群内成员可通过昵称入群并发言，这是一种前台自愿制。前台实名制与前台匿名制由群组的创建者或管理员确定，与平台无关。为给匿名表达留下一定的空间，腾讯平台为群组开发了一项"匿名聊天"功能，通过这一功能，可实现前台匿名制。QQ 群的"匿名聊天"功能默认开启，但平台将这一功能的关闭与开启权限赋予了创建者和管理员。在开通"匿名聊天"功能的群组，成员可选择"匿名聊天"按钮，撰写内容并发送，发送成功后，表达者的名称由机器随机配发并显示。表达者每天有多次更换昵称的机会。如笔者在某 QQ 群中试验"匿名聊天"功能，第一次发言，机器配发名称为"露娜"。表达者可使用"露娜"身份继续发言，亦可更换昵称，点击"露娜"这一匿名身份，会跳出"更换匿名昵称"对话框，并显示"每天 0 点重新分配新昵称，今天剩余 3 次主动换名的机会"，对话框底下有"更换昵称"与"取消"两个按钮供选择，点击"取消"可使用"露娜"身份继续发言，点击"更换昵称"按钮，机器随机配发新昵称"后羿"。如想改回实名发言，选择"退出匿名"按钮即可实现。在关闭"匿名聊天"功能的群组，成员点击"匿名聊天"按钮，对话框顶部会显示"管理员未开启匿名功能"。

在群体成员确定，且平台、群组建立者、管理者各负其责的前提下，群组创建者和管理者通过开启"匿名聊天"功能赋予群内成员一定程度的匿名表达自由，可视为网络匿名制的一种补充形式，值得推广。在此，笔者提出两点建议：一是建议其他群组平台效仿 QQ 群，创建"匿名聊天"功能，拓展网络匿名表达权的空间；二是建议群组创建者和管理者秉持宽容态度，在群体成员遵循依法依规、文明互动、理性表达的前提下，不关闭群组的匿名功能。

第二节　网络表达主体的身份信息保护制度

网络匿名本质上是一种网络用户个人身份信息无法识别的状态，推行网络匿名制的关键不在于网络用户在上网前是否实名注册登记，而在于国家出台相关制度保障网络用户个人身份信息的安全，减少甚至杜绝泄露个人身份信息的行为。在这方面，建立个人身份信息保护制度尤为关键，本书认为，个人信息保护制度是包括数字身份管理制度、个人信息专管制度、消息来源隐匿制度、被遗忘权救济制度等在内的制度体系。

一、数字身份管理制度

数字身份又称电子身份，是指浓缩公民真实身份信息的数字代码。在互联网时代，数字身份管理被提上日程，腾讯、阿里巴巴等互联网公司都与公安部门合作尝试推出电子身份证，目的是在个人征信要求高的领域使用。数字身份管理的本质是虚拟身份与真实身份的对应，因此有人直接将其与网络实名制相提并论，认为"网络身份管理，俗称'网络实名制'，是指将网络用户的网络身份与其真实姓名、身份证号等个人信息相对应、联系及统一的制度"。❶

我国的身份管理制度由来已久，"这些制度甚至在秦代建立之前（也即在中国统一之前）就已经围绕家庭——特别是围绕户籍登记——而建立起来了"。❷中华人民共和国成立以后，基于地理位置进行规制的户籍登记制度同样起到了诸多积极作用，但改革开放后，以进城务工为代表的人员流动开始加剧。"过去，国家通过户口定量分配口粮、棉花，安排工作、住房。户口是确保诸多生存条件（食物、工作、住房、卫生保健等等）的基础"，户口制度契合了弱流动性时代的人口管理，"但是在改革时期已经不再有效可用，于是出现了户口登记制度的

---

❶　杨志勇. 加强网络信息保护推行网络身份管理 [J]. 信息网络安全, 2013（10）：197.

❷　[澳] 迈克尔·R. 达顿. 中国的规制与惩罚：从父权本位到人民本位 [M]. 郝方昉, 崔洁, 译. 北京：清华大学出版社, 2009：24.

第一次'重大改革'。这就是身份证政策"。❶ 同样，在互联网时代，人们的流动变成了基于虚拟身份的流动，这种流动更为飘忽与频密，这是一种不流动中的流动，现实中的真实身份不需要流动，但网络空间中的虚拟身份却几乎可以无处不在。不仅是个人在流动，连网络空间本身都不是基于地点的物理空间（Space of Place），而是一种基于代码的流动空间（Space of Flow）。在这一背景下，数字身份管理势在必行，数字身份管理是"包括在网络环境下为了建立、使用、验证数字身份而建立的各种规则，其中既包括强制的规则，也包括自愿的规则；既包括使用真实身份的规则，也包括使用匿名或虚拟身份的规则；既包括'普通网民'的数字身份规则，也包括公司、政府等各类机构的数字身份规则"。❷

数字身份管理的关键在于是否能够准确验证出网民用来注册的虚拟身份与其现实身份的映射关系，这需要一定的技术基础，包括密码保护、数字证书、生化措施等。密码保护最为简单，即要求输入密码才能进入系统。数字证书由认证机构（CAs）颁发并维持信用级别，"以充当数字身份证或口令的作用。只有那些能够通过因特网认证访问方身份的用户才能访问数据"。❸ 生化措施是指通过个人独特的生理特征进行认证的办法，通过某种技术手段提取个人的生理特征，如面部轮廓、声音、视网虹膜、指纹或掌纹等，然后将这些生理特征转化为数据信息存储在计算机系统中。相比而言，数字证书是网络实名制最常用到的技术。数字认证技术又叫身份认证技术，其本质是要验证网民用来注册的虚拟身份与其现实身份的映射关系。网络世界是一个虚拟的数字世界，在这个世界里，所有的信息都用一组特定的数据来表示，用户的身份也是如此。计算机只能识别用户的数字身份，但却无法将其与现实世界中的物理身份相对应。身份认证技术要解决的就是操作者的物理身份与数字身份相对应的问题。早在1996年，美国就发明了PKI（Public Key Infrastructure，公钥基础设施）身份认证技术，基于该技术，

❶ ［澳］迈克尔·R. 达顿. 中国的规制与惩罚：从父权本位到人民本位 ［M］. 郝方昉，崔洁，译. 北京：清华大学出版社，2009：381.

❷ 王融. 数字身份管理：网络时代的身份证 ［J］. 中国新通信，2011（14）：45.

❸ ［美］格拉德·佛里拉，史蒂芬·里特斯亨，等. 网络法：课文和案例 ［M］. 张楚，乔延春，等，译. 北京：社会科学文献出版社，2004：272.

"当个人用户想要进行发言、评论、打分等网上活动时，网站系统会自动跳转到用户验证系统，提示个人用户填入自己的电子身份号"。❶ 2014 年，我国也推出了公民网络电子身份标识——eID，"eID 由'公安部公民网络身份识别系统'统一签发，并提交全国人口库进行严格的身份审核，确保 eID 的真实性、有效性，并且每个公民只能有一个与其真实身份对应的 eID。eID 的芯片信息采用密码算法生成，不含任何个人身份信息，有效保护了公民个人身份信息"。❷

数字身份管理制度是基于数字身份管理系统而推行的一整套规则体系，因此在数字身份管理系统的基础上还需辅之以一整套的法律法规，才能确保公民个人身份信息的安全。目前，我国在这方面的法律法规还非常缺乏，与个人身份相关的法律仅有两部：一是《居民身份证法》（2003 年 6 月 28 日通过，2011 年 10 月 29 日修订），该法完全没有提及互联网时代的数字身份问题，只在第 13 条笼统规定："有关单位及其工作人员对履行职责或者提供服务过程中获得的居民身份证记载的公民个人信息，应当予以保密。"二是《电子签名法》（2004 年 8 月 28 日通过，2005 年 4 月 1 日起施行），该法旨在确立电子签名的法律效力，与个人身份信息保护关系不大。当前的当务之急是推出个人信息保护法，以针对性地加强对个人身份信息的保护，为数字身份管理制度奠定法律基础。

二、个人信息专管制度

在互联网时代，各类网站对个人信息的收集呈泛滥之势，信息收集的主体包括各类网络平台，信息收集的内容涵盖个人信息的方方面面，信息收集的过程未经信息所有者的同意，信息收集后被长久保存，这都增加了信息泄露的风险。为避免对个人信息的过度收集，减少个人信息泄露的风险，政府应出台个人信息专管制度，从个人信息管理主体、个人信息管理内容、个人信息管理程序、个人信息泄露的法律责任等方面对个人信息保护做出规定。

首先，在个人信息管理主体方面，一个独立的信息管理机构对个人信息保护

---

❶ 范敏，谭立. 构想网络实名制体系 [J]. 上海信息化，2009（6）：62.
❷ 李新玲. 我国启动虚拟身份管理 已发放 700 万张网络身份证 [N]. 中国青年报，2014-10-30（12）.

至关重要。因此，国家应成立专门的个人信息管理机构，明确其保障个人信息安全的职责。从我国目前的现实情况来看，可行的办法是依托公安部国家人口基础信息库，成立隶属于公安部门的个人身份信息专管机构，垄断个人身份信息的收集与管理权，同时，结合数字身份管理制度开展互联网数字身份认证工作。公安部门可以设置一个入网登录端口，网络用户只要通过公安部门的入网端口登录上网，公安部门验证通过后，就实现了全网后台实名，用户无须到各类网络平台注册，即可在全网任何网络平台匿名发帖。或者，当个人用户想要进行跟帖评论等网络表达时，网站系统自动跳转到公安部用户验证系统进行验证。这样，个人身份信息保存在公安部门的全国人口基础信息库，由公安部门的个人信息专管机构进行控制和保护，个人信息泄露的风险将大大降低。有学者认为："为从源头保护公民个人信息，国家应建立个人身份信息集中管理制度，由集中管理者建立真实身份与虚拟身份相对应的编码系统，使公民个人真实身份及联系方式与服务提供者相分离，有效兼顾服务需求、信息安全需求和公共利益需求。"❶ 在尚未成立专门的个人信息管理机构之前，公安部门可授权互联网服务提供者自行收集并管理个人信息，但要对其进行严格的监管，一旦违反规定则取消授权。

其次，在个人信息管理内容方面，需从收集范围、授权情况、保存时间、公开传播等方面做出规定。第一，应坚持最少化收集、合理化使用原则，除基本的人口统计信息外，其他信息不做收集。至于那些是基本的人口统计信息，笔者认为，可参考 2010 年出台的《全国人口普查条例》，该条例第 12 条规定："人口普查主要调查人口和住户的基本情况，内容包括姓名、性别、年龄、民族、国籍、受教育程度、行业、职业、迁移流动、社会保障、婚姻、生育、死亡、住房情况等。"上述信息是个人信息的最广收集范围，只有国家个人信息专管机构才能收集、保存。当前，个人信息专管机构尚未成立，经授权的其他单位可以依法收集个人信息，但信息收集的范围要大大缩小，只收集与开展自身业务相关的最少信息。第二，收集个人信息要获得个人信息主体的授权同意，收集个人敏感信息要

---

❶ 陈全思. 虚实身份分离的个人信息保护新模式［N］. 中国计算机报，2017-08-14（002）.

获得个人信息主体的明示同意。个人敏感信息是指"一旦泄露、非法提供或滥用可能危害人身和财产安全，极易导致个人名誉、身心健康受到损害或歧视性待遇等的个人信息"。❶ 另外，儿童个人信息的收集、使用应征得监护人同意。2019年8月，国家互联网信息办公室通过的《儿童个人信息网络保护规定》第9条明确规定："网络运营者收集、使用、转移、披露儿童个人信息的，应当以显著、清晰的方式告知儿童监护人，并应当征得儿童监护人的同意。"第三，收集的个人身份信息不能长久保存，要根据法律规定，及时删除，保存时间可参考《互联网信息服务管理办法》第14条："互联网信息服务提供者和互联网接入服务提供者的记录备份应当保存60日。"第四，网络平台收集个人身份信息仅为个人后台注册之用，未经个人信息主体同意，不得公开展示与传播。例外的情况是，"个人信息经匿名化处理后所得的信息不属于个人信息"，因而可以传播。这里的匿名化（Anonymization）是指"通过对个人信息的技术处理，使得个人信息主体无法被识别，且处理后的信息不能被复原的过程"。❷

再次，在个人信息管理程序方面，个人信息专管机构不得将个人信息提供给无关的第三人，访问全国人口基础信息库需经过严格的审核程序，包括申请访问主体资格审核、条件审核等。"在程序上应该有法律明确规定的程序，非经法律明确规定的合法程序，当事人的网络匿名表达的权利，都不得被限制和剥夺。"❸在当前，由于个人信息尚由网络平台收集与管理，获取个人信息的程序更应严格。具体而言，国家应加速推进个人信息保护法的出台，并在其中明确规定各类主体获取个人信息的法律程序：一是明确规定个人信息主体依法获取本人信息的先决条件与法律程序。二是明确规定国家侦查机关（包括公安机关、国家安全机关、人民检察院、军队保卫部门、中国海警局、监狱等）在行使对刑事案件的侦

❶ 中华人民共和国国家质量监督检验检疫总局　中国国家标准化管理委员会. 信息安全技术　个人信息安全规范［S/OL］.（2018-01-24）［2019-08-15］. https://www.tc260.org.cn/upload/2018-01-24/15167997643890090333.pdf.

❷ 中华人民共和国国家质量监督检验检疫总局　中国国家标准化管理委员会. 信息安全技术　个人信息安全规范［S/OL］.（2018-01-24）［2019-08-15］. https://www.tc260.org.cn/upload/2018-01-24/15167997643890090333.pdf.

❸ 曾白凌，淦家辉. 法律规制网络匿名表达的基本原则［J］. 攀登，2010，29（2）：114.

查权时获取个人信息的先决条件与法律程序，特别要杜绝"跨省追捕"式办案过程中对个人信息的随意获取。有学者认为，"在什么样的条件下，针对多严重的犯罪行为公安机关才能调取公民的个人短信、来往书信电子邮件、即时通讯聊天记录，什么情况下才能窃听电话、私人谈话等，这些在我们国家的法律中都还几乎是一片空白"。❶ 三是明确规定受侵害的第三人获取加害人个人身份信息的先决条件和法律程序。

最后，在个人信息泄露的法律责任方面，法律法规应对泄露个人信息的机构与人员施加较为严厉的处罚，以杜绝此类行为。目前，我国《刑法》中的"侵犯公民个人信息罪"处罚就比较严厉，对违法向他人出售或提供公民个人信息的行为，"情节严重的，处三年以下有期徒刑或者拘役，并处或者单处罚金；情节特别严重的，处三年以上七年以下有期徒刑，并处罚金"，如果被出售或提供的公民个人信息是公职人员"在履行职责或者提供服务过程中获得的"，则"依照前款的规定从重处罚"。另外，最高人民检察院、公安部、财政部于 2016 年 3 月 30 日联合印发《关于保护、奖励职务犯罪举报人的若干规定》（以下简称《规定》）有多项条款涉及对举报人信息的保护，并规定了相关人员违反保密规定应承担的法律责任，可供将来的个人信息保护法借鉴。该《规定》第 4 条指出，"人民检察院对于举报内容和举报人信息，必须严格保密"，第 5 条列出了 8 款保密措施，其中"严禁泄露举报内容以及举报人姓名、住址、电话等个人信息"明确了举报人个人信息的具体内容。第 11 条则明确了举报人在作证过程中的两类个人身份信息保护措施，一是"举报人确有必要在诉讼中作证，其本人及其近亲属因作证面临遭受打击报复危险的，人民检察院应当采取不公开真实姓名、住址和工作单位等个人信息的保护措施，可以在起诉书、询问笔录等法律文书、证据材料中使用化名代替举报人的个人信息"；二是"人民法院通知作为证人的举报人出庭作证，举报人及其近亲属因作证面临遭受打击报复危险的，人民检察院应当建议人民法院采取不暴露举报人外貌、真实声音等出庭作证措施"。对于

---

❶ 孙平. 信息时代匿名言论的责任及其界限——以郑啸寅诽谤案为例 [J]. 法学，2008（8）：9.

"故意或者过失泄露举报人姓名、地址、电话、举报内容等"信息的行为，第26条规定"对直接负责的主管人员和其他直接责任人员，依纪依法给予处分；构成犯罪的，由司法机关依法追究刑事责任"。该《规定》虽然只局限于对举报人个人信息的保护，但其完全可资借鉴，用于对普通人个人身份信息的保护。

三、消息来源隐匿制度

如前文所述，匿名表达权与消息来源隐匿权（记者拒证权）是两种不同的权利，但又有若隐若现的联系。从权利主体来看，前者的权利主体是公民，后者的权利主体是媒体。但两权利的目的具有同一性，即都是为了保障表达权。而且保障的途径也很相似，都是通过对表达主体个人身份信息的保密来完成，只不过前者更为直接，强调表达主体的自我保护，后者较为间接，强调表达平台及其工作人员对信息源的保护。媒体的信息源在某种意义上也是表达主体，他们通过借助媒体表达自己的观点。在一些存在打击报复风险的事件中，信息源往往要求媒体及其工作人员为其保密身份，实现匿名表达。如"水门事件"报道中的"深喉"，既可以说他是《华盛顿邮报》的信息源，也可以说他通过向《华盛顿邮报》的记者提供信息而表达了自己的观点。

消息来源隐匿制度有助于匿名表达权的实现，但这一制度又一直存在争议，争议的焦点是媒体保护信息源的职业道德与法律获取违法证据的冲突问题。倾向于媒体的职业道德，可能造成司法证据无法获取，罪犯得不到惩罚的局面，这会伤害公共利益；倾向于法律获取违法证据，可能造成媒体与记者失去信誉，无法获取内幕消息，难以开展调查性报道的局面，这同样会伤害公共利益。因此，世界各国均在这两种权益之间寻求某种平衡，但总的发展趋势是，消息来源隐匿权逐渐得到各国承认，并被付诸立法与司法实践。

在新闻职业道德层面，1954年，联合国新闻自由小组委员会经过五次讨论通过《国际新闻道德信条》，其中第3条规定"关于消息来源应慎重处理。对暗中透露的事件，应当保守职业秘密；这项特权经常可在法律范围内，作最大限度的运用"。同年4月28日，国际新闻工作者联合会第二届世界大会通过《记者行

为原则宣言》，其中第 6 条规定"对秘密获得的消息来源，将保守职业秘密"。❶
在法律层面，许多国家确立了保障消息来源隐匿权的相关法律。在英国，1981
年通过的《禁止藐视法庭法》第 10 条规定："没有任何法院可以要求一个人披
露其负责的发表物中的信息来源，如果该人拒绝披露也不构成藐视法庭，除非法
院有充分理由认为为了司法公正、国家安全或防止混乱及犯罪有必要披露该信息
来源。"❷ 在德国，《新闻法典》第 5 条规定"约定的秘密要彻底遵守"，详细的
表述是"如果信息提供者要求在处理其报告内容时不公开信息来自何人或不使他
受到伤害，则须对此条予以尊重。只有在信息涉及犯罪以及当事人具有告发义务
的情况下，保密要求才失去约束力"。❸ 在美国，虽然在 1972 年的"布兰兹伯格
诉哈斯案"中，联邦最高法院以5：4的投票判决，没有赋予记者在大陪审团面前
的消息来源隐匿权，但从投票比例可以看出，消息来源隐匿权同样得到了近一半
大法官的支持。而且，联邦最高法院的判决也不能服众，"大多数初级法院认为，
最高法院对'布兰兹伯格案'的判决是非常狭隘的"。同时，各州为记者提供保
护，目前"美国有 31 个州施行了名为'盾法'的法定保护，它为记者提供一些
保护，使其免于被迫披露秘密消息来源的身份。在剩余的 19 个州里，大多数的
上诉法院已经承认记者的各种宪法或普通法意义上的作证特许权"。"联邦没有
盾法，但是司法部制定了一整套严格限制联邦机构何时与如何传讯新闻记者的指
导方针。"❹

不过，从各国情况看，消息来源隐匿权并非一项绝对的权利，而是要受到种
种限制。具体而言，保障消息来源隐匿权尚需明确如下几个问题：第一，明确界
定作为权利主体的记者或媒体。比如美国既不对媒体颁发"许可证"，也没有
"记者证"一说。"在美国，一个人是否有条件、有资格做记者，完全由雇主说
了算"，而且"新闻界所代表的传播信息的功能在现代社会也被讲演者、民意调

❶ 李衍玲. 新闻伦理与规制［M］. 北京：社会科学出版社，2008：293，294.
❷ 高一飞. 媒体与司法关系研究［M］. 北京：中国人民公安大学出版社，2010：258.
❸ 赵雪波，张键，金勇. 世界新闻法律辑录［M］. 北京：社会科学文献出版社，2010：84.
❹ ［美］唐·R. 彭伯. 大众传媒法（第十三版）［M］. 张金玺，赵刚，译. 北京：中国人民大学
出版社，2005：362，363，373.

查人、小说家、学术研究人员和剧作家所实施。几乎所有的'作者'都可以理直气壮地宣称自己为信息向公众的传播作出了贡献，而他依赖了秘密的信息来源"。❶ 在媒体不确定、记者不确定的情况下，消息来源隐匿权的主体就成了问题。第二，明确区分消息来源牵涉哪类案件，民事案件、刑事案件或是其他。不同的案件应赋予记者不同程度的"消息来源隐匿权"。比如在美国，"记者可能被要求在三种不同的法庭审判中作证：民事诉讼、刑事诉讼与大陪审团审判。法院最有可能承认新闻记者拒绝在民事诉讼中作证的权利，最不可能承认记者拒绝在大陪审团前作证的权利"。❷ 第三，明确区分需要透露消息来源的哪类信息，不同的信息应得到不同程度的保护。关于消息来源身份的信息应得到最高程度的保护，而消息来源提供的内容或记者采访中目睹的事件，则应视具体情况提供给司法部门。第四，明确规定消息来源隐匿权适用的例外情况。即在哪种情况下，不适用消息来源隐匿权。如涉及危害国家安全、恐怖主义等重大刑事犯罪时，消息来源隐匿权需要做出让步。

目前，消息来源隐匿权在我国立法与司法实践中都没有得到体现。在立法层面，我国《刑事诉讼法》《民事诉讼法》《行政诉讼法》三大诉讼法都不支持记者拥有消息来源隐匿权。《刑事诉讼法》第 62 条规定："凡是知道案件情况的人，都有作证的义务。"第 193 条还规定："证人没有正当理由不出庭作证的，人民法院可以强制其到庭"，"证人没有正当理由拒绝出庭或者出庭后拒绝作证的，予以训诫，情节严重的，经院长批准，处以十日以下的拘留"。《民事诉讼法》第 72 条也规定："凡是知道案件情况的单位和个人，都有义务出庭作证。"这些规定都没有给消息来源隐匿权留下任何拓展的空间。在司法实践中也是一样，在"世奢会诉新京报社名誉侵权案"中，《新京报》等报纸在隐匿消息来源导致一审败诉后，不得不在二审中提供消息来源，才最终反败为胜。在该案中，《新京报》2012 年 6 月 15 日刊发的报道《"世奢会"被指皮包公司》，质疑世界奢侈品

---

❶ 高一飞. 媒体与司法关系研究［M］. 北京：中国人民公安大学出版社，2010：265.

❷ ［美］唐·R. 彭伯. 大众传媒法（第十三版）［M］. 张金玺，赵刚，译. 北京：中国人民大学出版社，2005：363.

协会（以下简称"世奢会"）是"山寨"的"国际"组织，结果被世奢会告上法庭。"一审开庭时，《新京报》方面不愿提交采访录音及公开匿名爆料人身份，但世奢会提供的一个名为'王自强'的证人称，他就是报道中的匿名采访对象，且采访内容均为他人授意捏造"，❶这在很大程度上影响了判决，导致《新京报》一审败诉。二审开庭时，《新京报》提供匿名爆料人身份，2015 年 11 月 9 日，二审法院做出终审判决，驳回"世奢会"全部诉讼请求，《新京报》胜诉。该案涉及的是"匿名信息源"作证问题，并未涉及"匿名信息源"保护问题。该案也没有给消息来源隐匿权留下空间。

尽管我国没有消息来源隐匿权的立法与司法实践，但实际上我国早就有类似的制度土壤与有利的实施条件。第一，我国古代"亲亲相隐"制度就包含了亲属拒证权的问题。如"唐律《断狱》八'议请减老小'条规定，凡是法律规定属于容隐范围内的亲属，法官'皆不得令其为证，违者减罪人罪三等'"。❷现在我国法律中没有拒证权相关规定，但随着时代发展与法律观念的更新，可以探索建立拒证权制度，如亲属拒证权、律师拒证权、记者拒证权等。第二，我国有规范的"新闻记者证"制度，这确保了"记者"外延的清晰性。2004 年 12 月 9 日，新闻出版总署通过了《新闻记者证管理办法》，而后在 2009 年 7 月 10 日又进行修订。该《办法》对新闻记者进行了清晰的界定，即"新闻记者，是指新闻机构编制内或者经正式聘用，专职从事新闻采编岗位工作，并持有新闻记者证的采编人员"。新闻记者证作为"新闻记者职务身份的有效证明，是境内新闻记者从事新闻采编活动的唯一合法证件，由新闻出版总署依法统一印制并核发"。我国的"新闻记者证"制度解决了"谁是记者"的问题，明确规定领取新闻记者证应具备的条件，并排除了四类人员："（一）新闻机构中党务、行政、后勤、经营、广告、工程技术等非采编岗位的工作人员；（二）新闻机构以外的工作人员，包括为新闻单位提供稿件或者节目的通讯员、特约撰稿人，专职或兼职为新

---

❶ 刘星. 世奢会诉新京报社名誉侵权　新京报公开匿名信源身份［EB/OL］.（2014-08-15）［2019-07-27］. http://www.chinanews.com/fz/2014/08-15/6495098.shtml.

❷ 高绍先. 法史探微［M］. 北京：法律出版社，2003：276.

闻机构提供新闻信息的其他人员；（三）教学辅导类报纸、高等学校校报工作人员以及没有新闻采访业务的期刊编辑人员；（四）有不良从业记录的人员、被新闻出版行政部门吊销新闻记者证并在处罚期限内的人员或者受过刑事处罚的人员。"如此明确的"记者"范围，为实施消息来源隐匿权奠定了坚实的基础。第三，我国法律体系完善、更新及时，司法制度也较为完备，具备根据诉讼类型区别实施消息来源隐匿权的条件，建议在民事诉讼领域率先开展消息来源隐匿权试点，然后逐步推进。将来如能在刑事诉讼领域实施，则应明确划定消息来源隐匿权的例外情形，在国家安全、国家秘密、公共安全等领域明确禁止消息来源隐匿权。

四、被遗忘权救济制度

在当前语境下，网络匿名制并非绝对匿名制，而是后台实名/前台自愿制。在后台实名的前提下，网络用户的个人信息依然存在泄露的风险。个人信息泄露之后，网络匿名状态将不复存在，但如果信息泄露的时间不长、范围不广，就存在"亡羊补牢"的可能，使网络用户重新回到匿名状态。新兴的被遗忘权为网络匿名制提供了事后救济的功能，即通过保障网络用户的被遗忘权，达到保障匿名权的目的。

"被遗忘权"在我国司法实践中并未被认可，在被称为"中国被遗忘权第一案"的"任甲玉诉百度案"（2015 年）中，一审法院（北京市海淀区人民法院）指出："我国现行法中并无法定称谓为'被遗忘权'的权利类型，'被遗忘权'只是在国外有关法律及判例中有所涉及，但其不能成为我国此类权利保护的法律渊源。"二审法院（北京市第一中级人民法院）也认为："被遗忘权是欧盟法院通过判决正式确立的概念，虽然我国学术界对被遗忘权的本土化问题进行过探讨，但我国现行法律中并无对'被遗忘权'的法律规定，亦无'被遗忘权'的权利类型。"关于被遗忘权的起源，有学者认为，被遗忘权实际上"起源于法国刑事司法中允许罪犯被定罪和监禁事实不公开的权利"，"无论已被定罪的罪犯、无辜的被追诉人、被害人、甚至证人和其他诉讼参与人，均有主张被遗忘权之需求，从而使自己从刑事诉讼中彻底脱身，避免一次诉讼影响终身"，❶ 刑法领域封存犯罪记录、销毁无关资料的有关规定认定为"刑事司法领域被遗忘权的原始样态"。

　　我国对"被遗忘权"所体现的法律精神并非全然无视，而是在立法层面给予了一定程度的认可。在刑法领域，被遗忘权相关规定主要体现在《刑事诉讼法》中，该法第 152 条规定：侦查人员"对采取技术侦查措施获取的与案件无关的材料，必须及时销毁"。第 286 条规定："犯罪的时候不满十八周岁，被判处五年有期徒刑以下刑罚的，应当对相关犯罪记录予以封存。"当然，上述规定并非严格意义上的被遗忘权，但二者具有共同的本质，即"被遗忘权与犯罪记录封存制度本质上都强调对个人信息的保护，只是适用对象略有不同，故而后者可以视为前者的初始形态"。❷ 这种初始形态的被遗忘权只要"稍加修正就可以出现正式权利形式的被遗忘制度"，比如"可以将罪犯申请犯罪记录封存的权利进一步拓展到有条件地申请彻底删除犯罪记录"。❸ 除罪犯外，被害人、无辜者、证人以及其他诉讼参与人的被遗忘权更应该被考虑，而除了封存、销毁等形式外，证人匿名作证也可看作是被遗忘权在刑事领域的适用。《刑事诉讼法》第 64 条规定，对于恐怖活动犯罪等特殊案件，证人、鉴定人、被害人在诉讼中作证可以"不公开真实姓名、住址和工作单位等个人信息"，还可以"采取不暴露外貌、真实声音等出庭作证措施"。上述规定中的匿名、隐身、隐声等措施一方面是对个人身份信息的保护，另一方面也体现了被遗忘权的本质，"不可否认其与被遗忘权存在逻辑上的自洽性"。❹

　　民法领域对"被遗忘权"实质内容的规定更早，2009 年出台的《侵权责任

---

❶ 郑曦. 个人信息保护视角下的刑事被遗忘权对应义务研究 [J]. 浙江工商大学学报, 2019,（1）: 46, 47.

❷ 蔡士林. 被遗忘权在刑事领域中的展开 [J]. 华侨大学学报（哲学社会科学版）, 2018,（4）: 78.

❸ 郑曦. 新兴（新型）权利法律问题研究：被遗忘权（专题讨论）——"被遗忘"的权利：刑事司法视野下被遗忘权的适用 [J]. 学习与探索, 2016, 0（4）: 62, 63.

❹ 蔡士林. 被遗忘权在刑事领域中的展开 [J]. 华侨大学学报（哲学社会科学版）, 2018,（4）: 78.

法》第 36 条第 2 款规定："网络用户利用网络服务实施侵权行为的，被侵权人有权通知网络服务提供者采取删除、屏蔽、断开链接等必要措施。网络服务提供者接到通知后未及时采取必要措施的，对损害的扩大部分与该网络用户承担连带责任。"由于该法出台时间较早，其内容并未提及个人信息保护，但对于个人信息的保护已蕴含在"姓名权""隐私权"等相关条款中。本条提及的"侵权行为"显然包括侵犯姓名权、隐私权在内，而侵权行为发生后，网络服务提供者履行删除等义务。此处的删除义务虽然"不是被遗忘权所确认的删除权，可以删除的仅针对侵权信息，权利主体也仅限于已受到侵害的被侵权人，未能涵盖被遗忘权的删除，但对被遗忘权的保护，有被改造成为被遗忘权保护的接口的可能性"。❶此外，2014 年，最高人民法院《关于审理利用信息网络侵害人身权益民事纠纷案件适用法律若干问题的规定》第 5 条、第 6 条列出了《侵权责任法》第 36 条第 2 款实施的具体程序与措施，如被侵权人发出通知的方式、网络服务提供者是否及时删除的认定等。

在行政法领域，2012 年 12 月 28 日，十一届全国人民代表大会常务委员会通过了《加强网络信息保护的决定》，其中第 8 条规定："公民发现泄露个人身份、散布个人隐私等侵害其合法权益的网络信息，或者受到商业性电子信息侵扰的，有权要求网络服务提供者删除有关信息或者采取其他必要措施予以制止。"《网络安全法》第 43 条也规定："个人发现网络运营者违反法律、行政法规的规定或者双方的约定收集、使用其个人信息的，有权要求网络运营者删除其个人信息；发现网络运营者收集、存储的其个人信息有错误的，有权要求网络运营者予以更正。网络运营者应当采取措施予以删除或者更正。"这些规定都确认了信息主体要求网络服务提供者删除个人信息的权利，"实质上是将有关用户的信息控制权重新交回了用户手中，使被遗忘权主体的权利得到了进一步确认"，❷体现了对个人信息侵权的事后救济。《电子商务法》第 24 条规定："电子商务经营者收到

---

❶ 杨立新，韩煦. 被遗忘权的中国本土化及法律适用 [J]. 法律适用，2015，(2)：27.
❷ 周婧. 被遗忘权的概念研究——与隐私权、信息自决权的概念比较 [J]. 北京政法职业学院学报，2017，(2)：80.

用户信息查询或者更正、删除的申请的，应当在核实身份后及时提供查询或者更正、删除用户信息。用户注销的，电子商务经营者应当立即删除该用户的信息。"该条也为用户的个人信息提供了保障。此外，有一些规范性文件更为详细地规定了"通知删除"条款，为"被遗忘权"精神的具体实施提供了技术指导，如国家工信部 2013 年出台的《信息安全技术、公共及商用服务信息系统个人信息保护指南》就提出了多条具有操作性的规定："个人信息主体有正当理由要求删除其个人信息时，及时删除个人信息。删除个人信息可能会影响执法机构调查取证时，采取适当的存储和屏蔽措施"，"收集阶段告知的个人信息使用目的达到后，立即删除个人信息；如需继续处理，要消除其中能够识别具体个人的内容；如需继续处理个人敏感信息，要获得个人信息主体的明示同意"，"超出收集阶段告知的个人信息留存期限，要立即删除相关信息"。

上述规定都是"被遗忘权"对个人信息侵权的救济措施，这些措施可用于对"匿名表达自由"的保障。从本意来看，匿名表达中的匿名本应是表达之前的行为，但如果表达者在表达行为之前不想或未能匿名，在表达行为发生后又有匿名的需求，就出现了"再匿名"的问题。在这种情况下，"被遗忘权"可对表达者"再匿名"需求予以保障。今后，"被遗忘权"在中国的本土化，从短期来看，可以先从行政规范起步，"将被遗忘权制度作为软法、标准或效力层级较低的行政规范发挥实际作用"。从长远来看，可以"制定《个人信息保护法》，并在其中正式引入'被遗忘权'概念，对其主体、容、使用条件、例外情形等做出具体规定"。❶

---

❶　陈娜，王璇. 被遗忘权法律保护研究［J］. 湖北社会科学，2016，（12）：145.

第八章

结　论

第八章
结　论

第一节　主要结论

一、匿名表达权问题本质上是个人身份信息保护问题

匿名表达权由"匿名"与"表达权"组成，这个词组是偏正结构，而非并列结构。因此，两个词语有主次关系，"表达权"是中心词，"匿名"是对"表达权"的修饰与限定。从这个角度来看，匿名表达权问题在领域上属于表达权问题，它是表达权问题的一种。但"匿名"作为限定词并非可有可无，如果"匿名"可有可无，那本书就无研究的必要，只需重复研究学术市场上大量存在的"表达权"问题即可。但本书并无意继续走前人之路，而是单独将匿名表达权问题提炼出来，旨在划定"匿名表达权"这一小块领域作为重点进行研究。因此，匿名表达权虽然是一个从属于表达权的问题，但其研究核心却是在实现"表达权"的同时如何实现"匿名"的问题，在这个意义上，"匿名"是个中心问题。

匿名，字面意思是"不具名或不写真实姓名"，[1] 其表面需求是隐藏个人真实姓名，其深层需求其实是隐藏个人身份信息。在传统媒体时代，隐藏真实姓名基本上就可以实现对个人身份信息的隐藏。在 1984 年 4 月 6 日国务院公布《中

---

[1] 中国社会科学院语言研究所词典编辑室. 现代汉语词典（第五版）［M］. 北京：商务印书馆，2005：994.

华人民共和国居民身份证试行条例》之前，中国人很少流动，个人身份信息局限在熟人圈子，写作者发表作品时只要署笔名，就可以隐藏个人身份信息。但在互联网时代，隐藏真实姓名显然已很难起到对个人身份信息的完全隐藏，除姓名外，网络上存在着各种其他个人身份信息，这让在互联网空间的表达者很难隐藏自己。一方面，表达者总会使用电脑或手机这样的传媒终端工具，只要使用，就会留下自己的地址信息；另一方面，表达者总会在互联网上留下一定的信息，这些信息经过综合分析，也能在一定程度上反映个人身份信息。这两种情况，导致互联网空间基本无法实现完全的个人身份信息隐藏，如有必要，其他人总会通过各种手段，按图索骥地找到表达者。因此，匿名表达并不仅仅是要求隐藏姓名来表达，而是要求在表达过程中实现对个人身份信息的严格保护。

网络匿名权就是在网络空间隐匿自己真实身份的权利，保障匿名表达权有两个要求：一是要求保障表达权，以实现个人的表达自由；二是要求严格的个人身份信息保护，以达到网络虚拟身份无法具体指向现实真实身份的效果。而要达到这一效果，隐藏姓名是远远不够的，网络空间中具有辨识自然人身份功能的所有个人信息，包括姓名、性别、职业、职称、家庭住址、生日、照片、身份证号码等都需要得到严格保护。如此一来，匿名表达权问题本质上也就成了个人身份信息保护问题。

二、网络匿名制与网络实名制本质上是同一制度的一体两面

在互联网空间，由于表达者留下了诸多个人信息，要实现完全的个人身份信息隐藏基本上是做不到的。因此，完全的网络匿名制是很难实现的，能实现的只能是一定程度的匿名，我们可以称之为有限匿名制或相对匿名制。有限匿名制，反过来也是有限实名制，即一定程度匿名与一定程度实名的结合。这不是一个非实即匿或非匿即实的选择问题，而是一个匿名（或实名）度问题，即个人真实身份隐藏（或暴露）程度问题。再进一步，这是一个识别表达者个人真实身份的难易程度的问题，或可表述为识别表达者个人真实身份所需付出的成本问题。识别成本高，识别难度就大，在一定程度上就实现了网络匿名；识别成本低，识

别难度就小，在一定程度上就是网络实名。对个人身份信息的严格保护就是通过增加个人真实身份信息的识别成本来达到网络匿名的目的。因此，网络匿名制与网络实名制在本质上是同一制度的一体两面。

现今，我国实行的"后台实名、前台自愿制"就是网络匿名制与网络实名制的综合。在后台，网民需要进行真实身份注册；在前台，网民可以自由选择署名或不署名，既可以匿名，也可以署名，署名也有多种选择，既可以署真名，也可以署假名、笔名、艺名、网名等。从本质上来看，网络匿名表达权追求的并不是不署名的权利，而是署名决定权。因此，网络匿名制的实践形式并不是"后台实名、前台匿名制"，而是"后台实名、前台自愿制"。"后台实名、前台自愿制"既是网络匿名制，也是网络实名制。"匿名与实名，虚拟与现实，黑与白，0 和 1。这些看起来对立的概念，本质上却有着统一性。"❶

第二节　研究局限

一、将匿名表达权的边界置换为表达权的边界

匿名表达权与表达权显然不是一回事，因为增加了"匿名"这个限定词，匿名表达权的范围必然小于表达权。以此推导，匿名表达权的边界也要小于表达权的边界。如果将匿名表达权的边界与表达权的边界画成一个同心圆，则匿名表达权的边界在内，表达权的边界在外，我们可以称之为内边界与外边界。外边界之外，是无论实名匿名都不允许表达的区域，在这里，如果表达权与其他法益产生冲突，优先保护其他法益，其他法益对表达权构成限制，任何人都不允许表达。内边界之内，是无论匿名实名都允许表达的区域，在这里，如果表达权与其他权益产生冲突，优先保护表达权，表达权对其他法益构成限制，任何人都可以随意表达。理论上，在内边界之外、外边界之内，即匿名表达权的边界之外、表

---

❶　陈曦. 网络社会匿名与实名问题研究［M］. 北京：人民日报出版社，2017：198.

达权的边界之内，还应该有一块区域，在这里，只允许实名表达，不允许匿名表达。理论上应该存在的这块区域在现实生活中却非常罕见，一般而言，允许实名表达的，也往往会允许匿名表达，不允许匿名表达的，也往往不会允许实名表达。也就是说，法律法规对表达的限制主要是基于内容，而不是基于主体的身份。在这种情况下，内边界、外边界就混而为一了。

实际上，各类法律法规当中有许多对表达权的限制条款，但都是基于内容的限制，几乎没有基于主体身份的限制。在这种情况下，要撇开表达权的边界，而精准论述匿名表达权的边界，几乎是不可能的。而且，表达权的边界也只是一个形象的比喻，法律法规根本没有为表达权画出一条清晰的边界，这条边界是在具体的司法实践中，由于表达权与其他法益的冲突、协调而动态形成的，因而根本无法找到所谓的边界线，即便有，这条边界线也是在现实社会的变迁中不断调整的。

基于以上理由，本书将匿名表达权的边界置换为表达权的边界予以论述，但无论如何，匿名表达权的边界与表达权的边界毕竟不是一回事，二者既然名称有别，就会有不同之处，将前者置换为后者进行论述是有一定局限性的。

二、将匿名表达权与网络匿名表达权混同论述

本书的标题是"网络匿名表达权研究"，在理论上，本书应聚焦于网络匿名表达权，而只将匿名表达权作为一个铺垫或陪衬。在绪论部分，本书也对匿名表达权与网络匿名表达权进行了区分。但在行文过程中，大部分篇章并没有对匿名表达权与网络匿名表达权进行严格的划分，而是混同论述的。这主要是因为，网络匿名表达权与匿名表达权并没有本质的区别，前者只是后者在互联网空间的升级版。在传统媒体时代，由于表达者个人身份信息不易泄露，只要表达者选择笔名、艺名基本就可以实现匿名表达，匿名表达权问题并不突出。而到了互联网时代，表达者个人身份信息极易泄露，匿名表达权的问题才凸显出来。在一定意义上甚至可以说，匿名表达权问题就是网络匿名表达权问题，如果没有网络社会的崛起，匿名表达权问题将很少引起关注。

　　基于以上理由，本书大部分篇章将匿名表达权与网络匿名表达权混同论述，只是随着文意而使用，没有做刻意的区分。但网络匿名表达权毕竟不同于匿名表达权，其范围要小于匿名表达权，而且网络匿名表达权既然变换了空间，成为了升级版，就应该有一些新的个性化的规律，在这方面，本书未做深入探究，存在一定的局限性。

参考文献

参考文献

一、中文参考文献

（一）著作类

[1] 宋慧献. 版权保护与表达自由 ［M］. 北京：知识产权出版社，2011.

[2] 甄树青. 论表达自由 ［M］. 北京：社会科学文献出版社，2000.

[3] ［英］以赛亚·柏林. 自由论（《自由四论》扩充版）［M］. 南京：译林出版社，2003.

[4] 郭庆光. 传播学教程 ［M］. 2 版. 北京：中国人民大学出版社，2011.

[5] 夏征农，陈至立. 辞海（第六版）［M］. 上海：上海辞书出版社，2010.

[6] 胡泳. 众声喧哗：网络时代的个人表达与公共讨论 ［M］. 桂林：广西师范大学出版社，2008.

[7] 马克思，恩格斯. 马克思恩格斯全集（第一卷）［M］. 北京：人民出版社，1956.

[8] 李永刚. 我们的防火墙 ［M］. 桂林：广西师范大学出版社，2009.

[9] 吴小坤. 自由的轨迹——近代英国表达自由思想的形成 ［M］. 桂林：广西师范大学出版社，2011.

[10] 何贵忠. 版权与表达自由：法理、制度与司法 ［M］. 北京：人民出版社，2011.

[11] 陈力丹. 世界新闻传播史 ［M］. 上海：上海交通大学出版社，2002.

[12] ［法］F. 基佐. 一六四〇年英国革命史 ［M］. 伍光建，译. 北京：商务印书馆，1985.

[13] ［英］弥尔顿. 论出版自由 ［M］. 吴之椿，译. 北京：商务印书馆，1958.

[14] ［英］约翰·密尔. 论自由 ［M］. 程崇华，译. 北京：商务印书馆，1959.

[15] 赵雪波，张健，金勇. 世界新闻法律辑录 ［M］. 北京：社会科学文献出版

社，2010.

[16] 马聪. 霍姆斯现实主义法学思想研究 [M]. 北京：人民出版社，2009.

[17] [美] 霍姆斯. 法律的生命在于经验——霍姆斯法学文集 [M]. 明辉，译. 北京：清华大学出版社，2007.

[18] [美] 爱德华·怀特. 奥利弗·温德尔·霍姆斯：法律与本我 [M]. 孟纯才，陈琳，译. 北京：法律出版社，2009.

[19] [美] 亚历山大·米克尔约翰. 表达自由的法律限度 [M]. 侯健，译. 贵阳：贵州人民出版社，2002.

[20] 莫纪宏. 表达自由的法律界限 [M]. 北京：中国人民公安大学出版社，1998.

[21] 王四新. 表达自由——原理与应用 [M]. 北京：中国传媒大学出版社，2008.

[22] [美] 阿丽塔. L. 艾伦，理查德. C. 托克音顿. 美国隐私法：学说、判例与立法 [M]. 冯建妹，等，译. 北京：中国民主法制出版社，2004.

[23] 王利明. 人格权法新论 [M]. 长春：吉林人民出版社，1994.

[24] 林子仪. 言论自由与新闻自由 [M]. 台北：月旦出版社有限公司，1993.

[25] [美] 马斯洛. 自我实现的人 [M] 徐金生，刘锋，等译. 北京：生活·读书·新知三联书店，1987.

[26] [美] 乔治·H. 米德. 心灵自我与社会 [M]. 赵月瑟，译. 上海：上海译文出版社，1992.

[27] [美] 欧文·戈夫曼. 日常生活中的自我呈现 [M]. 黄爱华，冯钢，译. 杭州：浙江人民出版社，1989.

[28] [美] A. H. 马斯洛. 动机与人格 [M]. 徐金生，程朝翔，译. 北京：华夏出版社，1987.

[29] 陈欣新. 表达自由的法律保障 [M]. 北京：中国社会科学出版社，2003.

[30] 杨久华. 台湾政治转型过程中表达自由问题研究 [M]. 北京：知识产权出版社，2012.

[31] [美] 唐纳德·M. 吉尔摩，杰罗姆·A. 巴龙，托德·F. 西蒙. 美国大众传播法：判例评析 [M]. 梁宁，等译. 北京：清华大学出版社，2002.

[32] 习近平. 习近平谈治国理政（第二卷）[M]. 北京：外文出版社，2017.

[33] 张莉. 论隐私权的法律保护 [M]. 北京：中国法制出版社，2007.

[34] 张新宝. 隐私权的法律保护 [M]. 北京：群众出版社，1997.

[35] 屠振宇. 宪法隐私权研究——一项未列举基本权利的理论论证 [M]. 北京：法律出版社，2008.

[36] 齐爱民. 个人资料保护法原理及其跨国流通法律问题研究 [M]. 武汉：武汉大学出版社，2004.

[37] 张军. 宪法隐私权研究 [M]. 北京：中国社会科学出版社，2007.

[38] 杨开湘. 宪法隐私权导论 [M]. 北京：中国法制出版社，2010.

[39] 刘银良. 知识产权法 [M]. 北京：高等教育出版社，2010.

[40] 宋原放，李白坚，陈行铮. 中外出版史 [M]. 北京：北京师范大学出版社，1993.

[41] ［美］唐·R. 彭伯. 大众传媒法（第十三版）[M]. 张金玺；赵刚，译. 北京：中国人民大学出版社，2005.

[42] ［美］约翰·D. 泽莱兹尼. 传播法：自由限制与现代媒介 [M]. 张金玺，赵刚，译. 北京：清华大学出版社，2007.

[43] 朱景文. 中国特色社会主义法律体系：结构、原则与制度阐释 [M]. 北京：中国人民大学出版社，2018.

[44] 郑文辉. 中国法律和法律体系 [M]. 广州：中山大学出版社，2017.

[45] 施拉姆，等. 报刊的四种理论 [M]. 中国人民大学新闻系，译. 北京：新华出版社，1980.

[46] 侯健. 表达自由的法理 [M]. 上海：上海三联书店，2008.

[47] 伯恩斯，佩尔塔森，克罗宁. 美国式的民主 [M]. 北京：中国社会科学出版社，1993.

[48] 陈曦. 网络社会匿名与实名问题研究 [M]. 北京：人民日报出版社，2017.

[49] ［法］勒庞. 乌合之众：大众心理研究 [M]. 冯克利，译. 北京：中央编译出版社，2004.

[50] 俞国良. 社会心理学 [M]. 北京：北京师范大学出版社，2006.

[51] ［英］哈耶克. 自由秩序原理 [M]. 邓正来，译. 北京：生活·读书·新知三联书店，1997.

[52] 阎二鹏. 侵犯个人法益犯罪研究 [M]. 北京：中国人民公安大学出版社，2009.

[53] 孙旭培. 新闻传播法学 [M]. 上海：复旦大学出版社，2008.

[54] ［美］小哈里·卡尔文. 美国的言论自由 [M]. 李忠，韩君，译. 北京：生活·读书·新知三联书店，2009.

[55] 李永升. 侵犯国家法益的犯罪研究 [M]. 北京：知识产权出版社，2012.

[56] 邵国松. 网络传播法导论 [M]. 北京：中国人民大学出版社，2017.

[57] 郑保卫. 新闻法制学概论 [M]. 北京：清华大学出版社，2009.

[58] 范进学. 法律与道德——社会秩序的规制 [M]. 上海：上海交通大学出版

社，2011.

[59] 中国社会科学院语言研究所词典编辑室. 现代汉语词典（第五版）[M]. 北京：商务印书馆，2005.

[60] [英] 彼得·斯坦，[英] 约翰·香德. 西方社会的法律价值 [M]. 王献平，译. 北京：中国法制出版社，2004.

[61] [美] 奥尔波特. 谣言心理学 [M]. 刘水平，梁元元，黄鹂，译. 沈阳：辽宁教育出版社，2003.

[62] [美] 卡斯·R. 桑斯坦. 谣言 [M]. 张楠迪扬，译. 北京：中信出版社. 2010.

[63] [美] 欧文·M. 费斯. 言论自由的反讽 [M]. 刘擎，殷莹，译. 北京：新星出版社，2005.

[64] 魏永征. 新闻传播法教程 [M]. 北京：中国人民大学出版社，2006.

[65] [美] 乔尔·鲁蒂诺，[美] 安东尼·格雷博什. 媒体与信息伦理学 [M]. 霍政欣，罗赞，陈莉，曹海风，译. 北京：北京大学出版社，2009.

[66] 李永升. 侵犯个人法益的犯罪研究 [M]. 北京. 法律出版社，2014.

[67] 马丁·科斯特曼. 保护名誉权利与新闻自由之间的平衡 [M] //王利明，葛维宝. 中美法学前沿对话：人格权法及侵权法专题研究. 北京：中国法制出版社，2006.

[68] [英] 戴维·M. 沃克. 牛津法律大辞典 [M]. 李双元，等译. 北京：法律出版社，2003.

[69] 张新宝. 互联网上的侵权问题研究 [M]. 北京：中国人民大学出版社，2003.

[70] [美] 格拉德·佛里拉，史蒂芬·里特斯亨，等. 网络法：课文和案例 [M]. 张楚，乔延春，等译. 北京：社会科学文献出版社，2004.

[71] [美] 詹姆斯·R. 雅各布，吉姆伯利·波特. 仇恨犯罪：刑法与身份政治 [M]. 王秀梅，译. 北京：北京大学出版社，2010.

[72] [美] 理查德·斯皮内洛. 铁笼，还是乌托邦：网络空间中的道德与法律（第二版）[M]. 李伦，等译. 北京：北京大学出版社，2007.

[73] 张恒山. 法理要论 [M]. 北京：北京大学出版社，2002.

[74] 刘海涛，郑金雄，沈荣. 中国新闻官司二十年：1987~2007 [M]. 北京：中国广播电视出版社，2007.

[75] 王锋. 表达自由及其界限 [M]. 北京：社会科学文献出版社，2006.

[76] 冷兆松. 快读大师：五十位顶级经济学家传略 [M]. 北京：中国经济出版社，2005.

[77] 朱琴芬. 新制度经济学 [M]. 上海：华东师范大学出版社，2006.

[78] 何永红. 基本权利限制的宪法审查：以审查基准及其类型化为焦点 [M]. 北京：法律出版社，2009.

[79] 陈新民. 德国公法学基础理论（下册）[M]. 济南：山东人民出版社，2001.

[80] [美] 凯斯·桑斯坦. 网络共和国 [M]. 黄维明，译. 上海：上海人民出版社，2003.

[81] [澳] 迈克尔·R. 达顿. 中国的规制与惩罚：从父权本位到人民本位 [M]. 郝方昉，崔洁，译. 北京：清华大学出版社，2009.

[82] 李衍玲. 新闻伦理与规制 [M]. 北京：社会科学出版社，2008.

[83] 高一飞. 媒体与司法关系研究 [M]. 北京：中国人民公安大学出版社，2010.

（二）论文类

[1] 陈力丹. 传播学几个理论问题的探讨 [J]. 国际新闻界，1985（1）.

[2] 蔡文之. 自律与法治的结合和统一——论网络空间的监管原则 [J]. 社会科学，2004（1）.

[3] 李拯宇，干玉兰. 韩国主要门户网站开始实行网络实名制 [J]. 青年记者，2007（13）.

[4] 胡泳. 人人都知道你是一条狗 [J]. 读书，2006（1）.

[5] 皮勇，胡庆海. 论网络实名制不应"独行" [J]. 信息网络安全，2006（5）.

[6] 王建辉. 胡塞尔现象学中的身体和表达——从《逻辑研究》到《观念Ⅱ》[J]. 安徽大学学报（哲学社会科学版），2016，40（6）.

[7] 王晓升. 论胡塞尔的表达概念 [J]. 福建论坛（文史哲版），1997（6）.

[8] 段超. 胡塞尔对"表达"与"含义"概念群的澄清及其意义 [J]. 广西大学学报（哲学社会科学版），2014，36（1）：50.

[9] 李静，王永祥. 表达的意义与意义的表达——雅柯布森的语符功能观 [J]. 俄罗斯文艺，2015（3）.

[10] 宛金章. 思想的表达过程和理解过程就是语言——对时枝诚记语言观的考察 [J]. 日语学习与研究，2007（2）.

[11] 张康之，张乾友. 论意见表达体系的形成与演变 [J]. 社会科学战线，2009（10）.

[12] 谭玥. 思想与表达二分法的符号学分析 [J]. 江西师范大学学报（哲学社会科学版），2009，42（2）.

[13] 郭道晖. 论作为人权和公民权的表达权 [J]. 河北法学，2009，27（1）.

[14] 樊斯瑶. 马克思自由观视角下网络表达权规制研究 [D]. 陕西科技大学，2018.

[15] 汤啸天. 表达权的基本含义 [N]. 文汇报，2008-03-24（10）.

[16] 李树忠. 表达渠道权与民主政治 [J]. 中国法学，2003（5）.

[17] 淦家辉，谢向阳. 公民表达权浅论［J］. 燕山大学学报（哲学社会科学版），2008，9（4）.

[18] 虞崇胜，李海新. 公民表达权研究述评［J］. 云南行政学院学报，2010，12（5）.

[19] 李立丰，高娜. "网络表达权" 刑法规制之应然进路——以刑法第二百九十一条第二款之立法范式为批判视角［J］. 苏州大学学报（哲学社会科学版），2016，37（6）.

[20] 王君玲. 网络表达研究［D］. 武汉大学，2009.

[21] 夏征宇. 论宪法视野下的网络表达自由［D］. 华东师范大学，2013.

[22] 张洋，陈淑玲. 论网络表达权的保障与规制［J］. 邢台学院学报，2018，33（3）.

[23] 李云. 信息时代网络表达权的保护与规制［D］. 中南民族大学，2010.

[24] 樊星. 论网络匿名表达权［D］. 西南交通大学，2015.

[25] 徐振增. 民主政治视野下的网络实名制——基于当前网络后台实名注册管理制度的再思考［J］. 河北法学，2012，30（9）.

[26] 袁国兴. 隐身与遮蔽："笔名" 对发生期中国现代文学质地的影响［J］. 文学评论，2009（3）.

[27] 袁涤非. 网名与笔名及网名的规范化方向［J］. 求索，2009（1）.

[28] 高文玉. 我国选举权行使方式之完善——以无记名投票为例［J］. 传承，2011（22）.

[29] 韩伟. 古希腊雅典的 "陶片放逐法"［N］. 人民政协报，2016-01-26（12）.

[30] 徐国栋. 罗马选举舞弊立法研究［J］. 外国法制史研究，2014，17（00）.

[31] 江宗植. 英国选举改革的历史回顾［J］. 四川师范学院学报（哲学社会科学版），1995（5）.

[32] 赵凯. 汉代匿名文书犯罪诸问题再探讨［J］. 河北学刊，2009，29（3）.

[33] 陈玺，何炳武. 唐代匿名告人现象的法律思考［J］. 人文杂志，2008（3）.

[34] 陈玺. 清代惩治匿名告人立法的嬗变与省思——清代律典、附例、成案三者关系的个案考察［J］. 求索，2009（1）.

[35] 王洪祥. 匿名举报若干问题初探［J］. 中南政法学院学报，1989（4）.

[36] 高灿. 关于匿名检举规制的法律价值取向分析［J］. 法制与社会，2011（34）.

[37] 王静艳. 设计类学术期刊需要 "匿名评审制" 吗？［J］. 美术观察，2016（12）.

[38] 唐萍. 艺术期刊匿名评审之我见［J］. 美术观察，2016（12）.

[39] 梁留阳. 网络表达自由宪法学研究［D］. 郑州大学，2011.

[40] 肖燕雄，陈志光. 匿名、假名与实名之别——以铜须事件为例解析网络论坛中的网民行为［J］. 当代传播，2007（4）.

[41] 陈曦. 网络社会匿名与实名问题研究［D］. 北京邮电大学，2014.

[42] 薛京. 论网络表达自由的限制与保障 [D]. 中国政法大学, 2007.

[43] 王道勇. 匿名的狂欢与人性的显现——对 2006 年网络集群事件的分析 [J]. 青年研究, 2007 (3).

[44] 曾白凌. 网络政治表达的法律规制 [D]. 中共中央党校, 2009.

[45] 杨福忠. 公民网络匿名表达权之宪法保护——兼论网络实名制的正当性 [J]. 法商研究, 2012, 29 (5).

[46] 汪景涛, 平淑丹. 关于我国公民网络匿名表达权宪法保护的几点思考 [J]. 中州大学学报, 2017, 34 (1).

[47] 佚名. 个人所得税征管实行储蓄实名制有望 [J]. 财金贸易, 1994 (11).

[48] 贺赣江. "建立储蓄存款实名制度" 并不可行——与庭瑞先生商榷 [J]. 金融与经济, 1995 (10).

[49] 刘毓骅. 电子认证——掌管未来的数字钥匙 [J]. 中国计算机用户, 1997 (21).

[50] 汪文勇, 黄鹂声. 下一代互联网实名访问机制研究 [J]. 电子科技大学学报, 2006 (1).

[51] 祝佳. 网络空间匿、实名问题的伦理反思 [D]. 华中科技大学, 2006.

[52] 张欢, 杨霖. 身份映射关系：网络实名制的法理基础 [J]. 山西高等学校社会科学学报, 2009, 21 (4).

[53] 林荫茂. 从信用卡犯罪看身份信息犯罪 [J]. 政治与法律, 2008 (9).

[54] 王秀哲. 身份证明与个人信息保护——我国居民身份证法律规制问题研究 [J]. 河北法学, 2010, 28 (5).

[55] 王融. 数字身份管理：网络时代的身份证 [J]. 中国新通信, 2011, 13 (14).

[56] 董军, 程昊. 大数据时代个人的数字身份及其伦理问题 [J]. 自然辩证法研究, 2018, 34 (12).

[57] 杨承芳. 论新闻与新闻自由 [J]. 世界知识, 1949 (5).

[58] 汪向荣. "出版和言论自由" 在日本 [J]. 世界知识, 1953 (13).

[59] 张显扬, 王贵秀. 言论自由 [J]. 读书, 1979 (9).

[60] 于浩成. "言者无罪" [J]. 读书, 1979 (9).

[61] 李昌道. 美国言论自由法律内涵及其尺度 [J]. 上海社会科学院学术季刊, 1987 (4).

[62] 李怀德. 论表达自由 [J]. 现代法学, 1988 (6).

[63] 韩大元. 表达自由理论研究的重要创新——评《论表达自由》[J]. 法学家, 2001 (3).

[64] 张娟. 德国信息自决权与宪法人性尊严关系述评——德国个人信息保护的法律基础解读 [J]. 安徽农业大学学报 (社会科学版), 2013, 22 (6).

［65］姚岳绒. 德国个人信息立法保护重在信息的控制权［N］. 法制日报, 2012-05-08（10）.

［66］李欣倩. 德国个人信息立法的历史分析及最新发展［J］. 东方法学, 2016（6）.

［67］杨芳. 个人信息自决权理论及其检讨——兼论个人信息保护法之保护客体［J］. 比较法研究, 2015（6）.

［68］柴晓宇. 德国个人信息保护立法的特色及对中国的启示［J］. 人大研究, 2013（3）.

［69］蒋舸. 个人信息保护法立法模式的选择——以德国经验为视角［J］. 法律科学（西北政法大学学报）, 2011, 29（2）.

［70］周健. 美国《隐私权法》与公民个人信息保护［J］. 情报科学, 2001（6）.

［71］闫静. 欧盟国家档案开放利用中隐私保护的立法特点及其借鉴［J］. 图书馆学研究, 2016（5）.

［72］姚岳绒. 别具一格的英国个人信息立法保护［N］. 法制日报, 2012-05-01（003）.

［73］梶田幸雄. 日本个人信息保护法概要［N］. 人民法院报, 2018-06-29（008）.

［74］贺栩栩. 比较法上的个人数据信息自决权［J］. 比较法研究, 2013（2）.

［75］［日］平川宗信. 私生活的概念与刑法对私生活的保护［J］. 毕英达, 译. 环球法律评论, 1987（4）.

［76］关今华. 试析隐私权及其实务处理［J］. 中共福建省委党校学报, 1992（2）.

［77］卢文祥. 海峡两岸对运用电脑衍生法律问题之初探——以电脑隐私权为主之论述［J］. 法学家, 1994（1）.

［78］王娟. 隐私权基本问题初探［J］. 法学家, 1995（5）.

［79］张新宝. 信息技术的发展与隐私权保护［J］. 法制与社会发展, 1996（5）.

［80］唐绪军. 破旧与立新并举自由与义务并重——德国"多媒体法"评介［J］. 新闻与传播研究, 1997（3）.

［81］郑成思. 信用制度与个人信息保护立法［J］. 人民司法, 2002（3）.

［82］田霞. 关于互联网上个人信息保护立法的思考［J］. 中国矿业大学学报（社会科学版）, 2002（4）.

［83］齐爱民. 论个人资料［J］. 法学, 2003（8）.

［84］王利明. 论个人信息权的法律保护——以个人信息权与隐私权的界分为中心［J］. 现代法学, 2013, 35（4）.

［85］张桃梅. 试评马斯洛的"自我实现"论［J］. 西北师大学报（社会科学版）, 1988（2）.

［86］童兵. 简论新闻传媒的宣泄功能［J］. 新闻记者, 2010（2）.

［87］林俊荣. 博客的社会安全阀功能探析［J］. 中国青年研究, 2007（3）.

［88］宋鑫陶. 匿名的"微"力［J］. 商周刊, 2012（4）.

［89］刘莹. 网络的匿名性与青少年宣泄的新选择［J］. 牡丹江教育学院学报，2007（5）.

［90］蒋晓丽，杨珊. 虚拟社会安全阀：树洞类 UGC 平台的宣泄功能研究［J］. 新闻界，2017（6）.

［91］李俊. 社会安全阀理论与信访制度［J］. 广西社会科学，2002（4）.

［92］童兵. 突发公共事件的信息公开与传媒的宣泄功能［J］. 南京社会科学，2009（8）.

［93］杨嵘均. 网络空间公民政治情绪宣泄的刺激因素与政治功能［J］. 学术月刊，2015，47（3）.

［94］倪天强. 社会学"角色理论"给我们的启示［J］. 上海精神医学，1985（2）.

［95］熊芳亮. 角色理论的新领域：网络角色分析［J］. 中国青年研究，2003（12）.

［96］李飞，苏国红，张开炳. 网络角色：内涵、特征及其心理动因［J］. 北华大学学报（社会科学版），2016，17（1）.

［97］张凌云. 匿名举报制度刍议［J］. 法制博览（中旬刊），2012（5）.

［98］张治中. 论舆论监督的反馈控制功能［J］. 当代传播，2010（2）.

［99］刘瑜. 民意与伪民意［J］. 记者观察（上半月），2011（3）.

［100］丁一. 记者为何越来越多被打被抓？［N］. 南方人物周刊，2010（3）.

［101］张伟. 韩国："网络暴力"滋生政府要推行实名制［N］. 中华新闻报，2006-03-15（C03）.

［102］黄力颖. 韩国：上网发帖必须验真名网络实名制打击"心怀叵测的网民"匿名发帖［N］. 东方早报，2007-06-29（A18）.

［103］周至美. 韩国网络实名制破产记［J］. 资治文摘：综合版，2012（2）.

［104］彭彩虹. 关于个人信息法律保护的几点思考［J］. 南方论刊，2005（10）.

［105］王东玉. 关于网络匿名表达权的保护与规制的探究［J］. 法制与社会，2013（18）.

［106］刘德良. 网络实名制的利与弊［J］. 人民论坛，2016（4）.

［107］周长城，曹亚娟. 社会安全阀理论视野下的网络社会管理［J］. 中共贵州省委党校学报，2013（6）.

［108］汪志刚. 美国法上的"网络匿名发表言论权"述评［J］. 北京航空航天大学学报（社会科学版），2006（2）.

［109］孙婉慜. 从马克思主义言论自由视角探究网络表达权［D］. 浙江理工大学，2015.

［110］张文祥，李丹林. 网络实名制与匿名表达权［J］. 当代传播，2013（4）.

［111］周甲禄. 舆论监督权论［D］. 武汉大学，2004.

［112］王涛. 网络公共言论的法治内涵与合理规制［J］. 法学，2014（9）.

[113] 章舜钦. 论公民监督权与构建和谐社会 [J]. 岭南学刊, 2009 (1).

[114] 王月明. 公民监督权体系及其价值实现 [J]. 华东政法大学学报, 2010 (3).

[115] 陈焱光. 公民监督权: 学理、规范与实现路径 [J]. 中国宪法年刊, 2009 (00).

[116] 赵振宇. 论公民表达权的实施与保障 [J]. 南京社会科学, 2009 (6).

[117] 潘华山. 公民姓名权的民法保护 [J]. 现代法学, 1992 (2).

[118] 沈庆中, 吴礼洪, 齐晓琨. 简论姓名权法律制度的几个问题 [J]. 人民司法, 1997 (10).

[119] 李永军. 论姓名权的性质与法律保护 [J]. 比较法研究, 2012 (1).

[120] 侯静. 网络实名制的法律构建 [D]. 兰州大学, 2010.

[121] 陈川. 网络实名制的侵权法律问题研究 [D]. 江西财经大学, 2015.

[122] 马艳华. 网络实名制相关法律问题探析 [J]. 河北法学, 2011, 29 (2).

[123] 柴成生, 陈明政. 杜绝违法匿名稿件 [J]. 新闻通讯, 1987 (6).

[124] 王秀哲. 人权及宪法规范中的隐私权 [J]. 河南省政法管理干部学院学报, 2011, 26 (Z1).

[125] 李延舜. 论宪法隐私权的类型及功能 [J]. 烟台大学学报 (哲学社会科学版), 2017, 30 (6).

[126] 王利明. 隐私权概念的再界定 [J]. 法学家, 2012 (1).

[127] 叶佳昌. 论网络匿名隐私权的法律保护 [D]. 华侨大学, 2006.

[128] 蓝蓝. 论网络隐私权内容之构建 [J]. 科技与法律, 2009 (5).

[129] 曹磊. 网络空间的数据权研究 [J]. 国际观察, 2013 (1).

[130] 周毅. 个人信息权保护及其对人事档案管理的启示 [J]. 档案管理, 2005 (6).

[131] 张素华. 个人信息商业运用的法律保护 [J]. 苏州大学学报, 2005 (2).

[132] 洪海林. 个人信息的民法保护研究 [D]. 西南政法大学, 2007.

[133] 冉克平, 丁超俊. 隐私权与个人信息权的界分——以司法判决为中心的分析 [J]. 天津法学, 2016, 32 (3).

[134] 刘倬豪. 我国未来个人信息保护法立法的完善——《个人信息保护法示范法草案学者建议稿》评述 [J]. 法制博览, 2016 (20).

[135] 齐爱民. 中华人民共和国个人信息保护法学者建议稿 [J]. 河北法学, 2019, 37 (1).

[136] 张新宝. 从隐私到个人信息: 利益再衡量的理论与制度安排 [J]. 中国法学, 2015 (3).

[137] 王利明. 数据共享与个人信息保护 [J]. 现代法学, 2019, 41 (1).

[138] 李雨峰. 精神权利研究: 以署名权和保护作品完整权为主轴 [J]. 现代法学,

2003, 25 (2).

[139] 温晓东. 论姓名权 [D]. 黑龙江大学, 2007.

[140] 陈力丹, 费杨生. 隐匿权·新闻真实·审判公正——从水门事件中的"深喉"说开去 [J]. 当代传播, 2005 (6).

[141] 高一飞. 美国法上的记者拒证权 [J]. 国际新闻界, 2010 (2).

[142] 简海燕. 媒体消息隐匿权初探 [J]. 比较法研究, 2008 (5).

[143] 单波, 汪振兴. 新闻隐匿权: 未完成的理论表达及其思想困境 [J]. 现代传播 (中国传媒大学学报), 2015, 37 (12).

[144] 常安. 博客时代的言论自由及其法律规制——以美国苹果公司商业秘密案为例 [J]. 西部法学评论, 2009 (6).

[145] 冯建华. 记者拒证权研究: 价值模式与发展趋向 [J]. 新闻与传播研究, 2016 (4).

[146] 段卫利. 论被遗忘权的法律保护——兼谈被遗忘权在人格权谱系中的地位 [J]. 学习与探索, 2016 (4).

[147] 吴飞. 名词定义试拟: 被遗忘权 (Right to Be Forgotten) [J]. 新闻与传播研究, 2014, 21 (7).

[148] 杨立新, 韩煦. 被遗忘权的中国本土化及法律适用 [J]. 法律适用, 2015 (2).

[149] 于向花. 被遗忘权研究 [D]. 吉林大学, 2018.

[150] 伍艳. 论网络信息时代的"被遗忘权"——以欧盟个人数据保护改革为视角 [J]. 图书馆理论与实践, 2013 (11).

[151] 丁晓东. 被遗忘权的基本原理与场景化界定 [J]. 清华法学, 2018, 12 (6): 96.

[152] 蒋舸. 个人信息保护法立法模式的选择——以德国经验为视角 [J]. 法律科学 (西北政法大学学报), 2011, 29 (2).

[153] 唐忠民. 公民通信自由和通信秘密保护的两个问题 [J]. 法学, 2007 (12).

[154] 唐忠民, 王继春. 论公民基本权利限制的基本原则 [J]. 西南大学学报 (人文社会科学版), 2007 (2).

[155] 胡卫萍. 新型人格权的立法确认 [J]. 法学论坛, 2011, 26 (6).

[156] 冯晓青. 著作权法之激励理论研究——以经济学、社会福利理论与后现代主义为视角 [J]. 法律科学. 西北政法学院学报, 2006 (6).

[157] 魏永征. 传媒法的体系化——从《新闻传播法教程》第五版说起 [J]. 青年记者, 2016 (22).

[158] 周其明. 信访权的宪法学解读——兼论国家权力与公民权利的配置 [J]. 人大研

究，2005（10）.

[159] 沈桥林，李洁. 论信访权的宪法地位［J］. 江汉大学学报（社会科学版），2009，26（2）.

[160] 孙大雄. 论信访权的权利属性［J］. 社会主义研究，2006（1）.

[161] 张立刚. "信访权"辨伪［J］. 山东警察学院学报，2017，29（1）.

[162] 杨鸿雁，肖强. 信访权的复合属性［J］. 天津法学，2018，34（4）.

[163] 张邈，尹飒英姿，周张瑜，等. 信访监督制度的中外对比［J］. 法制博览，2014（12）.

[164] 杨立新. 个人信息：法益抑或民事权利——对《民法总则》第111条规定的"个人信息"之解读［J］. 法学论坛，2018，33（1）.

[165] 沈仁干. 改革开放中的著作权立法［J］. 编辑之友，2008，（6）.

[166] 宗艳霞. 论网络著作权行政法保护的正当性与必要性［J］. 电子知识产权，2017（8）.

[167] 李会彬. 网络言论的刑法规制范围——兼评两高《关于办理利用信息网络实施诽谤等刑事案件适用法律若干问题的解释》［J］. 法治研究，2014（3）.

[168] 唐煜枫，王明辉. 论言论自由的刑法保障——一个罪刑法定视野的关照［J］. 甘肃政法学院学报，2010（2）.

[169] 何鑫博，施素琼. 表达权法律保护滞后问题研究［J］. 法制与经济（中旬刊），2012，（5）.

[170] 于涛. 表达自由的刑法保障［J］. 法制博览，2015（14）.

[171] 张勇. 个人信息去识别化的刑法应对［J］. 国家检察官学院学报，2018，26（4）.

[172] 邸瑛琪. 著作权刑法保护的几个问题［J］. 郑州大学学报（哲学社会科学版），2002，35（4）.

[173] 刘文杰. 民法上的姓名权［J］. 法学研究，2010，32（6）.

[174] 张新宝.《民法总则》个人信息保护条文研究［J］. 中外法学，2019，31（1）.

[175] 王利明. 民法人格权编（草案室内稿）的亮点及改进思路［J］. 中国政法大学学报，2018（4）.

[176] 王成. 个人信息民法保护的模式选择［J］. 中国社会科学，2019（6）.

[177] 丁道群，伍艳. 国外有关互联网去抑制行为的研究［J］. 国外社会科学，2007，（3）.

[178] 侯吉永. 破坏病、暴露癖与自恋症——谈匿名传播对网络文学写作的消极影响［J］. 写作，2006（13）.

[179] 罗建河. 国外青少年网络欺侮研究述评［J］. 外国教育研究，2011，38（4）.

[180] 刘建明. 匿名滥言是对言论权的亵渎［N］. 北京日报，2012-04-16（18）.

[181] 罗明. 网民行为的"匿名制服"心理效应初探［J］. 辽宁警专学报，2008，（4）.

［182］钭娅，金一波，史美林，等. 网络群体极化的现象分析与启示［J］. 宁波大学学报
　　　（教育科学版），2018，40（1）.

［183］任延涛. 群体性事件中"网络群体极化"的作用机制研究［J］. 广西警官高等专
　　　科学校学报，2015，28（2）.

［184］王爱玲，武文颖. 网络民意的"匿名制服"效应及其有效调控［J］. 新闻界，
　　　2008（1）.

［185］宗志翔. 论未上升为民事权利的法益［J］. 江西社会科学，2012，32（6）.

［186］邵栋豪. 走进社会法益保护的新时代［N］. 检察日报，2011-07-28（003）.

［187］熊谓龙. 权利，抑或法益？——一般人格权本质的再讨论［J］. 比较法研究，
　　　2005（2）.

［188］张力. 权利、法益区分保护及其在民法总则中的体现——评《民法总则（草案）》
　　　第五章［J］. 河南社会科学，2016，24（11）.

［189］吴庆荣. 法律上国家安全概念探析［J］. 中国法学，2006（4）.

［190］刘跃进. 建立"国家安全学"初探［J］. 国家安全通讯，1999（1）.

［191］张金玺. 美国公共诽谤法的发展和言论自由的扩张［J］. 四川理工学院学报（社
　　　会科学版），2007，22（1）.

［192］唐忠民. 国家尊重和保障人权的几种基本方式［J］. 探索，2004，（4）.

［193］欧爱民. 论象征性言论及其保护［J］. 时代法学，2004（5）.

［194］陶野. 论煽动实施恐怖活动罪中煽动行为的认定［J］. 江西警察学院学报，2017（3）.

［195］刘玉梅. 论传言、流言与谣言心理［J］. 内蒙古农业大学学报（社会科学版），
　　　2009，11（4）.

［196］丹. 打击网络仇恨犯罪国际会议在巴黎召开［J］. 国外社会科学，2004（5）.

［197］张文显. 论法学的范畴意识、范畴体系与基石范畴［J］. 法学研究，1991（3）.

［198］刘作翔，龚向和. 法律责任的概念分析［J］. 法学，1997（10）.

［199］张旭. 民事责任、行政责任和刑事责任——三者关系的梳理与探究［J］. 吉林大
　　　学社会科学学报，2012（2）.

［200］黎宏. 民事责任、行政责任与刑事责任适用之司法困惑与解决［J］. 人民检察，
　　　2016（2）.

［201］李蕊，赵德铸. 行政主体行政责任阐释——源自责任追究视角［J］. 内蒙古社会
　　　科学（汉文版），2013，34（5）.

［202］张珏芙蓉. 论行政责任类型的体系建构［J］. 山东社会科学，2015（4）.

［203］肖萍，余娇. 行政相对人法律责任设定之完善［J］. 江西社会科学，2014（12）.

[204] 门文. 互联网络与言论自由：美国关于《传播净化法案》之争 [J]. 国际新闻界，1997，（4）.

[205] 李萌. 网络实名制：推行需权衡利弊 [J]. 互联网天地，2010（3）.

[206] 知君. 期待我国也实行网络实名制 [J]. 新闻三昧，2009（8）.

[207] 秦兴梅. 责任与自律：网络实名制的主旨 [J]. 青年记者，2009（24）.

[208] 丁小文. 高校 BBS 论坛实名制利弊谈 [J]. 浙江青年专修学院学报，2007（2）.

[209] 崔磊. 中国网络实名制管理研究 [D]. 华中科技大学，2007.

[210] 丁鹏. 论网络表达权 [D]. 湘潭大学，2012.

[211] 李洁，彭昱忠. 网络色情文本过滤技术的分析与研究 [J]. 柳州师专学报，2008，23（4）.

[212] 杨志勇. 加强网络信息保护推行网络身份管理 [J]. 信息网络安全，2013（10）.

[213] 范敏，谭立. 构想网络实名制体系 [J]. 上海信息化，2009（6）.

[214] 李新玲. 我国启动虚拟身份管理已发放 700 万张网络身份证 [N]. 中国青年报，2014−10−30（12）.

[215] 陈全思. 虚实身份分离的个人信息保护新模式 [N]. 中国计算机报，2017−08−14（002）.

[216] 曾白凌，淦家辉. 法律规制网络匿名表达的基本原则 [J]. 攀登，2010，29（2）.

[217] 孙平. 信息时代匿名言论的责任及其界限——以郑啸寅诽谤案为例 [J]. 法学，2008（8）.

[218] 郑曦. 个人信息保护视角下的刑事被遗忘权对应义务研究 [J]. 浙江工商大学学报，2019，（1）.

[219] 蔡士林. 被遗忘权在刑事领域中的展开 [J]. 华侨大学学报（哲学社会科学版），2018，（4）.

[220] 郑曦. 新兴（新型）权利法律问题研究：被遗忘权（专题讨论）——"被遗忘"的权利：刑事司法视野下被遗忘权的适用 [J]. 学习与探索，2016，（4）.

[221] 周婧. 被遗忘权的概念研究——与隐私权、信息自决权的概念比较 [J]. 北京政法职业学院学报，2017，（2）.

[222] 陈娜，王璇. 被遗忘权法律保护研究 [J]. 湖北社会科学，2016，（12）.

（三）其他类

[1] CNNIC. 中国互联网络发展状况统计报告 [EB/OL]. （2018−08−20）[2019−01−25]. http://www.cnnic.net.cn/hlwfzyj/hlwxzbg/hlwtjbg/201808/P020180820630889299840.pdf.

[2] 赵凌. 揭开事实的真相：李希光事件始末调查 [EB/OL]. （2003−06−06）[2019−

08-13］. https://tech. sina. com. cn/me/2003-06-06/0007195125. shtml.

［3］习近平. 在网络安全和信息化工作座谈会上的讲话［EB/OL］. (2016-04-25)［2019-02-02］. http://www. xinhuanet. com//politics/2016/04/25/c_1118731175. htm.

［4］大狗（赵廷）. 韩国网络实名制兴废始末［EB/OL］. 2012-12-30)［2017-05-30］. http://play. 163. com/special/jianzheng_44/.

［5］陶东风. 我们是要众声喧哗还是要鸦雀无声：我为什么反对网络实名制？［EB/OL］. (2007-07-07)［2019-01-09］. http://www. aisixiang. com/data/15059. html.

［6］匡文波. 网络实名制技术难实现制约新媒体舆论监督［EB/OL］. (2011-11-18)［2019-01-09］. http://media. people. com. cn/GB/40606/16305780. html.

［7］佚名. 舆论监督不是否定鸿茅药酒价值 而是让其回归药品定位［EB/OL］. (2018-04-17)［2019-08-27］. https://baijiahao. baidu. com/s?id=1597951520736270026&wfr=spider&for=pc.

［8］章立凡. 眼不见为净？——互联网"实名制"之我见［EB/OL］. (2005-08-09)［2019-01-09］. http://www. aisixiang. com/data/8042. html.

［9］世界人权宣言［EB/OL］.［2019-02-04］. http://www. un. org/zh/universal-declaration-human-rights/.

［10］公民权利和政治权利国际公约［EB/OL］.［2019-02-04］. http://www. un. org/chinese/hr/issue/ccpr. htm.

［11］十九大报告［EB/OL］. (2018-03-13)［2019-02-03］. http://sh. people. com. cn/n2/2018/0313/c134768-31338145. html.

［12］中国人大网. 十三届全国人大常委会立法规划［EB/OL］. (2018-09-10)［2019-01-31］. http://www. npc. gov. cn/npc/xinwen/2018-09/10/content_2061041. htm.

［13］最高人民法院最高人民检察院关于办理侵犯公民个人信息刑事案件适用法律若干问题的解释［EB/OL］. (2017-05-10)［2019-01-31］. http://www. court. gov. cn/zix-un-xiangqing-43942. html.

［14］佚名. 西方主流媒体在防范虚假新闻方面的教训［EB/OL］. (2011-02-22)［2019-08-24］. http://data. chinaxwcb. com/epaper/2011/2011-02-22/8169. html.

［15］视觉中国版权争议背后是互联网自由传统与版权管理的冲突［EB/OL］. (2019-04-12)［2019-08-20］. http://finance. people. com. cn/n1/2019/0412/c1004-31026290. html.

［16］天津市互联网信息办公室连夜依法约谈视觉中国网站［EB/OL］. (2019-04-12)［2019-08-20］. http://www. tjcac. gov. cn/index. php?m=content&c=index&a=show&catid=45&id=1717.

［17］张鑫，李铁柱，屈畅. "黑洞"照片引爆视觉中国版权争议［EB/OL］. （2019-04-12）［2019-08-20］. http://www. xinhuanet. com/legal/2019/04/12/c_1124355839. htm.

［18］徐隽. "两高"发布司法解释"人肉搜索"可能触犯刑法［EB/OL］. （2017-05-10）［2019-08-09］. http://media. people. com. cn/n1/2017/0510/c40606-29264473. html.

［19］佚名. 豆选是一种"秘密投票"［EB/OL］. （2014-09-07）［2019-08-27］. http://news. ifeng. com/a/20140907/41893570_0. shtml.

［20］国家信息化领导小组. 关于加强信息安全保障工作的意见［Z/OL］. （2016-08-24）［2019-01-09］. https://wenku. baidu. com/view/bdfba07271fe910ef02df886. html.

［21］断桥. 网络实名制立法是一种懒政思维［EB/OL］. （2012-12-27）［2019-01-09］. http://www. aisixiang. com/data/60218. html.

［22］中华人民共和国国家质量监督检验检疫总局　中国国家标准化管理委员会. 信息安全技术　个人信息安全规范［S/OL］. （2018-01-24）［2019-08-15］. https://www. tc260. org. cn/upload/2018-01-24/1516799764389090333. pdf.

［23］刘星. 世奢会诉新京报社名誉侵权　新京报公开匿名信源身份［EB/OL］. （2014-08-15）［2019-07-27］. http://www. chinanews. com/fz/2014/08-15/6495098. shtml.

二、外文类参考文献

（一）论文类

［1］Samuel D Warren, Louis D Brandeis. The Right to Privacy［J］. Harvard Law Review, 1890, 4 (5)：193-220.

［2］José Miola. Owning information-anonymity, confidentiality and human rights［J］. Clinical Ethics, 2008, 3 (3)：116-120.

［3］Patchen Markell. Anonymous glory［J］. European Journal of Political Theory, 2017, 16 (1)：77-99.

［4］Curtis Puryear, Joseph A. Vandello. Inflammatory Comments Elicit Less Outrage When Made in Anonymous Online Contexts［J］. Social Psychological and Personality Science, 2019, 10 (7)：895-902.

［5］Rita Zajácz. WikiLeaks and the problem of anonymity：A network control perspective［J］. Media, Culture & Society, 2013, 35 (4)：489-505.

［6］Gabriella Coleman. How has the fight for anonymity and privacy advanced since Snowden's whistle-blowing?［J］. Media, Culture & Society, 2019, 41 (4)：565-571.

［7］Helen Kennedy. Beyond anonymity, or future directions for internet identity research［J］.

New Media, & Society, 2006, 8 (6): 859-876.

[8] Felipe G Massa. Guardians of the Internet: Building and Sustaining the Anonymous Online Community [J]. Organization Studies, 2017, 38 (7): 959-988.

[9] Jisuk Woo. The right not to be identified: privacy and anonymity in the interactive media environment [J]. New Media, & Society, 2006, 8 (6): 949-967.

[10] Thais Sardá, Simone Natale, Nikos Sotirakopoulos, Mark Monaghan. Understanding online anonymity [J]. Media, Culture & Society, 2019, 41 (4): 557-564.

[11] Eric Jardine. Tor, what is it good for? Political repression and the use of online anonymity-granting technologies [J]. New Media & Society, 2018, 20 (2): 435-452.

[12] Mark Frary. Your cover is shown: Tech giants and governments are out to get your data. Soon it might be impossible to remain anonymous [J]. Index on Censorship, 2017, 46 (1): 39-41.

[13] Tom Postmes, Russell Spears. Behavior Online: Does Anonymous Computer Communication Reduce Gender Inequality? [J]. Personality and Social Psychology Bulletin, 2002, 28 (8): 1073-1083.

[14] Elaine Freer. Couldn't Tell You Even If I Wanted To? Anonymity of Journalists' Sources, Voluntary Disclosure and Abuse of Process [J]. The Journal of Criminal Law, 2017, 81 (3): 167-176.

[15] Jack Rosenberry. Users Support Online Anonymity despite Increasing Negativity [J]. Newspaper Research Journal, 2011, 32 (2): 6-19.

[16] Bill Reader. Free Press vs. Free Speech? The Rhetoric of "Civility" in Regard to Anonymous Online Comments [J]. Journalism & Mass Communication Quarterly, 2012, 89 (3): 495-513.

[17] Hans Asenbaum. Cyborg activism: Exploring the reconfigurations of democratic subjectivity in Anonymous [J]. New Media & Society, 2018, 20 (4): 1543-1563.

[18] Suhrith Parthasarathy. Naming names: India has promised to crack down on online trolls, but the right to anonymity is also threatened [J]. Index on Censorship, 2016, 45 (3): 18-22.

[19] Royal Van Horn. The Crazy Business of Internet Peeping, Privacy, and Anonymity [J]. Phi Delta Kappan Magazine, 2000, 82 (3): 257-258.

[20] Miglena Mantcheva Sternadori, Esther Thorson. Anonymous Sources Harm Credibility of All Stories [J]. Newspaper Research Journal, 2009, 30 (4): 54-66.

[21] Barbara M. Miller, Qian Xu, Brooke Barnett. Commenter anonymity affects reader perceptions [J]. Newspaper Research Journal, 2016, 37 (2): 138-152.

[22] Ivanka Pjesivac, Rachel Rui. Anonymous sources hurt credibility of news stories across cultures: A comparative experiment in America and China [J]. International Communication Gazette, 2014, 76 (8): 641-660.

[23] Patrick Weston. American Civil Liberties Union of Georgia v. Miller [J]. Berkeley Technology Law Journal, 1999, 14 (1): 403-418.

（二）其他类

[1] Abrams v. United States, 250 U.S. 616 (1919) [EB/OL]. [2019-07-25]. https://supreme. justia. com/cases/federal/us/250/616/.

[2] United States v. Rumely, 345 U.S. 41 (1953) [EB/OL]. [2019-07-25]. https://supreme. justia. com/cases/federal/us/345/41/.

[3] Lamont v. Postmaster General, 381 U.S. 301 (1965) [EB/OL]. [2019-07-25]. https://supreme. justia. com/cases/federal/us/381/301/.

[4] Whalen v. Roe, 429 U.S. 589 (1977) [EB/OL]. [2019-01-30]. https://supreme. justia. com/cases/federal/us/429/589/.

[5] Talley v. California, 362 U.S. 60 (1960) [EB/OL]. [2019-09-02]. https://supreme. justia. com/cases/federal/us/362/60/.

[6] McIntyre v. Ohio Elections Comm'n, 514 U.S. 334 (1995) [EB/OL]. [2019-09-02]. https://supreme. justia. com/cases/federal/us/514/334/.

[7] GARLAND v. TORRE [EB/OL]. [2019-07-25]. https://www. leagle. com/decision/1958804259f2d5451678.

[8] Branzburg v. Hayes, 408 U.S. 665 (1972) [EB/OL]. [2019-07-25]. https://supreme. justia. com/cases/federal/us/408/665/.

[9] Cohen v. Cowles Media Co. , 501 U.S. 663 (1991) [EB/OL]. [2019-07-25]. https://supreme. justia. com/cases/federal/us/501/663/.

后　记

后记

终于完稿，百感交集。

本书是在我的博士后出站报告基础上完成的，写作过程颇为曲折，回头看来，令人唏嘘。

2015 年 1 月进站，至今已 5 年了，进站时，我还在学校宣传部工作，工作繁忙，留点时间给自己纯属奢望，科研处于停滞状态。2017 年 5 月，我调回新闻传播学院，开始断断续续撰写博士后出站报告，但也诸多杂务，平时教学教务忙到晕头转向，写作进展慢如蜗牛。2017 年暑假写了大约 10 万字的草稿，开学后束之"U 盘"，但年末时，U 盘崩溃，近 10G 各种工作与学习文件资料毁于一旦，而我居然没有任何备份，真是"眼见起高楼、眼见楼塌了"，悔之晚矣。重新写到 10 万字，已是 2019 年暑假结束，回首来路，断断续续，在专业中切换，在岁月里求索，因跨了新闻传播学与法学专业、水平所限，报告存在诸多局限，希望读者诸君不吝赐教。

能有此书，实属不易。这期间，得到了诸多师友、亲朋的帮助，在此表达深深的谢意。

感谢合作导师唐忠民教授，唐老师和蔼可亲，宽容大度，在报告的定题上点拨，方向上提醒，中期考核时又提出许多宝贵的意见，对报告写作帮助很大，特别是唐老师的长者风度令人印象深刻，受益良多。

感谢温泽彬教授的引介；感谢郭镇之教授、徐泉教授的专家推荐；感谢曾哲教授、喻少如教授、张震教授在开题、中期考核过程中给予的点拨与帮助；感谢博士后管理办公室江燕老师、王路老师在各个环节的提醒与督促。

感谢西南政法大学，我工作、学习的地方，春去秋至，寒来暑往，转眼来此已十六年韶光。

感谢父母，多年来一直帮我照看两个年幼的女儿；感谢岳父母，许多个假期给我们全家营造了温馨的港湾；感谢妻子，为家庭与小孩牺牲了自我发展；感谢女儿乐乐和酉酉，让我体验充实而欢快的人生。

假期集中写作，每天定时定量，压力倍增，何以减压，唯有闲书。写作之余，泛读历史、文学等杂书，居然也看完几本。今天就以其中一本《生死疲劳》书名的由来作结，以启发这中年不惑的人生。

"多欲为苦，生死疲劳，从贪欲起；少欲无为，身心自在。"